황제의 말과 글

조선을 대하는 명나라 황제의 두 얼굴

황제의 말과 글

정동훈 지음

조선을 대하는 명나라 황제의 두 얼굴

푸른역사

저는 동료 연구자들의 연구 발표를 들으면 "왜 이 글을 쓰게 됐는지"를 묻곤 합니다. 그걸 알아야 글의 내용, 거기에 담은 필자의 속내도 읽어내기 편하기 때문입니다. 해서 저도 이 책을 쓴 계기부터 말씀드릴까 합니다. 고려시대 연구자가 어쩌다가 조선 세종 때까지를 다루었는지 말입니다.

저는 외교문서를 가지고 박사논문을 썼습니다. 저는 문서 보는 게 그렇게 좋을 수 없습니다. 문서만 보면 재밌는 퀴즈를 만난 것 같은 묘한 흥분 상태에 빠져서, 낱낱이 쪼개고 뜯어봐야만 직성이 풀리곤 합니다. 그런데 박사논문에서 다룬 외교문서란, 당대 최고의 문관이, 최고의 지식을 발휘해서 지은 아름다운 글, 아니면 빈틈을 찾을 수 없을 정도로 꼼꼼하게 작성한 공문서였습니다.

그런데 《고려사》의 맨 뒷부분에 가면, 도통 알아들을 수 없는 이상한 문장이 자꾸 튀어나오곤 했습니다. 홍무제가 내뱉은 중국어 구어를 빠르게 옮겨 적은 탓에 일반적인 한문 문법으로는 도저히 해석할 수 없는 악명 높은 문장들이었습니다. 그중에는 이런 구절도 있었습니다.

'劈流撲剌'. 《고려사》 권136, 우왕 13년(1387) 5월 조에 실린, 주원장이 고려 사신 설장수에게 한 말 가운데 "如今恁那里旣要這般劈流撲剌做起來"

라는 구절 속에 나오는 말입니다. 무슨 뜻일까요? 劈: 쪼갤 벽, 流: 흐를 류, 撲: 칠 박, 刺: 찌를 자. 한자 뜻을 그대로 새기면 "쪼개고 흘러 치고 찌르다"라고 새겨야 할까요?

《한어대사전》에서 비슷한 단어로 '劈溜撲剌'을 찾을 수 있습니다(溜는 流와 발음이 거의 같고, 剌은 刺와 글자 모양이 거의 같아 서로 통합니다). 뜻은 "象聲詞", 그러니까 "소리를 형용하는 말"이라고 나옵니다. 한어병음으로는 [pī liū pū là], 우리가 간혹 쓰는 '삐리빠라(아무 말이나 떠들어대다)'라는 속어가 이것입니다. 위 구절은 "이제 너희가 이렇게 '삐리빠라' 할 거라면" 정도의 뜻입니다. 현대 중국어를 구사할 줄 아는 사람이라면, 그래서 이 구절을 소리 나는 대로 읽어본다면 그 뜻을 대강 짐작할 수 있을 겁니다.

이런 기사를 만나면 저는 궁금증과 함께 무모하게도 도전하고 싶은 마음이 불끈 솟아납니다. 이 책은 그런 궁금증과 무모함을 동력으로 시작했습니다.

박사과정 때 《세종실록》까지를 통독한 적이 있습니다. 《고려사》와는 비교할 수 없을 정도로 많은 정보가 담겨있어 감히 하나하나 분석해 볼 엄두를 내지는 못했지만, 거기에는 일반 한문과는 다른, 구어체 문장이 굉장히 많이 실려있다는 것이 매우 신기했습니다.

이렇게 독특한 자료들을 일단 모아두고, 언젠가 뜯어봐야지 미뤄두고 있었습니다. 기회는 생각보다 금방 찾아왔습니다. 2016년 6월, 캐나다의 브리티시컬럼비아대학에서 개최한, 조선시대 한·중 관계를 주제로 한 학술대회에 허남린 선생님께서 초대해 주신 것이 그 계기였습니다. 박사논문을 마무리한 다음에 처음 붙잡은 자료가 이것, 그러니까 황제의 말이었습니다. 이 책에서 다룬 기본적인 아이디어는 그때 발표를 준비하면서 가지게 된 것이고, 이 책에 담은 핵심 문장들도 그 무렵의 흥분 상태에서 써 내려간 것들입니다.

그해 가을부터, 이런 자료들을 모아 읽는 공부 모임을 시작했습니다. 서울대학교 구범진 선생님, 그리고 그 무렵 박사논문을 쓰고 있던 쉐거 선생님 등과 함께였습니다. 이 공부 모임은 만날 때마다 소름 돋는 발견을 해나가곤 했습니다. 구범진 선생님은 저 혼자서는 결코 읽어낼 수 없었던 흥미로운 이야깃거리를 찾아내는 무서운 통찰력을 보여주곤 하셨습니다. 쉐거 선생님은 고향은 산시山西지만 외가가 난징南京 근방이라고 했는데, 주원장의 말투에 담긴 그 동네 방언까지 훑어내는 현장감을 더해 주었습니다. 이 공부 모임은 코로나 기간에도 멈추지 않고 지금까지도 2주에 한 번씩 이어지며, 지난 몇 년간 제 공부에 가장 큰 자양분을 제공해 주고 있습니다. 여러 선생님들께 큰 빚을 지고 있습니다.

이 책을 준비하면서 퍽 즐거웠습니다. 희대의 영웅 영락제, 명나라 최고의 성군 선덕제가 조선에 두부 만들 줄 아는 젊고 예쁜 여성 요리사, 밴댕이젓 같은 먹거리, 보라매와 사냥개 등을 보내오라고 은밀히 건넨 말을 읽으면서는 그들을 실컷 비웃었습니다. 또 그걸 역사에서 지워버리려 했던, 양사기楊士奇 비롯한 이른바 명신名臣들의 분투를 발견하고는 역사학도로서 살짝 분노를 느끼기도 했습니다. 저는 글 쓰는 데 영 소질이 없어서, 무얼 쓰려면 몇날 며칠 머리를 쥐어뜯곤 합니다. 그런데 이 책에 실린 글을 쓰면서는 좀 달랐습니다. 공부하면서 느낀 감정을 그대로 풀어보자 마음먹으니, 자판을 두드리는 소리가 평소보다 경쾌했고, 덕분에 문체도 좀 가볍게 되었지 싶습니다. 진중하지 못하다는 평을 받기도 했는데, 이런 주제 아니고서는 언제 또 이런 글을 써볼까 싶어 감수하렵니다.

이 책의 내용은 2017년부터 2020년까지 학술지에 게재한 다음 네 편의 논문을 토대로 했습니다. (1) 〈홍무제洪武帝의 명령이 고려에 전달되는 경로—성지聖늡의 문서화 과정을 중심으로〉, (2) 〈영락제永樂帝의 말과 글—영락 연간 조선-명 관계의 두 층위〉, (3) 〈선덕제宣德帝의 말과 글—서울과 북경에서 바라본 황제의 두 얼굴〉, (4) 〈정통제正統帝의 등극과 조선-명 관계의 큰 변화〉 등입니다. 심사 과정에서 든든한 격려와 뼈아픈 지적을 함께 담은 '글'을 보내주신 익명의 심사자들께 감사드립니다.

또 이 책의 내용 일부를, 앞서 언급한 UBC에서의 학회를 시작해서 고문서학회(2017.5.), 명청사학회(2019.7.), 도쿄대학 휴머니티센터(2019.11.), AKSE(2021.10.), Choson History Society(2021.11.) 등에서 발표했습니다. 대체로 생소한 내용이었을 텐데 재밌다고 해주신 '말'이 책을 완성하는 데 큰 힘이 됐습니다.

첫 번째 책《고려시대 외교문서 연구》를 내고 반년 만에 두 번째 책을 내놓게 되었습니다. 모든 한국사 연구자들이 희망하는 푸른역사의 타이틀을 박고 나가게 되어 무척 영광입니다. 부족한 글을 너그러이 받아주신

박혜숙 선생님께 감사드립니다.

이 책을 내는 데는 아모레퍼시픽재단의 지원을 받았습니다. 경제적으로 무용한 연구에, 조건 없이 넉넉한 도움을 주신 관계자께 깊이 감사드립니다.

사람의 말과 행동이 다른 거야 그러려니 하겠지만, 말과 글이 또 얼마나 다른지를 뼈저리게 알게 된 작업이었습니다. 글을 쓰지 않을 거라면, 행동하지 않을 거라면 혹시 모를까, 말과 글 그리고 행동이 일치하는 사람으로 살아야겠다 마음먹습니다. 언젠가 이 책을 읽을지도 모를, 저한테 늘 숙제하라는 잔소리를 듣는 두 아이, 서윤이와 윤호, 그리고 동반자 임나영 선생에게 부끄럽지 않게, 주어진 숙제를 열심히 하겠습니다.

2023년 7월

정동훈

차
례

3장 선덕제의 말을 명나라 기록은 어떻게 조작했을까

4장 정통제의 등극과 반전

서장

황제 독재체제

황제 독재체제. 중국 명나라와 청나라의 정치를 요약하는 한 단어를 꼽으라면 황제 독재체제를 꼽는다. 한국사에 익숙하거나 중국사에 관심을 가져본 이라면 전근대 어느 시대인들 전제군주정이 아닌 때가 있었으랴 반문할 수도 있다. 그런데 명나라가 존속했던 14세기 후반부터 17세기 전반까지는 유럽에서라면 중세 봉건제 사회의 막바지를 거쳐 절대왕정이 갓 탄생하려던 시점이었다. 중국사 자체만을 떼어놓고 보더라도 귀족의 목소리가 세고 그들의 입김이 크게 발휘되던 당나라 시대에 황제의 권한은 퍽 제한적이었다. 그것이 송나라 때 조금 강화되더니 몽골제국이 들어서면서는 누구도 건드릴 수 없을 만큼 절대화되었다. 황제의 절대적인 권한은 명나라 때 들어 고정되었고, 그것이 청나라로 이어졌다. 황제 독재체제는 역사 속에 늘 있었던 것이 아니라, 꽤 낯선 체제였다.

　황제 독재체제를 가장 잘 설명하는 지표가 바로 황제의 말이다. 17세기 프랑스의 어느 절대군주는 "짐이 곧 국가"라고 말했다고 하는데, 사실 명나라에서는 굳이 그런 말을 할 필요도 없었다. 명나라에서는 황제의 말이 곧 법이었다. 황제는 유일한, 최종적인 결정권자였다. 최종 결정을 담은 황제의 말은 성지聖旨, 굳이 옮기자면 성스러운 뜻이라고 불렸다. 최종 결정 이전에야 신하들이 제각기 의견을 내고, 황제의 의견에 토를 달 수도 있었지만, 황제가 한번 자세를 고쳐 앉고, 목을 가다듬은 뒤 내린 결정은 번복할 수 없었다. 공식석상에서 내놓은 황제의 말은 거의 반드시라고 해도 좋을 만큼 종이에 옮겨져 관련자들에게 전달되었다. 황제의 말 한마디에 몇 사람의 생사가 갈리는 것쯤은 다반사였다. 외국의 군주라고 해서 황제의 말로부터 자유로운 것은 아니었다. 청 황제가 조선에 대해 어떤 말을 하면, 그래서 그것이 문서에 담겨 조선에 전해지면, 그것이 칭찬이든 질책이든 조선은 반드시 사은사를 파견해야 했다.

황제의 글

21세기 현재, (중국) 황제의 말을 들어본 이는 아무도 남아있지 않다. 우리가 접할 수 있는 것은 오직 황제의 글뿐이다. 두껍고, 화려하게 치장된 종이 혹은 비단에 당대 최고의 명필이 옮겨 적은 조서詔書나 칙서勅書가 그것이다.

조서는 일반적으로 천하 만민을 대상으로 내리는 명령문이었다. 황제가 일단 장중하고 지엄한 명령을 내리면 그것을 받아 적은 문서가 작성되고, 그것을 여러 부 베껴서 전국의 각 성省 단위에 하달한다. 그러면 각 성에서는 소속 주州나 현縣 등으로 이를 전파한다. 결국 전국 방방곡곡에까지 미치지 않는 곳이 없게 되었다. 중국 정치제도의 교과서와 같은《주례《周禮》에서는 지방관의 역할 가운데 가장 중요한 것으로 "황제의 명령이 빈틈없이 퍼져나가게 하는 것"을 꼽기도 하였다.

칙서는 황제가 특정 지역 사람들, 특정 직군職群의 사람들, 아니면 아예 특정 개인을 상대로 내린 특별한 지시를 담은 문서이다. 당연히 조서보다 압도적으로 많이 발령되었고, 자연히 조서보다는 격이 낮았다. 황제의 명령을 담은 실물 문서는 많이 남아있지 않다. 그러나 《명실록明實錄》을 비롯한 수많은 사서史書에는 황제의 명령이 무수히 많이 실려있다.

아주 특수한 사례를 제외하고, 황제는 직접 글을 쓰지 않았다. 그렇다고 황제의 명령을 대신 적는 일을 아무나 하는 것도 아니었다. 황제의 글을 쓰는 소수의 사람이 정해져 있었는데, 그들은 당대 최고의 지성과 문장력을 갖춘 이들이었다. 요즘 말로 고스트 라이터랄까. 명나라 당시의 관직명으로는 한림원翰林院의 학사學士나 대제待制 등이 그 일을 맡았다. 물론 이들이 자기 마음대로 글을 쓰는 것은 아니었다. 황제가 마구 내뱉은 말을 그럴싸한 글로 옮기는 것이 그들의 임무였다. 황제의 말 가운데 너무 거친 것은 부드럽게 고치기도 하고, 앞뒤가 맞지 않다 싶은 곳은 무슨 논리와 명분을 쥐어짜서라도 기어이 말이 되게 만들어냈다. 황제의 말을 뒷받침할 정당한 근거를 경전經典과 역사책 속에서 찾아내는 것도 그들의 중요한 임무 가운데 하나였다. 점잖은 표현으로는 윤색, 조금 속된 말로는 '마사지'를 한 것이다. 어쩌면 황제는 이렇게 던져주고 말았을지 모른다. "이렇게 저렇게 해서, 그렇게 어떻게 좀 해봐!" 그러나 그를 모시는 먹물들은 정말로 그렇게 어떻게든 해내고야 말았다.

역사 기록에 남아있는 황제의 글은 대부분 이렇게 해서 탄생했다. 따라서 거기에 묘사된 황제는 언제나 성인聖人과 고전古典의 가르침을 준수하고 유교적 덕목에 기초하여 선정과 덕정을 펼치는 절대자였다. 그러나 과연 그런 인간이 있을까?

황제의 말

황제도 사람인지라 많은 말을 했다. 당연히 말하는 시간, 장소, 상황, 그리고 듣는 사람에 따라서 내용도 달라지고, 어조도 달라졌다. 정월 초하루 자금성 봉천문奉天門 문루에 올라 수백 명의 관원에게 내린 훈화와, 늦은 밤 침전에서 자신의 수발을 드는 친구 같은 환관에게 던진 말이 같을 리는 없다. 황제의 말은 황제 개인의 인격, 성품을 가장 잘 담고 있다. 일상생활 속에서도 자기 속내를 잘 감추고 성인 행세를 한 이가 있었는가하면, 어떤 이는 이를 가감 없이 드러내기도 했다.

예컨대 본인의 표현대로 평민 출신이라서 저잣거리의 말에 익숙했던, 명나라 초대 황제 홍무제洪武帝(재위 1368~1398)는 자신의 감정을 대놓고 표현하는 데 전혀 거리낌이 없었다. 현재의 안후이성安徽省 펑양鳳陽 출신인 주원장은 오吳 방언을 썼는데, 그의 말을 적어놓은 메모에서도 사투리가 확인되기도 한다. 그의 말을 받아 적은 사람의 증언에 따르면 그는 말이 매우 빠르고 많았다고 한다. 가히 만기친람萬機親覽, 세상에서 일어나는 모든 일에 자기 의견을 내놓아야 직성이 풀리는 성격이었던 모양이다. 그의 말 가운데는 비속어나, 심지어 욕설도 많이 섞여있었다. 반면 만력제萬曆帝(재위 1572~1620)는 재위 중 20년 이상 조회에 얼굴을 비치지 않은 것으로 유명하다. 일상생활에서는 어땠는지 몰라도, 적어도 공적인 자리에서는 대단히 말수가 적은 인물이었던 것이다.

황제의 글만 가지고는 그의 캐릭터를 잡아내기란 거의 불가능에 가깝다. 황제는 다 다른 사람이었고, 그의 말을 글로 옮기는 사람도 달랐을지 언정, 그들이 공통적으로 옳다고 믿는, 적어도 그렇게 생각하는 척하는 것은 비슷했기 때문이다. 황제의 글에 따르면 그는 언제나 정의롭고 언제나 근엄하며 언제나 지당하신 말씀만 하셨다. 역사 기록에는 황제의 말이 거의 남아있지 않다. 녹음기가 없었던 시대를 살았던 황제의 말을, 현재의 우리가 어떻게 들을 수 있겠는가.

황제의 어록, 선유성지宣諭聖旨

그런데 우리는 황제의 말을 읽을 수 있다. 황제의 말을 빠뜨리지 않고 받아 적는 사람들이 있었던 덕분이다. 황제는 일상적으로 무수히 많은 말을 쏟아냈는데, 그의 곁을 한시도 떠나지 않는 기록 담당 비서관들이 그의 말을 토씨 하나 빼먹지 않고 지면에 옮겨 적었다. 마치 속기사들이 하는 것처럼. 이렇게 해서 작성된 일종의 어록, 녹취록을 당시 사료에서는 선유성지宣諭聖旨라고 불렀다.

황제가 실제로 뭐라고 말했는지 궁금한 후대의 연구자들에게 필요한 것은, 남의 손을 덜 탄 날것 그대로의 황제의 어록이다. 즉 선유성지가 남아있다면 가장 좋을 것이다. 그러나 중국에 남아있는 자료 가운데서는 그것을 거의 찾아볼 수 없다.

황제의 말 가운데 별 가치가 없는 것들은 허공으로 흩어져버렸다. 어록이 작성되었던들, 굳이 누구에게 넘기거나 보관하지 않았을 것이다. 반면 황제의 말 가운데 실제 이행할 만한 가치가 있는 것들, 즉 지면에 옮겨야 할 만한 발언의 경우에는 이 녹취록, 선유성지가 황제의 글 담당자들, 당시의 직명으로는 한림학사 등에게 전달되었다. 그러면 문관들은 황제의 명령을 정식 문서로 작성하여 포고하였고, 그것이 사초史草로 남아 훗날 사서에 실렸다. 꼭 이 과정을 거치지 않더라도 신하들과 공식적으로 접견하는 자리, 예컨대 조회朝會에서 한 발언은 황제의 말과 움직임을 기록하는 사관들이 빠른 속도로 받아 적었다가 훗날 실록을 편찬할 때 제출하여 지금까지 전해진다. 아니면 인상 깊은 장면은 사관들이 자기 일기장 등에 적어놓았다가 운 좋게 현재까지 남아있을 수도 있다. 당대에 문명文名을 날리며 장래가 촉망되던, 그래서 훗날 출셋길이 보장된 자리를 차지하고 있었던 한림 학사나 사관들은 황제의 거친 말을 역시 점잖게 뜯어고쳤다. 그렇지 않은 대부분의 선유성지는 파기해 버렸다.

성지의 보고寶庫, 《고려사》와 《조선왕조실록》

그러나 대단히 뜻밖에도 고려·조선 측 기록에는 중국 황제의 말, 선유성지가 많이 남아있다. 여기에는 두 가지 이유가 있다. 황제가 조선에 굳이 선유성지를, 그러니까 공식 문서가 아닌 어록이나 구두 메시지를 보낸 것이 그 한 가지이고, 조선이 워낙 기록을 잘 남겨두고 있었던 것이 다른 한 가지이다.

　황제들이 굳이 고려·조선에 선유성지를 보낸 데에는 다시 두 가지 이유가 있었다. 하나는 잘 윤색된 문서만으로는 자신의 본심을 전달하기 어렵다고 느꼈기 때문이다. 홍무제의 경우가 주로 그랬다. 그는 종종 고려 사신을 불러다가 꿇어앉혀 놓고 몇 시간이고 자기 의견을 술술 풀어놓곤 했다. 그리고는 마지막에 꼭 물었다. "내 말을 잘 기억할 수 있겠느냐?" 안

그래도 오금이 저린 마당에 고려 사신이 이를 다 기억하기란 불가능한 노릇이 아니었을까. 그러면 황제는 곁에 있던 속기사에게 이렇게 명령한다. "내 말을 다 적었으면, 사신에게 한 통 건네주어라." 그는 다른 사람의 손을 타면 고려에 자기 속내가 제대로 전달되지 못한다며 누차 불평을 했다. 이렇게 전한 홍무제의 선유성지가 《고려사》에 상당히 많이 남아 있다.

홍무제의 아들로서 명나라 제3대 황제였던 영락제永樂帝(재위 1402~1424), 영락제의 손자이자 제5대 황제 선덕제宣德帝(재위 1425~1435)는 조금 달랐다. 그들은 자신의 말을 문서로 남기는 것을 꺼렸다. 자신의 명령이 썩 정의롭지 않다는 것을, 그래서 후대 사람들이 그것을 보고 자신을 비난할 것임을 잘 알고 있었다. 예컨대 예쁜 여성을 데리고 오라거나, 해동청海東靑이나 사냥개를 구해오라거나, 자질구레한 음식을 바치라는 등의 명령이 그러했다. 따라서 영락제와 선덕제는 그러한 명령을 선유성지도 아니고 아예 구두 메시지로 전달했다. 그러고는 자신과 매우 친밀한, 그러면서도 군주의 덕목을 운운하며 잔소리를 하지 않을 환관들을 메신저로 고용했다.

황제에게는 별것 아닌 말들이었을지 모르지만, 그를 이행해야 하는 조선 측의 입장은 달랐다. 황제가 구해오라는 여성을 간택하느라 태종은 아버지의 상복을 입고서도 미녀 선발 심사에 임해야 했고, 세종은 무려 열여섯 번이나 심사장에 나서야 했다. 안 그래도 기록을 남기는 데 유난히 진력하였던 조선 정부는 그처럼 중차대한 황제의 발언을 꼼꼼히 적어두었다. 황제의 메신저가 국왕과 독대하여 은밀히 건넨 귓속말도, 《조선왕조실록》은 토씨까지 고스란히 살려 옮겨놓고 있다.

외교의 두 층위

고려·조선에서 대명對明 외교는 왕조의 운명을 가를 수도 있는 것이었다. 따라서 문무 군신群臣이 모두 나섰으며, 역시 모든 사안에 대해 최종 결정은 국왕이 직접 챙겼다. 그러나 명나라 입장에서는 꼭 그렇지는 않았다. 황제에게는 대조선 외교보다 더 중요한 현안이 훨씬 많았다. 관료 조직 가운데서도 외교는 예부禮部의 소관 사항이었으며, 간혹 병부兵部가 거기에 참여하는 정도였다.

조선과 명나라의 현실적인 이해관계는 자주 부딪쳤다. 하지만 명나라 예부의 관원이나 조선의 관원이나 공유하는 가치랄까 지향이 있었다. 어떠한 문제든지 유교적인 명분, 중화질서의 이념에 어긋나서는 안 되었다. 이 문제는 적어도 전근대 동아시아에서는 시대를 초월하는 일이었다. 황제 명의의 조서나 국왕이 보낸 표문表文처럼 의례적 수준의 외교문서를 읽어보면, 신라와 당나라, 고려와 송나라, 심지어 고려와 몽골제국 사이에 오간 것과 큰 차이가 없었다. 아니, 아예 조선과 명의 외교문서 담당자들은 1,000년 전부터 선배들이 작성한 문서를 보고 참고하거나, 때로는 대놓고 베끼는 일도 꺼리지 않았다. 조선 성종 때《동문선東文選》을 편찬한 데에는 선배들의 글을 '참조'하는 데 편의를 노린 측면도 있었다.

황제의 말은 달랐다. 자연인으로서 황제는 때로는 거침없이 희로애락을 드러내기도 했고, 절제되지 않은 욕망을 분출하기도 했다. 제왕의 덕목을 들어 따지려드는, 학식과 명망이 높은 문관들과는 공유하기 힘든 문제였다. 이 문제를 처리하는 데에는, 예의와 염치의 수준이 자신보다 더 낮은 환관들이 제격이었다.

한자에서 내內와 외外는 상대적인 개념이다. 지방관을 외관外官이라고 한다면 내관內官은 중앙정부 소속의 관리를 말한다. 반면에 자금성 성벽을 기준으로 본다면 내정內廷, 즉 궁 안에서 활동하는 환관들이 내관이고, 궁 밖, 즉 외정外廷의 관리들은 외관이 된다. 이렇게 나눌 경우 명나라에서는 내정의 외교와 외정의 외교가 구분되었다.

외정의 외교는 국가적 대사를 다루었다. 예컨대 안보 문제, 요동 지역 사람들의 관할권 문제라든지 여진女眞을 둘러싼 분쟁 등이 그것이다. 명 측의 의사는 주로 황제의 글을 통해 조선에 전달되었다. 늘 그랬듯이 적절한 선을 지키는 글이었다. 외정의 관료, 조관朝官들이 이를 맡았다. 한편 내정의 외교는 황제 개인의 관심사를 처리하는 데 집중했다. 아름다운 여성, 맛있는 음식, 사냥개와 매 등이 그것이다. 황제의 의사는 황제의 말을 통해 조선에 전달되었다. 여기에는 지켜야 할 선이란 것이 없었다. 내정의 심부름꾼, 환관들의 몫이었다.

흥미를 배가시키는 것은 이들 환관 가운데 많은 수가 조선 출신이었다는 점이다. 영락제의 임종을 지켰던 해수海壽나 선덕제의 혀처럼 굴었던 윤봉尹鳳 같은 이가 그들이다. 어린 나이에 거세되어 명나라로 끌려갔던 이들은 칙사가 되어 고국으로 돌아와, 이제는 국왕과 겸상을 하는 존재가 되었다. 그들은 조선에서 머무는 동안 제 잇속을 차리느라 한날한시도 허투루 쓰지 않았다.

물론 공짜는 아니었다. 조선 측에서도 그들에게 안기는 뇌물을 수수료 삼아 대단히 미묘한 외교 현안들을 풀어나갔다. 까칠한 예부의 관문을 통과하기 힘든 이야기도, 환관의 입을 통해서라면 황제의 귀에 쉽게 전달되었다. 꼼꼼한 호부戶部의 관원들이 주판알을 다 튕기기도 전에, 환관은 황제의 양보를 이끌어내기도 했다. 관료들은 영문도 모른 채 황제의 결정을 그냥 받아들일 수밖에 없었다. 두 층위의 외교가 조선 입장에서 싸게 먹힐 때도 있었다.

명나라의 기록 조작

사정이 이렇다 보니 같은 《고려사》, 《조선왕조실록》과 《명실록》의 기록에 차이가 생기는 것도 당연하다. 황제는 자신의 욕망을 외정의 조관들에게 잘 드러내지 않았다. 아니, 오히려 숨기려 애썼다. 그러니 황제의 글을 전하는, 외정에서 생산한 명나라 측 자료에서 황제의 속내를 읽어내기란 쉽지 않다. 반면에 황제의 명령을 수행해야 하는 조선 측은 달랐다. 황제가 무얼 원했는지 알아야 들어줄 것이고, 그것을 밝혀야 이후의 조치도 설명할 수 있으니, 황제의 요구사항을 그대로 기록으로 남겼다. 황제와 그 심부름꾼들의 무도함, 무례함에 대한 조선 군신의 뒷담화까지 고스란히 남은 것은 덤이었다.

명나라 관료들은 때때로 황제의 비행을 알고도 모르는 척했다. 그들은 기록을 남기지 않는 방법으로, 소극적으로 역사 왜곡에 가담했다. 황제의 사생활까지 들추는 것은 자신의 임무가 아니라고 판단했을지도 모른다. 명나라 관원들은 어쩌면 몰랐거나, 아니면 모르는 척했다. 거기까지는 그러려니 하겠다.

그러나 기록을 굳이 뜯어고쳤다면 이야기가 달라진다. 과연 그런 일이 벌어졌다. 황제의 말을 당장 글로 옮겨 전달, 집행할 때는 원래 명령대로 했으면서도, 그것을 훗날 사서史書에 남길 때는 정반대로 바꿔버렸다. 어쩌면 그들은 완전범죄라고 자신했을 것이며, 과연 그렇게 되었을 것이다. 만약《조선왕조실록》이 남아있지 않았더라면.

한 통의 편지를 보낸 이와 받는 이가 다르게 기록에 남기고 있다면 어느 쪽이 사실이고 어느 쪽이 거짓일까? 특히 조작의 동기에 분명한 차이가 있다면 말이다. 예컨대《세종실록》에는 선덕제가 조선에 "사냥개와 매를 당장 잡아서 보내라"고 요구하는 문서를 보냈다는 기록이 있다. 반면《명선종실록明宣宗實錄》은 같은 문서를 두고 "사냥개와 매 같은 것은 보내지 말라"고 인용하였다. 그리고 이 일화는 선덕제의 근검한 품성, 오랑캐들까지 사랑하는 인격을 보여주는 일화로 두고두고 기억되었다. 거짓말로 지은 집이다.

외교는 황제의 개인 비즈니스

영락제와 선덕제는 명나라 황제들 가운데서 공히 존경받는 군주이다. 한명은 한족漢族의 중흥을 이끈 불세출의 영웅으로, 한 명은 천하에 휴식을 안기며 현명한 신하들을 두루 등용한 어진 임금으로. 그러나 동시대를 살았던 조선의 평가는 전혀 딴판이었다. 그들은 후궁에 데려다놓을 여성, 노래와 춤에 능한 여종, 입맛에 맞는 두부와 젓갈, 그리고 그것을 만들 줄 아는 요리사, 사냥에 데리고 갈 매와 개 등을 보내라며 조선에 쉴 새 없이 심부름꾼을 보냈다. 그들의 까다로운 요구를 들어주지 않을 수 없었던 태종과 세종은, 자신의 신하들과 함께 황제의 염치없는 탐욕을 흉보는 걸 주저하지 않았다.

뜻밖에도 선덕제의 아들로서, 중국 역사의 수많은 황제 가운데서도 손꼽히는 암군暗君, 재위 중에 이민족에게 생포된 유일한 황제 정통제正統

帝는 그러지 않았다. 물론 성인이 되어서, 두 번째 재위 기간(1457~1464)에는 그도 아버지가 한 짓을 되풀이했지만, 첫 번째 재위(1435~1449) 때는 그러지 않았다. 다른 이유가 있었던 것은 아니다. 단지 그가 처음 황제가 되었을 때 겨우 일곱 살에 지나지 않았기 때문이다. 그는 아버지 곁에서 못된 짓을 부추기던 심부름꾼들은 뒷방으로 밀어내고, 어린 자신을 돌봐준 새 친구들에게 일을 맡겼다. 다행이랄까, 그들은 조선에는 큰 관심이 없었다.

황제가 누구냐에 따라, 그가 조선에 얼마나 관심을 쏟았느냐에 따라, 또 그를 도와줄 비공식 심부름꾼들이 어떤 이들이었느냐에 따라 외교의 현안, 분위기가 달라지곤 했다. 누구도 감히 끼어들 수 없는 황제만의 영역이었던 셈이다. 이렇게 놓고 보면 명나라에서 외교는 황제의 개인 비즈니스와도 같았다. 14세기 후반에서 15세기 중엽까지의 약 100년은 이런 변화가 극과 극을 오가는 상황이었다.

책의 구성

이 책에서 다룰 시기는 명나라 전기, 홍무제부터 정통제 때까지에 걸쳐 있다. 이 기간은 한국사에서는 고려 공민왕(재위 1351~1374) 말기부터 조선 세종(재위 1418~1450) 때까지로, 중간에 왕조 교체를 포함하는 격동의 시기였다. 거대한 변동의 구절구절마다 대외관계, 특히 명나라와의 관계가 빠지지 않고 중요한 변수로 작용했다. 당장 공민왕은 홍무제의 요구 조건을 이행하느라 제주에 군사를 보낸 틈에 살해당했으며, 이성계는 명나라를 치러 가던 중 말머리를 돌려 정권을 잡았던 것이 아닌가.

이 책은 제목에 내건 것처럼 황제의 말과 글, 그러니까 명나라 황제의 정무 처리 방식이 고려·조선─명 관계에 어떻게 투영되었는지를 살펴볼 것이다. 주인공이 될 인물은 홍무제·영락제·선덕제·정통제 네 명이며, 중간에 짧게 제위에 있었던 건문제建文帝(재위 1398~1402)와 홍희제洪熙帝(재위 1424~1425)는 잠시 언급만 하겠다. 다만 장마다 주로 제기하는 질문과 제시하는 답변은 조금씩 다르다.

1장은 홍무 연간부터 시작한다. 몽골족의 지배에서 벗어나 한족 정권의 재건을 외친 시대답게 홍무제의 재위 기간에는 수많은 제도가 만들어지고 다듬어졌다. 그러나 절대자, 황제는 제도의 구속을 거의 받지 않았다. 그는 언제든 하고 싶은 말을 했고, 그의 말은 제각각의 방식으로 전달되었다. 당시 문서제도를 정리한 어떤 자료, 어떤 연구에서도 그 시대 황제의 말이 어떻게 글로 옮겨졌는지 제대로 정리하지 못했다. 여기서는 황제의 명령이 문서화되어, 특히 고려에까지 전달되는 경로를, 사례를 중심으로 귀납적으로 정리해 볼 것이다.

2장의 주인공은 영락제이다. 정화鄭和의 해외 원정, 다섯 번의 몽골 친정親征, 안남安南 점령, 노아간도사奴兒干都司 설치 등 당 태종 이후 최대의 대외 팽창을 주도했던 영락제는, 그러나 조선과는 사이좋게 지내기로 마음먹었다. 반세기의 긴장을 끝내고 겨우 안정을 찾은 조선과 명은 본격적으로 우호적인 말과 행동을 주고받았다. 그런데 어떤 계기인지는 몰라도 그는 조선의 여성과 음식에 마음을 빼앗겼던 모양이다. 그의 시대에 들어 조선─명 외교는 본격적으로 두 층위로 나뉘기 시작했다. 외정이 주도하는 국가적 현안과 내정이 주도하는 개인적 관심사. 여기서는 그동안 주목하지 않았던 후자의 측면을 밝혀볼 것이다.

3장에서는 선덕제가 그 바통을 이어받는다. 할아버지의 총애를 받았다는 그는 영락제의 팽창 탓에 지친 명나라에 휴식을 안긴, 동시에 '삼양三楊'이라고 불리는 희대의 명신들의 보좌를 받아 바른 정치를 펼친 군주로 평가받는다. 반면 조선에 촉수를 뻗치는 데는 할아버지보다 한술 더 떴다. 오죽하면 세종이 그를 가리켜 '멍청한 임금'이라고 욕을 했을까. 그러나 삼양이 정리해 준 그의 치세에 관한 최종 보고서, 《명선종실록》은 조선에 대한 그의 언행에 대해 철저한 침묵과 조작으로 일관했다. 여기서는 그의 비행과 함께, 그것을 덮어준 사관들의 가소로운 붓놀림을 폭로할 것이다.

4장은 정통제 시기를 재조명한다. 환관 왕진王振의 꾐에 넘어가 친정에 나섰다가 오이라트(몽골 서부에 있던 몽골계 부족)에 생포된 황제. 후대 사가들이 조롱을 서슴지 않았던 암군. 그러나 선덕제를 겪었던 세종은 그에게 고마운 마음을 품었을지 모른다. 그가 조선에 관심을 두지 않았던 덕분에 양국 관계는 처음으로 무사태평한 시기를 맞이했다. 외교가 황제 개인의 특성에 따라 엄청나게 좌우된다는 점을, 아버지의 반례로서 잘 보여주는 그이다. 여기서는 두 시기에 대조선 외교를 책임졌던 인물들의 운명을 추적하여, 15세기 전반 조선-명 관계의 특징을 정리해 볼 것이다.

1장

홍무제의 말은
어떻게 고려에
전달되었나

1
홍무제의 말과 한중관계

말이 많은 황제

중국 역사에는 별처럼 많은 영웅이 등장했다 사라졌다. 그들의 목록을 만들자면, 왕조를 세운 이들이 첫 페이지를 장식할 것이다. 최초로 중국을 통일했다는 진시황, 전근대 중국의 전성시대라 할 만한 당나라를 세운 고조 이연李淵, 5대10국의 혼란을 끝내고 중국을 재통일한 송나라 태조 조광윤趙匡胤, 여기에 이민족 출신으로 세계사적으로도 손꼽히는 대제국을 건설한 몽골의 칭기스 칸이나 만주의 누르하치도 빼놓으면 섭섭하다. 이 건국 군주들 가운데서도 역사에 유독 강렬한 인상을 남긴 인물이 셋 있으니, 한나라 고조 유방劉邦과 명나라 태조 주원장朱元璋(1328~1398, 재위 1368~1398), 그리고 왕조는 아니지만 중화인민공화국의 첫 번째 국가 주석 마오쩌둥이 그들이다. 모두 평민 출신이라는 점에서 더욱 그러하다.[1]

이 셋은 여러 면에서 공통점이 많다. 빈손으로 시작해 모진 시련을 겪으면서 최고 자리에 올랐다는 점, 그 뒤로는 공포정치를 행하며 생사를 함께했던 동지들을 숙청했다는 점 등이 그것이다. 그들의 극적인 삶은, 그래서 소설, 만화, 드라마의 단골 소재가 되었고, 엄청나게 많은 뒷이야기, 즉 야사를 남기기도 했다.

여기에 한 가지를 더하자면, 이 셋은 모두 말이 참 많았다. 《사기史記》고조본기高祖本紀나 《한서漢書》의 고제기高帝紀에는 한 고조가 공식 석상에서 내린 명령, 비공식 석상에서 신하들과 주고받은 대화가 꽤 상세하게 실려있다. 주원장은 지독한 일중독자였던 모양으로, 정부에서 하는 모든 일이 자기 손을 거치도록 만들었다. 홍무 17년(1384) 9월 14일부터 21일까지 8일 동안에는 1,660건의 문서에 거론된 3,391건의 안건에 대해 직접 답을 내렸다. 과중한 업무를 걱정하는 신하들을 상대로 주원장은 다음과 같이 말했다고 한다. "짐은 하늘을 대신하여 만물을 다스린다. 날마다 만기萬機를 총괄함에 어찌 감히 수고를 꺼릴 수 있겠는가?"[2]

일평생 혁명가의 삶을 살았던, 그렇다고 자부했던 마오쩌둥은 말할 것도 없다. 자신의 가르침이 당대에 널리, 후대에 길이길이 전해지길 바랐다는 점에서는 적어도 주원장과 마오쩌둥이 공통된다. 마오쩌둥의 말을 받아 적은 어록, 이른바 《홍서紅書》는 전 세계에서 가장 많이 인쇄된 책 중의 하나로 꼽히는데, 문화대혁명 기간에는 모든 이들이 이 소책자를 휴대하고 다니는 것이 불문율이었다고 한다. 역사책을 즐겨 읽었던 마오쩌둥은 틀림없이 주원장에게서 영감을 얻었을 것이다. 주원장은 자신이 가리고 가린 중요 가르침을 《대고大誥》라는 이름으로 엮어 관료들에게 휴대하고 암기하게 하였다. 관원이 죄를 지었을 때 《대고》의 내용을 잘 외우면 감형해 주기도 했다.[3]

홍무제　　명나라 개국 황제 주원장. 타이완의 국립고궁박물원 소장 〈명태
조좌상明太祖坐像〉.

14세기 후반 고려-명 관계의 우여곡절

한 세기 반에 걸친 몽골제국과의 관계를 끝내려던 참에 홍무제 같은 황제를 만난 것은, 중국은 몰라도 적어도 고려에는 큰 불행이었다. 그가 용상에 앉아있었던 1368년부터 1398년까지 한중관계는 어느 것 하나 쉽게 풀리지 않았다. 그리고 그 고비마다 홍무제의 말이 문제였다.

14세기 후반, 홍무 연간에 고려와 명나라는 수차례 우여곡절을 겪었다. 이는 근본적으로 몽골제국이 이룩했던 대통합이 해체되는 과정에서 파생된 것이었다. 몽골제국의 후계자를 자임했던 명, 그리고 몽골제국과 직·간접적으로 복잡하게 얽혀있었던 고려 사이의 관계를 어떻게 설정할 것인지가 갈등의 본질이었다.

의례의 측면에서는 양국의 상하관계를 어떻게 맺을지가 중요했다.[4] 이는 뜻밖에도 쉽게 해결되었다. 고려의 공민왕 정권은 재빨리 친명親明 노선을 확정하였다. 명 조정 역시 자국을 중심으로 하는 새로운 국제질서를 창출하면서 가장 가까운 이웃인 고려와 긴밀한 교류를 시작하였다. 한 세기 동안 찬밥 신세였던 강남江南 출신 인사들이 중심을 이룬 주원장 정권은 천하를 어떻게 경영해야 하는지, 주변국은 어떻게 상대해야 할지 몰랐다. 그때마다 적절한 질문과 모범답안을 제시한 것은 고려였다.[5] 이 때 설정된 한중관계의 기본 구도는 이후 500여 년 동안 이어진 고려·조선과 명·청 사이의 외교관계에서 대체로 준수되었다.[6] 나아가 고려-명 관계에서 설정된 외교의 각종 제도는 명 중심의 국제질서에 하나의 기준이자 전범이 되었다.[7]

그러나 형세의 측면, 실질적인 이해관계 문제는 훨씬 복잡했다.[8] 핵심은 몽골제국의 유산을 누가, 얼마나 상속할 것인가 하는 문제였다. 고려와 명나라 사이에는 가장 가깝게는 몽골 황실이 제주도에 풀어 기르던 말이나[9] 요동遼東 일대에 흩어져 살던 고려인들을 누가 차지할 것인가가 해결되어야 했다. 조선 건국의 결정적인 계기가 되었던 위화도 회군은, 명이 철령위鐵嶺衛를 설치한다고 통보한 일에서 비롯되었음은 잘 알려진 사실인데, 명이 내세운 논리는 그곳이 과거 몽골제국 땅이었다는 것이었다.[10] 좀 더 직접적인 배경에는 요동으로 진출하고자 했던 명 조정이 나하추로 대표되는 그 일대의 몽골 잔여 세력을 구축해 가는 과정에서 고려를 견제했던 사실이 있었다.[11] 황제에게 조금도 양보할 뜻이 없었던 점이 문제였다.

뿐만 아니다. 공민왕이 시해되고, 거의 동시에 고려에 왔다가 돌아가던 명나라 사신이 살해되면서 양국은 단교 상태에 접어들었다. 관계 회복의 조건으로 홍무제는 고려에 금·은·말·포布 등 엄청난 양의 물자를 내놓으라고, 그러지 않으면 쳐들어가겠노라고 겁박했다. 요구 수량을 맞추느라 고려는 국왕부터 노비들까지 무진 애를 먹었다.[12] 안 그래도 왜구 때문에 난리를 겪고 있던 민심은 바닥을 쳤고, 결국 고려 왕조가 무너지기에 이르렀다.

홍무제의 말로 요동친 양국 관계

양국 관계의 중요한 국면 전환은 대부분 명 조정 측의 태도 변화에서 기인하였다. 예컨대 공민왕 사후 고려와의 단교를 결정한 것, 그것의 재개를 조건으로 막대한 세공歲貢을 요구한 것, 세공의 양을 갑자기 감축한 것, 철령위 설치를 공표했다가 이를 사실상 철회한 것, 조선으로의 왕조

교체를 암묵적으로 승인한 것 등이 그러하다.

그런데 명측의 갑작스러운 태도 변화는 대단히 우발적이었다는 인상을 준다. 명 조정 내부에서 이들 결정을 둘러싸고 다양한 논의나 치열한 토론이 이루어진 흔적이 거의 발견되지 않는다. 애초에 그럴 수가 없었다. 예컨대 외교를 책임지는 위치에 있었던 예부상서 자리는 31년 사이에 27번이나 갈렸다.[13] 장기적으로 정책의 연속성을 유지하기에는 담당 관료들의 자리가 온전히 보전되지 못했던 것이다. 모든 일은 황제가 독단으로 결정했다. 그는 누구의 조언도 귀담아 듣지 않았다.

명의 개국 황제, 홍무제 주원장을 다룬 전기에서는 그가 대단히 부지런하여 만기친람했으며, 또 의심 많은 성격이었다는 점을 빼놓지 않고 묘사한다.[14] 이 때문에 그의 재위 기간 내내 의옥疑獄 사건이 끊이지 않았으며 수많은 관료가 목숨을 잃은 사실은 유명하다. 외교의 측면에서도 홍무 연간 명은 고려뿐만 아니라 일본·안남(현재의 베트남 북부) 등 주변국과도 끊임없이 갈등을 빚었다. 여기에도 역시 홍무제 개인의 문제를 빼놓고는 설명하기 어려운 점이 있다.[15]

황제의 말이 글이 되는 과정

그렇다면 황제의 뜻은 과연 어떻게 표출되고, 그것이 어떻게 실제 국가의 정책으로 확정되었으며, 다시 어떻게 상대국에 전달되었는지 우선 알아봐야 한다. 전통적인 연구 분야로는 정치제도, 특히 문서제도, 그중에서도 왕언王言제도와 관련된 주제라고 할 수 있다. 중국의 역대 왕조는 황제의 명령이 성립되고 하달되는 절차와 방식을 매우 철저하게 규정하고 있었다. 왕조 국가에서 최고의 권위를 가지는 황제 문서와 관련된 제도는 그 시대의 정치제도 전반, 정치 운영의 방식, 나아가 군주와 신료의 역관계 등이 종합적으로 얽혀 설정되었다. 예컨대 귀족제의 요소가 강하게 투영되어 있던 남조南朝시대의 황제 문서와, 대칸의 권위가 압도적이었던 몽골제국의 황제 문서는 작성 절차, 반포 형식 등에서 비교되지 않을 정도로 큰 차이가 있다.[16]

그런데 의외라고 할 정도로 명나라 초의 왕언제도에 대해서는 연구가 충실하다고 하기 어렵다. 기존의 관련 연구들은 명대의 정치제도 전반을 담고 있는 《명사明史》 직관지職官志나 《명회전明會典》을 비롯한 정서류政書類를 기초 자료로 활용한다.[17] 그러나 이들 자료는 대부분 제도화 과정이 완료된 이후의 상황을 담고 있다. 즉 이 자료들을 가지고는 제도가 갖춰지기 이전의 상황은 자세히 알 수 없다. 명은 건국 초부터 일반적인 정부 부처, 관료 기구의 업무나 직능에 대해서 신속하게 규정을 마련하고, 이를 《제사직장諸司職掌》과 같은 전장서典章書, 그러니까 일종의 정부 업무 편람을 통해 공식화하였다. 그러나 절대 권력을 휘두르는 황제와 관련해서만큼은 '제도' 자체가 만들어지기 어려웠다. 특히 홍무제와 같은 강력한 카리스마의 개국 군주, 무소불위의 독재자가 의사를 표출하는 것을 절차화하거나, 나아가 그것을 제도를 통해 제어하기란 사실상 난망한 노릇이었다.

따라서 홍무제 시대의 왕언을 연구하기 위해서는 귀납적으로 접근해야 한다. 그런데 여기에서 다시 한번 장벽을 마주하게 되는데, 그것은 자료의 전존傳存 현황과 관련이 있다. 앞으로 상세히 살펴보겠으나 황제가 쏟아낸 무수히 많은 말들은 여러 절차를 거쳐 문서화되었고, 다시 여러 방식을 거쳐 현재까지 전해지고 있다. 《명태조실록明太祖實錄》, 《황명조령

皇明詔令》,《황명조제皇明詔制》 등 후대에 편찬된 사서史書에 포함된 것 외에도 《대명태조황제어제집大明太祖皇帝御製集》과 같이 홍무제가 친히 지은 글도 남아있다.[18] 그러나 그 대부분은 여러 단계의 윤색과 윤문을 거치면서 정제된 문체와 내용을 담고 있어, 홍무제 그 자신의 목소리를 있는 그대로 전하고 있다고 할 수 없다.[19]

고려 기록에 남아있는 황제의 말

뜻밖에도 홍무제의 발언을 가장 풍부하게, 그리고 생생하게 담고 있는 자료는 《고려사》와 조선의 《태조실록》이다. 홍무제는 조회에서, 고려·조선의 사신을 인견한 자리에서, 혹은 중서성中書省이나 예부 등의 관원들을 불러다놓은 자리에서 많은 말을 쏟아내었는데, 이러한 황제의 구두 명령을 일컬어 성지聖旨라고 한다.

홍무제의 성지는 때로는 문서로 작성되어, 때로는 사신의 전언傳言 형태로 고려·조선에 전해졌으며, 그 가운데 일부가 《고려사》와 《태조실록》에 실려있다. 여기에 담긴 홍무제의 말 가운데 상당수는 일반적인 한문체와는 전혀 다른 구어체 백화문白話文으로 기록되어 있다. 세련된 문장과 화려한 수사, 그럴싸한 명분으로 윤색된 외교적 언설이 아니라, 백화 성지는 홍무제의 목소리를 있는 그대로 들을 수 있는 가장 좋은 자료라고 할 수 있다. 아울러 이들 자료에는 그의 말이 문서화되고 고려에 전달되는 과정을 알려주는 구절들이 많이 담겨있다.

여기서 검토할 것은 이것, 즉 홍무제의 말이다. 홍무제의 발언 내용, 그리고 그것이 당시 한중관계에 끼친 영향 등도 매우 중요한 연구 주제가 될 것이나, 그를 살피기에 앞서 홍무제의 말이 어떻게 문서화되고, 어떻게 고려에 전달되었는지를 살펴보고자 한다.[20]

2
조서: 황제 명의의 최고 권위 문서

황제의 명령서: 조와 칙

황제의 말은 기본적으로 황제의 인장을 찍거나 황제가 서명한 황제 명의의 문서로 작성되어 공표되었다. 어느 시대에나 그러했다. 명나라도 황제가 어떤 명령을 내리면 그 취지를 바탕으로 당대 최고의 문필가들, 즉 사신詞臣들이 초안을 잡은 후 황제에게 보이고 재가를 받아 반포하는 방식으로 운영했다.[21]

황제 명의의 문서는 명령 대상과 내용에 따라 크게 둘로 나뉜다. 하나는 천하의 모든 사람을 대상으로 하는 것이고, 다른 하나는 특정 지역이나 특정 직군職群의 사람들, 때로는 특정 개인을 대상으로 하는 것이다. 전자는 천하에 공히 알릴 만한 그리고 알려야만 할 일이 있을 때, 예컨대 새 황제가 등극했거나 황실에 경조사가 생겼을 때, 또는 연호를 고치기로 했을 때 등에 쓰였다. 이런 문서들은 황제의 통치가 얼마나 정당한 것인지 내세우고 어진 정치를 행하리라 약속하며 그러니 거기에 잘 따르라는, 대단히 포괄적이고 원론적인 내용을 담는 것이 일반적이다. 즉위조卽位詔, 유조遺詔 등이 대표적이다.

후자는 보통 제한된 대상에게 제한된 시공간 범위에서 구체적인 행위를 지시하는 내용을 담는다. 어떤 임무를 수행하라거나, 거기에 더 힘을 쏟으라거나, 특정한 정책을 시행, 혹은 중지하라는 세세한 지령이었다. 시대마다 양자를 가리키는 명칭에는 조금씩 차이가 있지만, 대체로 전자를 조詔, 후자를 칙勅(敕)이라 하였다.

홍무제의 조서는 고려에도 전달됐을까

개국 황제 홍무제는 무척 바빴다. 100년 넘게 이어온 이민족의 지배를 끝내고 '중화中華'를 회복했다고 자임했던 그였으니, 그의 눈에는 온 세상이 하나부터 열까지 뜯어고칠 것투성이였다. 변화를 생소하게 받아들일 사람들을 대상으로 그는 수많은 조서를 반포하였다. 조서는 황제의 글 가운데 가장 격이 높은 문서였다. 따라서 조서는 함부로 쓸 수 없었다. 한림원의 학사를 비롯한 문장가들이 작성한 문서는 대단히 아름답고 유려한 한문, 아문雅文으로 작성되었다. 구절마다 명령의 정당성과 의의를 뒷받침하기 위해 경전과 사서에 등장하는 옛이야기를 두루두루 인용하였다. 이렇게 작성한 조서는 천하에 반포되었다. 그런데 그 '천하'는 어디까지였을까? 고려도 거기에 포함되었을까?

실제로 고려와 관계를 튼 직후, 홍무제는 고려 역시 자신의 천하 안에 있다고 여겼던 모양으로, 자신이 발령한 조서를 꼬박꼬박 고려에도 보냈다. 홍무 3년(1370) 4월 1일, 황제는 자신의 둘째아들을 진왕秦王으로, 셋째아들을 진왕晉王으로 봉하는 등, 총 9명의 황자皇子를 제왕諸王으로 책봉하는 의례를 거행하며 이를 천하에 알리는 조서를 반포하였다.[22] 7일 후인 4월 8일에는 이 조서를 고려와 안남 등 여러 나라에 반포하도록 사신을 파견하였다.[23] 이어서 5월 11일에는 전국에 과거시험을 실시한다는 내용의 조서를 반포하였고, 같은 날 이 조서를 역시 고려·안남·점성占城(현재의 베트남 남부) 등에도 보내도록 하였다.[24] 이 두 통의 조서는 6월 24일에 한꺼번에 개경에 전달되었다.[25] 또 6월 6일과 20일에는 자신의 승리에 음으로 도움을 준 천하 명산대천의 신령들에게 보답하며 봉호封號를 올린다는 내용의 조서, 그리고 원나라의 잔당을 평정하고 순제順帝의 손자이자, 기황후의 아들인 아유시리다라의 아들 마이디리바라買的里八剌를 생포하였다고 알리는 조서를 각각 반포하고, 역시 같은 날 이를 고려 등 외국에 알리기 위한 사신을 파견하였다.[26] 이 두 통의 조서는 7월 16일과 19일에 각각 개경에 도착했다.[27]

'왕자무외王者無外'라는 말이 있다. 왕이 된 자는 천하를 집으로 삼기 때문에 바깥이라 할 만한 데가 없다는 말로, 중국의 국제정치학 교과서처럼 읽혔던 《춘추공양전春秋公羊傳》에 나오는 말이다. 황제의 명령을 담은 조서는 미치지 않는 곳이 없어야 한다. '무외無外'의 원칙에 따르자면 당연한 것이다. 명 국내뿐만 아니라 고려를 비롯한 외국에도 사신을 보내 조서를 선포한 것은 황제의 권위가 중국의 안팎을 나누지 않고 어디든 이르러야 한다는 이념을 실현하고자 했던 것이라고 평가할 만하다. 이런 지향은 국내의 산과 강뿐만 아니라 '외이外夷'의 산천까지도 수도에서 황제가 친히 제사 지내고자 했던 장면에서 극적으로 드러난다.[28] 황제의 지배 아래 천하는 일원적이고 균질적이라고 역설하고자 했던 이상의 표현이었으리라.

　그러나 명의 조서를 고려에도 전달하는 일은 홍무 3년(1370) 상반기에 반짝하고 그만이었다.[29] 홍무 3년 7월에 위의 두 사신이 연달아 고려에 온 이후 거의 2년 동안 명 사신이 고려에 온 일이 없었다. 바로 다음의 사신은 공민왕 21년(1372) 5월에 개경에 도착한 환관 연다르마시리延達麻失里와 손 내시孫內侍였다. 이들이 가지고 온 중서성의 자문은 황제가 말한, 그동안 고려에 사신을 파견하지 않았던 이유를 인용하고 있었다. "저 해동의 고려 국왕은, 전년부터 석비石碑를 세우고 산천에 제사를 지낸다고, 각처의 승첩 소식을 급히 통보한다고, 그리고 법복法服을 보낸다고 사자를 거듭 보냈더니, 왕이 아주 더위를 먹어버렸다. (중략) 우리 쪽에서 자주자주 사신을 보냈더니 왕의 신체를 힘들게 했던 것 같다. 때문에 내가 1년 정도 사람을 보내지 않았다."[30]

　고려는 몽골제국과의 관계 때부터 황제 명의의 조서가 오면 국왕이 직접 국문國門 밖까지 나가 맞이하였다.[31] 공민왕이 더위를 먹어버릴 정도이니, 그 수고를 덜어주고자 사신을 보내지 않았다는 것이다. 물론 어디까지나 핑계였을 뿐이다. 사실은 건국 직후의 흥분이 가라앉았기 때문이었다. 건국 초기 대단히 의기양양했던 홍무제의 천하 인식과 대외 정책은 불과 몇 년 사이에 금세 한계에 봉착했다. 조서를 발령할 때마다 사사건건 외국에 사신을 파견하기란 현실적으로 결코 쉽지 않았다. 실제로 그 뒤로 홍무 연간 내내 명 조정에서 고려에 사신을 파견하여 전체 천하를 대상으로 반포한 조서를 전한 일은 단 한 번도 없었다.[32] 여름·겨울이든, 봄·가을이든. 국왕이 늙었을 때든, 젊었을 때든.

고려를 수신자로 한 조서

문서식의 이름으로는 똑같이 조서이지만, 천하에 반포한 조서와 달리 고려·조선만을 대상으로 한 조서도 있었다.[33] 공민왕 19년(1370)에 왕을 책봉하면서 보낸 조서,[34] 우왕 11년(1385)에 우왕의 왕위 계승을 인정하며 보낸 조서,[35] 공양왕 3년(1391)에 고려의 정치 상황을 묻는다는 내용의 조서,[36] 조선 태조 2년(1393)에 조선의 행동이 마음에 들지 않는다며 힐난하는 내용의 조서[37] 등이 그 사례이다. 여기서는 모두 수신자를 "너희 고려[爾高麗]"라고 지칭하였다. 이들 조서의 문체를 살펴보면 일반적인 한문으로 작성되었다는 점에서, 후에 살펴볼 수조手詔나 선유성지와 다르다.

《고려사》나《명태조실록》에는 실려있지 않으며, 따라서 실제로 고려에 전달되었는지 여부는 확실하지 않지만, 홍무제가 공민왕을 책봉한다는 내용의 조서 한 통이《황명조령》에 실려있다. 권3의〈사봉고려국왕조賜封高麗國王詔〉가 그것이다.[38] 그런데 이 글은 명나라 초에 여러 건의 외교문서를 작성한 왕위王禕가 지은 글로, 그의 문집인《왕충문집王忠文集》에 동일한 제목 동일한 내용으로 실려있다.[39] 즉 이 문서의 경우 왕위가 기초한 후 황제 명의로 발령되었던 것이다.

위에 언급한 공양왕 3년 문서는《명태조실록》에 따르면 홍무제가 예부에 칙을 내려 사신을 파견하게 하였다고 하는데, 그때 예부에 내린 칙의 내용과 실제《고려사》에 실린 조서의 내용이 거의 일치한다.[40] 즉 이 문서가 고려에 전달된 경위를 되짚어보면 다음과 같다. ① 우선 황제가 예부에 명을 내려 공양왕 치하의 고려 내정 상황을 물을 것을 지시하였고, ② 예부, 혹은 한림원의 관원이 그에 근거하여 문안을 작성한 후, ③ 다시 황제의 재가를 얻어 조서로 만들고, ④ 최종적으로 고려에 사신을 보내 반포한 것이다. 이처럼 한림학사를 비롯한 문신들이 황제의 뜻을 받들어 문서를 집필하는 것은 당시로서는 일반적인 일이었다.[41]

3
수조: 황제가 손수 쓴 조서

황제의 특별한 배려

역시 서식의 이름만을 보면 조서로 동일하지만, 앞에서 예시로 든 문서들이 사신詞臣의 손으로 작성된 것과 달리 황제가 스스로 찬술한 조서도 여럿 있었다. 당시의 용어로는 이를 수조手詔라고 하였다. 중국 역대 왕조의 황제 문서 가운데 수조라는 것이 별개의 서식으로 제도화된 적은 없었다. 넓은 의미에서 수조 역시 조서의 한 가지라고 할 수 있겠으나, 그것을 황제가 친히 작성하였다는 점에서, 일반적인 조서보다 더 높은 권위를 부여하여 굳이 수조라고 칭했던 것이다.[42] 수조의 기대 효과는 명확하다. 첫째는 보안 유지. 다른 사람에게는 알릴 수 없는 사정을 전할 때 수조를 썼다. 홍무제는 주로 조정의 대신들에게 철저히 비밀을 지켜야 할 내용을 전달할 때에 친필로 작성한 문서를 전달했다.

둘째는 우대 조치. 황제가 직접 글을 짓고 글씨를 쓴 문서는 받는 사람

입장에서 대단한 영광이었다. 홍무제는 고려에 보내는 글에서 "이번에 써서 보내는 조서는 수재秀才들에게 짓게 한 것이 아니다. 모두 내가 친히 지은 것이다"라며 생색을 내기도 했다.[43] 《고려사》에는 이러한 문서를 인용하며 '수조手詔'라고 하여, 다른 조서와 특별히 구분하였다. 황제의 친서는 격식도 매우 자유롭고, 전달 과정도 간단하였다.[44]

담백한 문체로 쓴 홍무제의 수조

수조의 사례를 몇 가지 살펴보자. 홍무 5년(1372) 4월, 고려 조정에서는 장자온張子溫과 오계남吳季南을 연달아 파견하여, 탐라에 남아있던 몽골인 목동들이 반란을 일으켰음을 알리며, 고려가 직접 그들을 토벌할 수 있도록 승인해 줄 것을 요청하였다.[45] 황제는 7월 25일에 장자온을 불러다놓은 자리에서, "내가 지금 국왕에게 서신을 보내니, 너도 가서 국왕에게 자세히 말하라"라고 하였다. 그리고 그가 귀환하는 편에 문서를 들려보냈는데, 《고려사》에서는 이것을 '수조'라고 기록하였다. 이것이 명에서 고려에 보낸 수조의 첫 번째 사례이다.

　이듬해인 공민왕 22년(1373) 12월에 귀환한 김갑우金甲雨 역시 황제의 수조를 받들고 있었다. 문체나 내용상의 특징을 살펴보기 위해, 다소 길지만 전문을 인용해 보면 다음과 같다.

　　옛날에 천하의 군주가 된 자는 중국에 있으면서 사이四夷를 다스렸으며 계속하여 지금에 이르렀다. 그러나 다스림을 받으면서 무궁한 복을 누린 자도 있고, 멀고 험한 것을 믿다가 비상한 화를 입은 자도 있다.

지난일을 살펴보자면, 옳은 일을 아름답게 여기고 그른 일을 미워하지 않을 수 있겠는가. 짐은 미천한 데서 몸을 일으켜 하늘에 힘입어 명命을 받아 천하를 통일하였으나, 부족함이 많아 저들이 힘들게 공물을 가져왔음에도 후히 보내지 못하였음을 생각하니 스스로 매우 부끄럽다. 그러나 해동에 은혜는 베풀지 못했지만 왕의 마음으로 내 마음을 삼으려 힘쓰고 있는데, 어떤지 모르겠다. 혹 왕도 짐의 마음으로 왕의 마음을 삼았으면 하는데, 또한 어떤지 모르겠다. 두 마음을 모두 드러내기를 옛사람의 득실을 귀감으로 삼아야 할 것이니, 이 두 가지 중에서 왕은 잘 택하도록 하라.

昔君天下, 居中國而治四夷, 相繼至今. 然有聽理而樂無窮之福者, 恃遲險而取非常之禍者. 載觀往事, 可不美善而惡非. 朕起自草萊, 荷天受命, 統一寰宇, 乃多不穀, 辱彼來貢, 思無厚往, 己已慚焉. 然雖無惠於海東, 務以王之心爲心, 未知然乎. 或王以朕之心爲心, 亦未知然乎. 二心俱見, 鑒古人之得失, 於斯二者, 王其擇焉.[46]

군이 원문까지 인용한 것은 논지의 전개나 문체 등에서, 사신들이 기초한 조서의 유려함과는 거리가 있는 수조의 특징을 보여주기 위해서다. 위의 인용문에도 등장하듯이 홍무제는 틈날 때마다 자신의 출신이 한미하다는 것을 강조하였다.[47] 그는 문서를 쓰는 데도 번거로운 문체를 싫어하여 핵심적인 내용만을 담아 알기 쉬운 문체로 쓸 것을 주문하였다고 한다.[48] 홍무제 자신도 꽤 많은 글을 지었으며 이들은 후대에 《어제문집御製文集》으로 편찬된 바 있는데, 여기에 실린 대부분의 글 역시 화려한 수식 없이 담백하고 쉬운 문체로 씌어있다. 때로는 한문 문법에 잘 맞지 않는 구절을 담고 있기도 하다.[49]

특히 홍무제가 지은 글 가운데 일부는 구어체로 씌었는데,[50] 이들이 후대에 《명태조실록》에 실릴 때에는 문어체의 아문으로 윤색되었다고 한다.[51] 구어체로 작성된 조령詔令은 무신이나 일반 백성들을 대상으로 한 것으로, 읽는 이로 하여금 황제의 목소리를 직접 듣게 하여 깨우침의 효과를 극대화하려는 목적을 가지고 있었다고 평가되기도 한다.[52] 《고려사》에 실린 수조는 《어제문집》에 보이는 문장들처럼 구어체를 담고 있거나 문법에 크게 어긋나는 부분이 있지는 않지만, 당대의 문신들이 지은 조서에 비하면 문장이 대체로 조야하다는 느낌을 지우기 어렵다.

홍무제 자신이 찬술한 수조가 가진 더 큰 특징은 그 내용에 거침이 없다는 데 있다. 아래의 수조는 우왕 5년(1379)에 발령된 것으로, 공민왕 시해 사건과 명 사신 살해 사건의 여파로 양국 관계가 한참 동안 단절되었던 와중에 작성된 것이다.

너희가 온 것은, 간사한 자의 속임수에 따라 부득이하게 와서 거짓말을 하고 있다. 이제 너희에게 명하여 돌려보내니, 너희는 마땅히 고려의 화禍의 우두머리에게 짐이 하는 말을 전하도록 하라. 죄 없는 사자를 죽인 원수에 대해서는 집정 대신이 내조하고 세공을 약속대로 하지 않으면 뒷날 사자를 찾으러 가는 군사를 면하지 못할 것이다. 어찌 창해滄海를 나와 공유한다는 것을 알지 못하는가. 만약 내 말을 믿지 못한다면 수천 척의 배와 정예병 수십만으로 돛을 날리며 동쪽으로 가서 정박하여 사자가 어디에 있는지 특별히 물을 것이다. 비록 그 패거리를 모두 섬멸하지는 못할지라도 어찌 태반은 포로로 잡을 수 있지 않겠는가. 과연 감히 경시할 수 있겠는가.
爾來者, 承姦之詐, 不得已而來誑. 今命爾歸, 爾當謂高麗禍首言朕所云. 其殺無罪使者之讎, 非執政大臣來朝, 及歲貢如約, 則不能免他日取使者之兵. 豈不知滄海與吾共之. 若不信吾命, 則以舳艫數千, 精兵數十萬, 揚帆東泊, 特問使者安在. 雖不盡滅其黨, 豈不俘囚太半. 果敢輕視乎.[53]

역시 번역문만으로는 전하기 어려운, 한문 문법상 적절하지 않은 구절이 여러 군데 보인다. 첫 문장을 보자. "너희가 온 것은"이라고 서두를 꺼냈으면 "~때문이다"라고 문장을 끝맺어야 할 것인데, 실제로는 "와서 거짓말을 하고 있다"라고 하였다. 굳이 따지자면 비문인데, 번역자의 잘못이 아니다. 원문을 살펴보면 "爾來者"라고 하였으니 "너희가 온 것은"이라고 옮기지 않을 수 없다. 술어에도 '래來' 자를 한 번 더 썼으니 어법상맞지 않는 표현이다.

문체보다 더 주목되는 것은 내용이다. 이 문서에서 홍무제는 고려에서명의 사신이 살해당한 일을 크게 질책하면서, 외교관계 재개의 조건으로집정대신이 공물을 받들고 직접 입조할 것을 내걸었다. 이는 향후 6년여에 걸쳐 양국 사이의 최대 현안이 되었던 세공 문제의 단초가 되는 일로,이 발언이 "우왕 대의 대명관계사에 한 획을 긋는 결과를 가져왔다"고 평가되기도 한다.[54]

특히 그 어조를 살펴보면, 고려가 자신의 명을 듣지 않는다면 수십만의 군대를 동원해서 고려를 정벌하겠다고 공공연히 큰소리치고 있다. 가장 의례적이고 '외교적인' 언설을 담는 외교문서, 그것도 최고의 권위를가지는 황제 명의의 문서치고는 대단히 이례적인, 비정상적인 내용이라고 하지 않을 수 없다. 이전까지는 양국 사이에서 한 번도 논의된 바 없었던 세공을 과도하게 요구한 것, 게다가 그것을 매우 과격한 어조로 주장한 것 모두 이 문서가 황제가 손수 쓴 것이기에 가능했다.

그러나 이와 같은 생생한 황제의 의사는 명측에서 후대에 편찬한 실록 등의 자료에서는 찾아볼 수 없다. 대부분 황제의 말과 뜻을 순화하는 방식으로 가공해서 옮겨놓았기 때문이다.[55] 중국 측에 남아있는 자료만으로 보자면 당시 고려 조정에서 느꼈을 긴장감, 혹은 당혹감은 엿볼 수 없을 것이다. 거기에서 묘사된 양국 관계는 매우 이상적이고 건강했을 뿐이다.

4
자문: 황제의 말을 인용한 관문서

황제의 말을 받아 적는 절차

앞서 검토한 사례들이 황제의 뜻이 황제 명의의 문서에 담겨 고려에 전해진 예라면, 이번에는 그것이 다른 사람, 혹은 관부 명의의 문서에 담겨 전달되는 방식을 살펴보자. 대표적인 사례가 자문咨文이다. 자문이란 명나라 2품 이상 고위 관부 사이에서 사용했던 평행문서인데, 외국의 군주와 주고받는 외교문서의 서식으로도 쓰였다.[56]

이것이 가능하려면 일단 황제의 뜻, 그것을 담은 황제의 말이 문자화되어야 했다. 실제로 황제의 곁에는 황제의 말을 토씨까지 그대로 받아 적는 이가 있었다. 홍무제를 곁에서 관찰했던 시신侍臣들은 그의 말이 매우 빨랐으며, 순식간에 많은 말을 쏟아냈다는 증언을 남기고 있다. 그들의 역할은 황제의 구두 명령을 받아 적은 후 황제에게 올리는 것이었을 뿐이며, 그러면 황제는 거기에 몇 글자 수정을 가해서 내려주었다고 한다. 이렇게 해서 작성된 발언록, 혹은 녹취록을 당시 용어로는 선유성지라고 하였다. 특히 홍무 연간처럼 황제의 권한이 막강했으며, 황제가 모든 현안을 직접 챙기던 시기에는 황제의 말이 곧 조정의 공식 입장이자 결론이 되었다.

> 황제는 글을 지음에 성격이 혹 글 쓰는 것을 좋아하지 않아서 송렴宋濂에게 명하여 어탑 아래에 앉아 받아 적어서 글을 올리라고 하시었습니다. 한 식경이면 술술 천여 마디를 풀어놓으시면서 경전과 사서에 두루 미쳤습니다.[57]

> 고황제高皇帝는 생각이 반짝반짝하여, 순식간에 수천 수백 마디 말을 하시었습니다. 신臣 해진解縉이 붓을 잡고 받아 적으면 금방 초서草書로 여러 장을 쓰고도 그치지 않았습니다. 쓴 것을 올리면 다만 몇 글자를 고칠 뿐이었습니다.[58]

이 두 인용문은 황제가 자신의 뜻을 구술하면 송렴과 해진 등 글 짓는 신하들이 그것을 빠른 속도로 받아 적었다는 일화를 전하고 있다. 송렴은 건국 전부터 주원장을 도왔던 가장 중요한 조언자 가운데 한 명이자, 신흥 명나라의 정치·사회 전반에 걸친 그랜드 플랜을 제시한 것으로 유명한 이이며,《원사元史》편찬의 총책임을 맡기도 했던 인물이다.[59] 해진은 명 건국 이후 출생하였는데, 아주 젊을 때부터 홍무제의 총애를 받아 항상 황제의 지근거리에 머물렀다고 하며, 훗날《명태조실록》을 개찬하는 데 중심 역할을 맡았던 것으로 유명하다.[60] 이처럼 당대 최고의 문장가이자 황제가 가장 아끼는 문사들이 어전에서 황제의 말씀을 받아 적었음을 알려준다.

홍무제의 만기친람

우리나라는 처음에 중서성 승상丞相을 두었으니, 정사는 그를 거쳐 출
납되었다. 그 뒤에 혁파하여 그 권한을 오군五軍·구경九卿 아문에 나누
어 맡겼다. 중외의 주장奏章은 모두 황상이 거두어 미리 살펴보시고는
매번 큰일을 결단하거나 큰 의혹을 풀었으니, 신하들은 오직 면전에서
상주하고 성지를 받들 뿐이었다. 가부에 대해서는 한림 유신儒臣에게
명하여 고금을 절충한 이후에 행하게 하였다. 그런 까닭에 홍무 연간
에는 비답批答과 어전御前의 전지傳旨가 한 가지였다. 붓을 담당하는
자가 쓰는 것이 곧 천자의 말씀[天語]이었다(강조는 인용자. 이하 같음).[61]

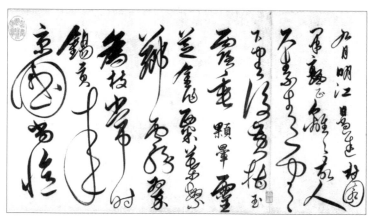

해진의 초서　　　해진은 홍무제 곁에서 그의 말을 빠른 속도로 초서로 받아 적었
다고 증언했다. 이 글씨는 해진이 자신이 지은 시를 초서로 쓴 것이다. 베이징의 고궁
박물원 소장 〈해진초서자서시권解縉草書自書詩卷〉 중 부분.

명나라 후기 황좌黃佐라는 인물이 명대 한림원의 연혁과 기능 등에 대해 정리한《한림기翰林記》라는 책 내용의 일부이다. 밑줄 친 "홍무 연간에는 비답과 어전의 전지가 한 가지였다"라는 구절에 대해서는 약간 해설이 필요할 것 같다.

이 인용문은 전지傳旨, 그러니까 황제의 뜻을 전달하는 방식과 '조지條旨'라는 관행에 대해 설명하는 부분에 등장한다. 당나라와 송나라 이래로 신료가 건의서를 올리면 그에 대한 황제의 대답, 즉 비답批答은 신하들이 대신하였다. 특히 중서성 및 집현원集賢院과 한림원의 학사가 이를 전담하였다고 한다. 명나라 건국 초기에도 중서성이 있어, 신하들의 상소와 황제의 비답은 중서성을 거쳐 소통되었다. 그러나 홍무 13년(1380)의 이른바 호유용胡惟庸의 옥獄, 그러니까 관료들에 대한 대대적인 숙청이 단행되고 그 후속 조치로 중서성을 폐지하면서, 군사와 민정에 얽힌 모든 정무를 황제가 직접 처리하게 되었다.[62] 따라서 신하들의 주장奏章, 즉 보고서나 건의서가 올라오면 황제가 직접 문서를 보고, 그에 대한 답변을 구두로 지시했으며, 옆에서 이를 받아 적으면 곧바로 그것이 비답이 되었다는 것이다.

일견 자연스러운 행위인 것처럼 보이지만, 이는 이어지는 영락제나 선덕제의 정무 처리 스타일과는 상당히 다른 것이었다.《한림기》저자의 설명에 따르자면, 영락제와 홍희제洪熙帝는 항상 내각의 중신들을 불러다놓고 무릎을 맞대고서 은밀히 논의한 후 중요한 결정 사항은 반드시 손수 써서 답변할 뿐, 다른 사람에게 이를 맡기지 않았다고 한다. 또한 선덕제는 신하들의 보고서가 올라오면 내각의 신하들에게 미리 검토하여 모범 답안까지 작성해서 보고서와 함께 올리도록 한 후 그를 붉은 글씨로 바꿔 써서 비답을 내렸다고 한다.[63]

홍무제는 남다른 성실함으로 정사에 임했던 것이다. 그는 《황명조훈皇明祖訓》, 그러니까 할아버지, 아버지로서 자신의 뒤를 이을 황제들에게 남긴 교훈에서도 황제의 덕목으로 '엄격', '근엄', '신중' 할 것을 당부했는데, 그중에서도 국정에 임함에는 "대소 관원이든, 백공百工 기예技藝를 맡은 이든 말할 만한 일이 있으면 직접 어전에 와서 아뢰게 하라. 그 말이 이치에 합당하거든 즉시 유사有司에 넘겨 시행하게 하며, 아문들이 이를 가로막지 못하게 하라"라고 가르쳤다.[64] 본인 스스로가 만기친람의 교과서였으니 떳떳하게 남길 수 있는 잔소리였을 것이다.

자문에서 황제의 말을 인용하는 방식

황제의 구두 명령은 그 명령을 들은 당사자가 누구였는지에 따라 고려 조정에 전달되는 방식이 달랐다. 우선 황제가 중서성이나 예부 등 명 조정의 신하에게 명령을 내린 경우이다. 이런 명령은 보통 다음과 같은 구절을 포함하고 있다. "너희 중서성에서는 나의 말을 문서로 고려 국왕에게 보내어 그대로 알려주어라."[65] "중서성에서 사람을 시켜 문서를 보내 고려 국왕에게 이야기해서 알려주어라."[66] "너희 예부에서는 고려 국왕에게 자문을 보내 반드시 짐의 명령과 같이하며 어김이 없게 하도록 하라."[67]

이와 같은 황제의 말을 전달하는 중서성이나 예부의 자문은 일반적으로 다음과 같은 구성을 띠고 있었다.

예부에서 ○○에 관한 일.
연호 모년 모월 모일, 예부상서 아무개가 삼가 성지를 받들었는데, 그 내용은 다음과 같았습니다. "운운" 흠차. 이에 삼가 성지의 뜻을 갖추어 자문을 보냅니다.

禮部爲某事.

年號某年某月某日, 禮部尙書某欽奉聖旨, 節該. "云云" 欽此. 除欽遵外, 合行移咨, 請照驗施行. 須至咨者.[68]

문서의 핵심은 "운운"에 있다. 나머지 부분은 그것을 전달한다는 내용일 뿐, 어떠한 실질적인 내용도 담고 있지 않다. 즉 중서성·예부 등 외교를 담당하는 아문의 역할은 황제의 성지를 그대로 옮겨 적어 자문을 보내는 주체가 되는 데에 그칠 뿐, 그 아문 자체의 판단이나 의견은 문서상 드러내지 않았다. 따라서 《고려사》의 편찬 과정에서도 자문을 인용할 때에 황제의 성지 부분까지만 옮기고, 그 뒤에 이어지는 중서성이나 예부의 말은 아예 생략해 버린 경우가 많았다.

성지를 보여주는 방식

특이하게도 황제의 명을 기록한 것을 명 조정에서 자문 형식이 아니라, 고려의 사신에게 '보여주는' 방식으로 전달한 사례도 있었다. 우왕 4년(1379)의 일이다.

① 주의周誼와 유번柳藩이 경사京師(남경)에서 돌아왔다. 예부상서 주몽염朱夢炎이 황제의 성지를 기록하여 우리나라 사람에게 보여주었다. 그 내용은 다음과 같았다.

"짐은 한미한 곳에서 일어나 실로 천명에 부응하여 원을 대신해서 세상을 다스리고 중국의 군주가 되었다. (중략) 그 왕이 정성을 다한 것이 여러 해였는데 신하에게 시해를 당한 것이 지금 또 몇 년이 되었다. 저들 사람이 와서 왕전王顓(공민왕)을 위해 시호를 요청하고 있다. 짐이 생각하건대 산으로 가로막히고 바다로 떨어져 있으니 성교聖敎를 받기는 어려울 것 같아 저들 스스로 살게 하면서 관작에 간여하지 않으려 한다. 앞서서 그 군주를 시해하고 행인行人(사신)을 속여 살해하고서는, 이제 와서 어찌 법률을 준수하고 헌장憲章을 두터이 지키겠다는 것인가. 찾아온 자는 잘 대우해서 돌려보낼 뿐, 너희 대신들은 저들의 일에 간여하지 말라. 명령대로 시행하라."⁶⁹

② 짐은 한미한 곳에서 일어나 실로 천명에 부응하여 원을 대신해서 세상을 다스리고 중국의 군주가 되었다. (중략) 찾아온 자는 잘 대우해서 돌려보낼 뿐, 너희 대신들은 저들의 일에 간여하지 말라. 명령대로 시행하라.⁷⁰

①은 《고려사》의 기록으로, 예부상서 주몽염이 고려의 사신 주의 등에게 자신이 받든 제지帝旨, 그러니까 홍무제의 성지를 기록하여 보여주었다고 한다. ②는 《명태조어제문집》에 〈명중서유고려命中書諭高麗〉라는 제목으로 실려있다. 실제로 ①에서 주몽염이 보여주었다고 한 '제지帝旨'의 내용은 ②의 그것과 구체적인 자구까지 완전히 일치한다. 위의 성지의 청자는 '너희 대신들[爾大臣]', 즉 명 국내의 신료들이다. 홍무제는 중서성에 명을 내려 고려와 통교를 중단하겠다는 의지를 구체적으로 진술하였고 이를 중서성의 예부상서가 기록하여 고려의 사신에게 보여줌으로써 의

사를 전달하는 경로를 거쳤던 것이다. 이 밖에도 우왕 5년(1379) 3월에 귀국한 심덕부와 김보생도 황제의 수조手詔와는 별개로 예부상서 주몽염이 '보여준', 황제의 성지를 기록한 내용을 보고한 바 있다.[71]

5
선유성지: 황제의 발언록

고려를 향한 홍무제의 발언

자문에서 검토한 사례들이 홍무제가 명 국내의 신료들에게 명을 내린 경우였다면, 고려의 사신을 직접 불러 쏟아낸 말들이 고려에 전해진 경우도 있었다. 《고려사》에 여러 편 실려있는, 일반적인 한문체와는 뚜렷이 구분되는 백화체의 선유성지가 그것이다. 선유성지란 앞서 언급했듯 황제의 발언을 그대로 받아 적은 어록, 녹취록인데, 그것을 별도의 가공 없이 고려에 전달한 것이다.

　홍무제가 친람하는 만기萬機 가운데에는 외교도 빠지지 않았다. 그는 고려와의 관계에서 중요 사안을 모두 직접 나서서 챙겼다. 특히 고려에서 찾아온 사신을 불러다 보는 자리에서도 자기 생각을 서슴없이 펼쳐놓기도 하였다. 황제는 명 건국 후 고려에서 두 번째로 파견한, 자신의 생일을 축하하러 온 사신 성준득成准得을 불러다놓고, 고려의 내정, 특히 성곽과 군사의 정비 여부, 왜구 방비 상태 등을 꼬치꼬치 캐물은 후 이러쿵저러쿵 잔소리를 줄줄이 풀어놓기도 하였다. 특히 공민왕이 불교에만 힘을 쏟고 정사를 게을리한다고 지적하며, 자신이 어렸을 때 중노릇을 해봐서 아는데 부처만 믿어봐야 별 소용없을 것이라고, 자신의 충고에 따라 정치를 열심히 하면 왕자를 얻을 수 있을 것이라고까지 하였다.[72] 아마도 홍무제는 사신의 입을 통해 공민왕에게 후사가 없으며,[73] 그런 탓에 국왕이 불교의 도에 빠져있다고 들었던 모양이다. 비록 이때의 발언은 새서璽書라는 형식으로 전달되었지만, 일반적인 황제 명의의 문서에서라면 상상하기 힘든 매우 내밀하고, 때로는 꺼릴 법한 이야기까지 술술 늘어놓았다.

또 다른 예로, 공민왕 21년(1372) 9월에 귀국한 장자온은 당시 양국 사이의 현안이었던 탐라의 몽골인 목자牧子 처리 문제에 관한 홍무제의 의견을 국왕에게 전달하였다. 과거 몽골제국 황실은 제주도에 목장을 직영하면서 그를 관리할 사람들을 파견한 바 있었다. 그러나 몽골 황실이 북쪽으로 후퇴한 이후 그들은 본토와 끈이 떨어지게 되었다. 그렇다고 그들이 고려 정부의 말을 순순히 듣는 것도 아니었다. 공민왕은 이들을 무력으로 진압해서라도 직할 아래 두고 싶었다. 문제는 그들에 대한 상속 권한을 몽골제국의 후계자를 자임한 명나라 역시 주장할 수 있다는 것이었다. 따라서 이들을 처리하는 데에는 적어도 명 황제의 승인 내지는 동의가 필요했다.[74]

이때 황제의 뜻은 두 가지 경로를 통해서 표현, 전달되었다. 하나는 그가 직접 작성한 수조를 통해 글로써 국왕에게 직접 전달한 것으로, 이에 대해서는 앞에서도 살펴본 바 있다. 다른 하나는 사신 장자온과 대면하여 말로 전달하게 한 것이다. 홍무제는 장자온에게 말하기를, "내가 지금 국왕에게 서신을 보내니, 너도 가서 국왕에게 자세히 말하라[我如今國王根底

與將書去有, 您到那裏國王根底, 備細說者], " 혹은 "내가 말한 이야기를 너는 국왕에게 가서 명백히 말하라[我這說的話, 您去國王根底, 明白說到]"라고 하면서 자신의 뜻을 구술하였다.[75] 원문을 보면 곧바로 일반 한문과는 다른 백화문체임을 알 수 있다. 현대 중국어를 조금이라도 배운 독자라면 금방 눈치챌 수 있겠지만, '那裏'나 '這'와 같은 단어가 그러하다. '根底'란 '~에게'라고 해석될 수 있는 처격조사이며, '者'는 '~하라'라는 명령형의 종결어미 역할을 한다.

홍무제의 구술 가운데 가장 유명하고 또 가장 중요한 의미를 가지는 것이, 홍무 5년(1372)에 있었던 이른바 '힐난 성지'이다. 공민왕 22년 (1373) 7월에 귀국한 강인유姜仁裕는 전년도 12월 20일 아침과 그해 4월 14일에 홍무제를 직접 만나 들은 말을 국왕에게 전하였다.[76] 무려 2,300여 자에 이르는 긴 내용으로, 그 안에는 고려의 사신 파견 문제, 탐라 토벌 문제, 요동 문제 등등이 아주 두서없이 서술되어 있다.[77] 아마 홍무제가 이 말을 쏟아내는 데에는 적어도 한 시간 이상은 걸렸을 것이다. 이 내용을 사신 강인유 등이 문자의 힘을 빌리지 않고 기억했다가 고려에 와서 전했을 리는 없다. 위에서 살펴본 것처럼 황제 곁의 신하들이 황제의 말을 토씨까지 빠뜨리지 않고 그대로 받아 적은 후, 아마도 그 사본을 귀국하는 고려의 사신 편에 부쳤을 것이다. 그런 까닭에 이러한 선유성지는 문어체로 고쳐지지 않고 백화문체로 서술되어 있었던 것이다.

구두 발언과 어록

다음 사료는 홍무제의 발언 내용이 고려에 전달되는 방식을 잘 보여준다.

(황제가) 또 선유성지를 내려 말하기를, "내가 전날 너와 했던 이야기를 너는 기억할 수 있는가"라고 하였다.

설장수偰長壽가 아뢰기를, "대강의 성지의 뜻은 신이 감히 잊지 않았습니다. 다만 자세한 이야기는 기억이 온전하지 못할까 두렵습니다. 이는 모두 가서 전하라고 하신 성지이니, 신이 떠날 때에 성지를 기록한 것 한 통을 수령해서 가겠습니다"라고 하였다.

성지를 내리기를, "내가 한 말은 이 책에 모두 씌어있다. (중략) 너는 고가故家의 사람이니, 내가 그래서 너에게 자세히 이야기한 것이다. 잊지 말고 그들에게 이 뜻을 말해주어라."[78]

이 기사 바로 앞에는 홍무제가 고려의 사신 설장수와 대면하여 양국 관계에 대한 자신의 뜻을 매우 자세하게 서술한 장문의 선유성지가 기록되어 있다. 홍무제는 특별히 설장수가 고가故家의 사람이며 자기 말을 잘 알아들을 것임을 여러 차례 강조하면서 자신의 뜻을 고려의 국왕과 재상에게 잘 전달할 것을 거듭 당부하였다. 그는 "지난번에는 몇몇 통사通事 나부랭이들이 왔으니 어디다 대고 말을 했겠는가. 너는 그런데 고가의 자손이니, 다른 때 왔던 재상들과 댈 것이 아니다. 너의 말을 내가 알고 내 말을 네가 아니, 그래서 너에게 말해주는 것이다. 너는 나의 이 뜻을 일을 맡아보는 재상들에게 말해주어라"라든지, "너는 고가의 사람이니 내가 자세히 너에게 얘기해 주는 것이다. 너는 잘 기억해 두어라"라고 하며[79] 설장수를 다른 보통의 통사나 재상들과는 구분되는, 말이 통하는 인물로 추켜세우면서 자기 말을 잘 전달하라고 누차 강조했다.[80] 아무리 고가의 사람이라고 해도, 아무리 말을 잘 알아들었다 해도 그것을 기억해서 전달하는 것은 별개이다. 홍무제의 세심한 배려는 여기에까지 미쳐,

자신의 발언을 기록한 문건을 건네주며 그대로 전하라고 명하였으니, 그 문건이 바로 《고려사》에 실린 선유성지이다.

홍무제는 설장수 말고 다른 사신들을 인견한 자리에서 대단히 직설적인 어투로 양국의 현안을 두루 언급하며, 사신들에게 자신의 이야기를 국왕에게 제대로 전할 것을 강한 어조로 지시하곤 하였다. 우왕 11년(1385), 안익安翊에게는 "너희 사신들이 내가 한 말을 거기(고려)에 돌아가서 하나하나 전하지 않으면 어찌 되겠는가?"라고 하였고,[81] 이듬해에 정몽주鄭夢周에게는 "이 이야기를 너는 잘 기억하였다가 너희 국왕과 재상에게 가서 잘 알아듣게 얘기하라"라고 하였다.[82]

이방원을 앞에 두고 이성계를 욕한 황제

홍무제는 말년에 이르러서도 기력이 줄지 않았던 모양이다. 사신을 불러다가 자신의 뜻을 구술하고, 그것을 받아 적은 선유성지를 함께 전달하는 방식은 조선으로 왕조가 교체된 이후, 그러니까 그의 나이 60대 후반이 된 이후로도 변함없이 지속되었다. 예컨대 홍무제는 왕조 교체를 알리는 권지고려국사知高麗國事 이성계 명의의 표문을 가지고 사신으로 온 조림趙琳을 만나 다음과 같이 말했다고 전한다. "나는 지금 예부로 하여금 문서를 주어 보내게 하니, 너는 돌아가서 자세히 갖추어 그에게 말하라."[83] 여기서 '그[他]'라고 지칭한 것은 물론 태조 이성계이다. 태조 3년(1394)에는 정안군靖安君 이방원, 즉 훗날의 태종을 만나 자신의 뜻을 풀어놓았는데, 그 내용은 가히 충격적이기까지 하다.

너희 나라 화자火者가 버들가지를 말아놓은 것 하나를 상투 속에 넣어
가지고 왔더라. 안을 열어보니 종이를 비비 꼬아서 말아놓은 것이 있
었는데 무슨 글자인지 알 수 없었다. 또 몇 통의 서한을 옷깃 속에 꿰
매어 가지고 왔더라. 또 그놈이 나에게 아뢰기를, "본국 왕이 상으로
은자 네 덩이를 주었습니다"라고 하였다. 왕이 상을 줄 것이라면 그의
부모나 친척에게 주었어야 했다. 그가 은자를 가져온 뜻은 네가 거기
서 그에게 가져가게 했기 때문이다. 이 모두는 좀도둑이나 하는 짓이
다. 나는 아무리 꾸짖어도 다 꾸짖지 못할 지경인데, 그 가운데 하나가
제 집에서 우물에 뛰어들어 죽어버렸다.[84]

　　사건의 전말을 재구성해 보면 다음과 같다. 홍무제는 고려에 나이 어
린 화자, 그러니까 거세된 남자를 보내라고 요구한 일이 있었다. 장차 명
나라 궁중에서 환관으로 부리기 위해서였다. 고려는 이에 응해 여러 명을
보냈었다. 그 가운데 한 명인 장부개張夫介라는 인물이 태조 2년(1393) 12
월에, 이성계를 심하게 질책하는 황제의 성지를 인용한 명나라 좌군도독
부左軍都督府의 자문을 전달하러 서울에 왔다가 이듬해 2월에 돌아간 일이
있었다.[85] 그가 남경에 도착한 후 몸수색을 받았던 모양인데, 그때 그의
상투 속에서 낯선 글자를 적어놓고 비비 꼬아서 말아넣은 종이가, 그리고
옷깃 속에서는 숨겨놓은 편지 몇 통이 발각되었다. 또한 조선 국왕에게서
은자 네 덩이를 받은 것도 걸렸다.

　　이후 조선 정부의 자체 조사 결과와 그를 바탕으로 한 해명에 따르면,
알 수 없는 글자를 적은 종이란 범어梵語, 즉 산스크리트어로 소원을 적은
부적 같은 것이었으며, 편지는 다른 환관의 가족들이 전해달라고 부친 것
이었다고 한다.[86] 그러나 의심이 많은 황제는 이를 두고 조선 국왕이 명

궁중에서 활동하는 환관을 매수하려 했던 것이라며, 그를 가리켜 '좀도둑'이라고까지 했다.[87] 아들을 앞에 두고 그 아버지를 욕했던 것이다.

성지의 문체 차이

지금까지 황제의 구두 명령이 누구를 앞에 두고 내려졌는지, 그리고 그것이 어떤 형식으로 전달되었는지를, 오직 절차에만 집중해서 분석해 보았다. 그런데《고려사》에 실린 선유성지를 검토해 보면 무엇보다 눈길이 가는 것이 그 문체이다. 이 문제에 대해서 짚어보자.

홍무제의 발언이 중서성 혹은 예부와 같이 고려와의 외교관계를 담당한 관부 명의의 자문 안에 인용되어 전해질 때와 고려 사신이 받아오는 선유성지 형식으로 전달될 때, 같은 내용의 말이라도 둘의 문체는 달랐다.

> ① 예부의 자문에 이르기를, "삼가 성지를 받들었습니다. '(중략) 과거 공민왕이 있을 때에는 공물을 바치러 오는 사신이 이르면 짐이 이를 기뻐하였다. 짐이 초야에서 일어났을 때 왕전王顓은 삼한의 왕이었다.'"
> 禮部咨曰. "奉聖旨. '(중략)前者, 恭愍在時, 入貢使至, 朕嘗歡之. 朕起草萊, 王顓之爲王於三韓.'"[88]
>
> ② 설장수가 경사에서 돌아왔다. 삼가 선유성지를 받들었는데 거기에 이르기를, "(중략) 바얀테무르伯顏帖木兒 왕이 있을 때에는 꽤 좋은 말을 바쳤다. 나에게 준 그 말도 꽤 쓸 만했다."
> 偰長壽還自京師. 欽奉宣諭聖旨曰. "(중략) 伯顏帖木兒王有時, 進些好馬來. 與我那馬却是好."[89]

두 인용문은 모두 고려에 전달된 홍무제의 말을 옮겨 적은 것이다. 원문을 보면 한눈에 느낄 수 있듯이 두 글은 문체에서 차이가 난다. ①은 예부에서 기록한 황제의 말로, 일반적인 문어체의 한문으로 기록되어 있다. ②는 설장수가 전하는 황제의 말로, 매우 거친 구어체로 작성되었다. 단어의 선택에도 차이가 있다. ①에서는 고려의 국왕을 그의 시호인 "공민恭愍"이라고 표기하고, 그의 이름은 "왕전王顓"이라고 하였는데, ②에서는 "백안첩목아伯顏帖木兒"라고 하였다. 몽골제국의 유장遺將으로 요동에서 활동하던 고가노高家奴가 고려에 보낸 서한에서 공민왕을 일컬어 "보안첩목아왕普顏帖木兒王"이라고 했던 것과 마찬가지로,[90] "백안첩목아"는 공민왕의 몽골식 이름 바얀테무르를 한자 음차로 표기한 것이다. 과거 공민왕의 재위 기간을 뜻하는 말도 ①에서는 "恭愍在時"라고 문어체로 표기하였고, ②는 구어체로 "伯顏帖木兒王有時"라고 하였다.

홍무제가 예부의 신하를 마주했을 때와 고려의 사신을 불러다놓았을 때, 공민왕의 이름을 다르게 말했으리라고는 생각되지 않는다. 홍무제는 일상적으로 공민왕을 '바얀테무르'라고 불렀을 것이다. 그리고 근시近侍, 즉 속기사들이 그가 내뱉는 말을 신속하게 받아 적을 때에는 ②와 같이 구어체의 문체를 활용했을 것이다. 그렇게 적은 어록을 가감 없이 고려의 사신의 손에 쥐어보냈을 때, 《고려사》나 《조선왕조실록》에서는 그것을 인용하면서 "선유성지 왈"이라고 하여 인용했던 것이다.[91] 반면에 그것을 예부 명의의 자문으로 옮길 때에는 구어체의 문장을 일반 문어체로 고치는 절차를 한 번 더 거쳤다. 이렇게 해서 ①과 같은 형태의 자문이 생산된다. 이 과정이 단지 문체만 고치는 데 그치지는 않았다. 거침없이 쏟아낸 황제의 말, 비속어와 심지어 욕설이 뒤섞이기도 한 발언을 그 대강의 취지는 건드리지 않더라도 표현을 조금 다듬는다든지 외교적 언사를 동원하여 수식하는 과정, 즉 윤색이 이루어졌다.

앞서 인용한 《한림기》의 구절에서 언급한, 홍무 연간 한림 유신의 역할인 "고금을 절충[折衷古今]"하는 것이란 이러한 절차를 말하는 것이다. 그렇다면 황제의 의사가 보다 명백하게 드러나는 것은 당연히 전자이다. 여기에다가 황제의 말을 면전에서 들은 사신의 증언이 더해진다면, 고려 조정은 황제의 속마음이 어떠한지를 더욱 피부에 와닿는 것처럼 느낄 수 있었을 것이다.

6
구선: 구두 메시지

구두 메시지의 존재를 보여주는 의례

지금까지 황제의 의사가 어떤 형태로든 종이에 옮겨져 전달되는 방식을 살펴보았다면, 마지막으로는 그것이 구두 메시지로 전달되는 경로를 살펴보겠다. 사료에서는 이를 '구선口宣'이라고 표현하였다. 문제는 문자화되지 않은 상태로 전달되다 보니, 그것이 실물 기록으로 남지 않아 현전하는 사료 속에서 그 실체를 찾기 어렵다는 점이다. 다만 구두로 메시지를 전달하는 방식이 있었음은 다음의 자료를 통해서 분명히 확인된다.

〈대명大明의 조칙이 없는 사신을 맞이하는 의례〉
구두로 선포할 성지[口宣聖旨]가 있으면 사신은 서서 선포하고 왕은 북쪽을 향하여 꿇어앉아 듣고서 보내온 공첩公牒을 접수한다. (중략) 구두로 선포할 것[口宣]이 있는 사신은 왕이 친히 공관公館까지 전송하거나 혹은 세자로 하여금 전송하게 한다. 구두로 선포할 것이 없는 사신은 재추宰樞에 명하여 공관까지 전송하게 한다. 만약 수조나 칙·부符가 있으면 이 의례를 적용하지 않고 조정에서 반포한 의례에 따른다.[92]

이 글은 고려에서 명의 사신을 맞이할 때의 의주儀注로,《고려사》예지 禮志의 빈례賓禮 조항에〈대명의 조사詔使를 맞이하는 의례〉,〈대명의 사로 사賜勞使를 맞이하는 의례〉와 함께 나란히 실려있다. 즉 고려에서는 명의 사신을, 그가 전하는 황제의 명의 종류에 따라 크게 (1) 조서를 휴대한 사신과 (2) 조서를 휴대하지 않은 사신으로 나누고, (2)를 다시 구두 메시지가 있는 사신과 없는 사신으로 나누어 각각을 맞이하는 의례를 설정해 두었던 것이다.

인용문의 마지막 문장, "만약 수조나 칙·부가 있으면 이 의례를 적용하지 않고 조정에서 반포한 의례에 따른다"에 주목해 보자. 조정, 즉 명나라 정부에서는 외국에서 자국의 사신을 맞이할 때의 의례를 몇 가지 상황으로 나누어 설정하고 이를 고려에 알린 바 있었다. 홍무 2년(1369)에 고려의 요청에 응해 보내온《번국의주蕃國儀注》가 그것이다. 고려는 명 사신을 맞이하는 의례는 기본적으로 이 책에 근거하여 구성하고 시행하였다.[93] 거기에는 명 사신이 수조나 칙·부를 가지고 올 때 어떻게 해야 한다는 규정은 있었다. 그에 근거하여 작성한 의주가《고려사》빈례에 실린〈영대명조사의〉와〈영대명사로사의〉이다. 그러나 명측에서는 황제 명의의 문서 없이, 구두 메시지만 가지고 사신을 파견하는 경우는 미리 상정하지 않았던 듯하다. 따라서 그럴 때 어떻게 해야 하는지는《번국의주》에 실려있지 않았고, 이에 대해서는 고려 측이 자체적인 연구 끝에 위와 같은 별도의 의주를 작성했던 것이다.

고려 출신 환관들이 전한 메시지

명 사신이 고려 조정에 와서 문서가 아닌 구두로 황제의 명을 전했음을 분명히 보여주는 사례가 많지는 않다. 우선 다음 기록을 살펴보자.

① 황제가 전 원元의 원사院使 희산喜山과 대경大卿 김려보화金麗普化 등을 보내와서 말과 엄인閹人을 구하였다. 희산 등은 모두 우리나라 사람이었으므로 예를 마치고서는 뜰에 내려가 머리를 조아리고 네 번 절하니 창昌이 이를 서서 받았다. 희산 등이 또한 성지를 전하여 말하기를, "북방을 정벌할 때 귀순해 온 달달達達의 친왕 등 80여 호는, 그들을 모두 탐라에 살라고 보낸다. 너는 고려에 가서 말해 알려서, 그곳으로 사람을 보내 깨끗하고 편리한 곳에 집을 짓게 하고, 함께 돌아와서 보고하라"라고 하였다.[94]

② 흠차내사欽差內史 최연崔淵·진한룡陳漢龍·김희유金希裕·김화金禾 등이 좌군도독부의 자문을 가지고 왔다. 주상이 백관을 거느리고 선의문宣義門 밖에서 맞이하여 궐에 이르렀다. 최연 등이 선유를 전하기를, "말 1만 필과 엄인, 그리고 김완귀金完貴의 가족을 함께 데리고 오라"고 하였다. 주상이 꿇어앉아 다 듣고서, 고두叩頭를 하고는 성상의 옥체가 안녕하신지 물었다. (중략) 최연 등은 모두 우리나라 엄인이었다.[95]

①에서 희산 등이 전한 성지의 청자는 '너[恁]', 즉 사신 본인이다. 만약 황제의 말이 예부의 관원에게 한 것이었다면, 그리고 그중에 예컨대 "너

희 예부에서 고려에 사람을 (혹은 문서를) 보내"라는 구절이 있었다면 앞의 성지는 자문 속에 인용되는 방식으로 전해졌을 것이다. 그러나 지시 대상이 환관이었고, 환관은 관문서의 발신 주체가 될 수 없었기에 그 성지는 환관의 전언 형태로 고려에 전해진 것이다. ②는 최연 등이 황제의 말을 구두로 전했음을 더욱 분명히 보여준다. 최연 등이 선유를 전하자 국왕이 이를 "꿇어앉아 들었다[跪聽]"고 명시하였다.

황제가 구두 메시지를 전달한 것과 관련하여 주목할 만한 것은 명에서 고려에 파견한 사신 가운데 고려 출신 환관들이 많았다는 점이다. 홍무제는 환관들의 정치 개입을 매우 강력히 제재했다고 한다. 하지만 군사 관련 등 중요한 업무를 제외하고는 흠차欽差, 즉 황제의 메신저로서 선유, 즉 황제의 구두 명령을 대신 전달하는 직권은 인정하였는데,[96] 외국에 파견하는 심부름꾼으로도 자주 그들을 활용하였다. 고려와 외교관계를 맺은 지 얼마 지나지 않아 보내온 환관 김려연金麗淵이나 손孫 내시 등도 고려 출신이었다.[97] 특히 홍무 21년(1388), 즉 고려 창왕 대 이후 홍무제가 고려에 파견한 사신들은 전원 환관들이었으며, 그들은 모두 고려 출신이었다. 조선 개국 이후에도 마찬가지였다. 조선 태조의 재위 기간은 홍무제 재위 말년과 거의 겹치는데, 이 기간 조선을 찾은 여섯 차례의 명 조정의 사신은 전부 환관이었다.

이들은 환관이라는 점에서 황제를 측근에서 모시며 황제의 의사를 가장 지근거리에서 접할 수 있었다. 따라서 황제의 개인적인 요구 즉 엄인, 그러니까 거세된 남성을 보내라는 것처럼 조정을 통해 공식적으로 제기하기에는 꺼림칙한 사사로운 요구들을 전하기에 쉬웠다.[98] 또한 홍무제는 환관들을 사절로 파견하면서 국왕에게 그들이 고려의 궁정을 마음껏 돌아다닐 수 있게 하라고 여러 번 강조하였다.[99] 아마도 환관이라는 특수한 신분에 기대어 궁정 안팎을 자유로이 돌아다니면서 정보를 수집해 오기를 기대했던 것이리라. 게다가 고려 출신이라는 점에서 그들은 황제의 말에 담긴 은밀한 뜻을 고려어로 정확하게 전달할 수 있었다. 고려에 파견되는 환관들은 사신이면서 동시에 통사의 역할까지도 겸했던 것이다.[100] 홍무제는 일찍이 역대 중국의 사신이 한반도의 왕조들을 방문하여 여러 폐단을 낳았음을 지적하면서 명에서는 사신을 보내지 않겠다고 큰소리쳤으나,[101] 실제로는 자신의 발언을 완전히 뒤집었다.

고려 사신이 듣고 온 구두 메시지

고려·조선의 사신이 황제를 대면하여 들은 말을 귀국 후 구두로 전한 사례도 있다. 예컨대 우왕 14년(1388) 2월에 복명한 설장수는 "너는 돌아가서 집정대신執政大臣에게 알리라"고 한 황제의 성지를 전하였다.[102] 그 내용을 《고려사》에서는 "구선성지왈口宣聖旨曰"이라고 하고서 인용하였다. 그 문체는 "爾歸以告執政大臣"과 같이 문언체이다. 그 전해에 설장수가 받아 가지고 돌아온, 문자화된 선유성지에서는 똑같은 말을 "恁回去說與他管事的宰相每"라고 하여 구어체로 기록하였던 것과[103] 다르다. 이 차이는 왜 생긴 것일까. 추정해 보건대 후자는 황제의 말을 황제의 그 곁의 근시近侍가 구어체로 받아 적은 후 어록, 즉 선유성지 형태로 설장수가 가지고 돌아온 결과일 것이다. 반면 전자는 황제의 말을 설장수가 기억했다가 귀국하여 전언 형식으로 보고하였고, 그것을 고려의 사관이 옮겨 적었기 때문에 문어체로 기록되었을 것이다.

같은 사례는 조선 개국 후에도 이어진다. 예컨대 태조 2년(1393) 조선의 주문사奏聞使 남재南在는 귀국하여 "황제께서 후하게 대접해 주시었고, 또 명하시기를 '너희 나라 사신의 행차가 왕래하기에 길이 멀고 비용이 많이 드니 앞으로는 3년에 한 번만 조회하라'라고 하시었습니다"라고 보고하였다.[104] 며칠 후 조선 조정에서는 조공을 변함없이 하게 해줄 것을 청하는 내용의 표문을 보냈는데, 거기서는 위의 구절을 다음과 같이 인용하였다. "이번에 배신陪臣 남재가 선유성지를 받들어 전하였는데, 그 내용은, '너는 돌아가서 그에게 3년에 한 번만 조공하라고 말하라. 너희의 지성을 보아서 내가 사람을 시켜 너희를 불러올 것이다'라는 것이었습니다."[105] 남재의 귀국 보고 내용과, 그것을 표문에서 인용한 부분은 대략적인 취지는 같으나, "3년 1조朝"와 "3년 1공貢"의 차이를 비롯해서 자구에는 분명히 차이가 있다. 만약 남재가 전달한 것이 황제의 말을 받아 적은 실물 문서였다면 이러한 차이는 발생할 수 없었을 것이다. 남재의 보고가 그가 받아온 문서에 근거한 것이 아니라 구두로 이루어졌고, 그것을 조선 정부 측에서 문자화하였기 때문에 사소하지만 자구가 달라졌던 것이다.

일부러 못 알아들은 척했을 가능성

이처럼 황제의 말을 구두로 전달할 때는 문자화된 선유성지를 황제가 다시 검토한다든지, 혹은 한림원이나 예부 등의 문신들이 황제의 발언 수위를 조정하는 등의 절차를 거치지 않았다. 거의 전적으로 사신의 기억에만 의존했기 때문에 황제의 본뜻이 정확히 전달되지 않을 가능성을 품고 있었다. 예를 들면 다음과 같다.

① (홍무 5년 십이월) 20일 아침 조회 때 봉천문 아래에서 직접 선유를 들었습니다. "(중략) 너희들은 현재[如今] 연달아 3년을 예전처럼 거듭해서 온 뒤이니, 3년에 한 번씩 진공進貢하러 와도 좋다."[106]

②그해[홍무 6년: 역자] 칠월 13일, 배신 찬성사贊成事 강인유 등이 경사에서 돌아와 삼가 선유성지를 받들었습니다. "지금부터[從今] 연달아 3년은 예전처럼 거듭해서 오고, 그 후로는 3년에 한 번 와서 진공해도 좋다."[107]

두 인용문은 양국 관계 초기에 고려 측에서 너무 자주 사신을 파견하는 데 불편함을 느낀 홍무제가 이를 줄일 것을 지시한 일(①)과 그에 대한 고려의 답변으로 변함없이 여러 번 사신을 보낼 수 있게 해달라고 요청한 일(②) 가운데 일부이다. ①은 이른바 홍무제의 '힐난 성지'의 일부인데, 그 취지는 그때까지는 사신을 자주 보내왔으니, 이제부터는 당장 파견 빈도를 줄이라는 것이다. ②는 그에 대한 고려의 대답인데, ①의 '如今'을 '從今'으로 한 글자 바꾸면서, 해당 조치에 3년의 유예 기간을 둔 것으로 이해한 척했다. 고려 측에서 황제의 발언을 의도적으로 오역한 것이다.[108] 이 역시 구두 메시지, 그리고 그것을 빠른 속도로 받아 적은 발언록이 온전한 문서로 고정되지 않은 탓에 생긴 빈틈이었다.

비슷한 장면은 뒤이은 영락 연간에도 연출되었다. 다음 장에서 더 자세히 살펴보겠으나, 예컨대 태종 5년(1405) 귀국한 계품사計稟使 이행李行은 황제와 나눈 대화 내용을 '외워서' 보고하였는데,[109] 그의 기억에는 오류가 있었다. 명 예부에서는 황제가 그런 말을 하지 않았다고 하면서, 태종에게 자문을 보내 "앞으로 일체의 사무는 반드시 문서에 근거하여 따르도록 하시고, 또한 구두로 전하는 일이 있으면 마땅히 자세하게 살펴보고 시행하시기 바랍니다"라고 요청하였다.[110]

오류가 있을 가능성보다 더 심각한 것은 사신이 구두로 전한 메시지가 과연 황제의 본뜻인지, 아니면 사신이 고의로 왜곡한 것인지 고려·조선 측에서 확인할 방법이 없다는 데 있었다. 역시 홍무 연간에는 크게 문제가 된 일은 없었으나, 영락·선덕 연간에는 여러 차례 논의된 바 있었다. 특히 명에서 환관 사신을 파견하여 황제의 말을 전하는 일이 많아지고 이를 통해 황제가 요구하는 것도 많아지면서, 조선 측에서는 그것이 진짜 황제의 뜻인지 의심을 품으며 대책을 논의하기도 하였다.

7
황제의 말을 제도에 가둘 수 있을까?

황제의 발언은 몇 단계를 거쳐 전달되었나

조서부터 구두 메시지까지, 지금까지 살펴본 각각의 경로가 총 몇 번의 절차를 거치는지를 다시 확인해 보자. 가장 단순한 경로는 구두 전달 방식이다. 황제의 입에서 나온 말이 사신의 기억을 통해 곧바로 국왕에게 전달되는 경로이다. 다음으로 황제의 말을 근시가 그대로 받아 적어 사신의 손에 들려 보내는 방식, 즉 선유성지가 있다. 이 과정에서는 황제가 초고 단계의 선유성지를 받아보고 일부 자구를 바로잡기도 하였다고 한다. 그다음은 황제의 성지를 중서성이나 예부의 신하들이 받아서 그것을 자문과 같은 관문서 안에 인용해서 전달하는 방식이다. 이 과정에서 명의 신료들은 구어체의 선유성지를 문어체로 고치며, 약간의 윤색을 더하곤 하였다. 그다음은 황제가 스스로 작성하는 조서, 즉 수조이다. 황제가 직접 붓을 잡고 자신의 뜻을 가감 없이 드러내는 데 옆에서 이러쿵저러쿵

훼방을 놓을 수는 없었을 것이다. 그러나 대개 생각을 글로 표현할 때에는 말로 내뱉는 것보다 신중해지기 마련인 만큼 그의 의사가 표출되는 강도는 선유성지보다는 약했다. 마지막으로 당대의 문형文衡들이 지은 일반적인 조서가 있다. 이러한 조서는 화려한 미사여구를 동원하고 고사를 인용해 가면서 양국 관계를 유교적 이념과 명분에 근거한 이상적인 것으로 분식하곤 하였다.

본론에서 소개한 방식을 역순으로 (1) 구두 메시지, (2) 선유성지, (3) 자문, (4) 수조, (5) 조서 등 다섯 가지 방식으로 요약한다면, 황제의 의사가 가장 직접적으로 표출되는 방식은 역시 구두 메시지였다고 할 수 있다. 이때 사신은 황제의 말뿐만 아니라 그의 태도나 어조까지 생동감 있게 전달할 수 있었다. 뒤로 갈수록 황제의 발언은 더 많은 절차를 거치면서 점점 순화되었고, 때로는 외교적 언설로 수식되었으며, 따라서 황제의 속뜻은 점점 글 뒤로 숨게 되었다. 반면에 구두 전달은 사신의 기억이 부정확할 가능성, 사신이 자의로 그것을 왜곡할 위험성을 안고 있었다. 역시 뒤로 갈수록 황제의 말은 여러 차례의 검증을 거치면서 좀 더 분명하게, 그리고 논리정연하게 표명될 수 있었다.

틀에 갇히길 거부한 홍무제의 특수성

고려 전기, 고려와 송·거란·금 사이의 외교관계에서 황제의 의사가 표명되는 경로는 조서 하나뿐이었다. 조서는 당대의 문신들과 외교 담당자들이 머리를 맞댄 끝에 기초하고, 다시 여러 단계의 검토와 윤색을 거쳐 작성되었다. 그 속에서 양국 관계는 대단히 의례적이고 호혜적인 것으로 묘사되기 일쑤였다. 실제로 송·거란·금 황제들이 고려에 대해 가졌던 관심도 명나라 초의 황제들에 비해서는 크지 않았다.

반면에 홍무제 때의 상황은 대단히 특이하다고 할 수 있다. 황제는 기회가 닿을 때마다 고려에 대해 이런저런 잔소리를 늘어놓기도 하고, 갑작스러운 요구사항을 내놓기도 하였다. 다른 왕조처럼 황제의 명이 조서라는 유일한 방식을 통해서만 전달되었다면 그것을 기초해야 할 사신詞臣들이 매우 곤혹스러웠을 것이다. 그러나 홍무제는 조서 외에도 여러 통로를 열어두고 활용함으로써 자신의 뜻을 가감 없이 전하도록 하였다. 게다가 홍무제는 제도적으로나 정치 운영의 분위기상으로나 철저한 독재체제를 구축하고 있었으니, 그의 조정에서는 절대 권력자의 거침없는 말을 제지하거나 말 속에 담긴 독을 중화시킬 만한 상황이 생기지도 않았다.

제도가 튼튼하게 갖추어지고 그것이 안정적으로 운영되며, 행위자들이 제도가 정해놓은 자신의 의무와 권한 범주 안에서만 행동한다면, 어떤 행위자의 개성이나 자의적 판단이 현실을 크게 좌우할 수는 없을 것이다. 반대로 특정 지위의 권한과 역할을 제도가 명확하게 규정하지 못하거나, 어떤 행위자가 그 제도의 틀을 넘나들며 자신의 의사를 관철시킬 때에는 이른바 '불확실성'이 커질 수 있다. 한중관계에서 이러한 불확실성이 극대화되었던 시기 가운데 하나가 고려 말부터 조선 초까지, 즉 명의 홍무제 재위 기간이었다. 이 장의 첫머리에서 언급한 국제 환경, 양국 국내 정치의 변동 등도 불확실성을 증폭시킨 배경이 되었지만, 특히 행위자, 그중에서도 최고 권력을 가진 중국 황제의 개성이 양국 관계를 출렁이게 하는 결정적인 변수로 작용하고 있었다. 황제의 발언이 문서화되어 공표되기까지, 다른 왕조에서 늘 마련해 두고 있었던 여러 단계의 검증 절차는 홍무 연간에는 갖추어지지 않았거나, 있었다 하더라도 철저히 황제의 뜻에 부합하는 쪽으로만 기능하였다.

고려의 입장에서 보자면 선유성지나 구두 메시지처럼 황제의 말이 생생하게 전달되면서 그의 본의를 파악하기에 쉬운 면도 있었다. 그러나 황제의 뜬금없는 요구나 황당하기까지 한 질책을 마주하여 당혹감을 감추기 어려운 경우가 훨씬 많았다. 뿐만 아니라 황제의 메시지는 때로는 일관성이 없기도 하였고 때로는 아침저녁으로 바뀌기도 하였으며, 그 뜻이 모호하기도 하였다. 그것을 의도한 것이든 그렇지 않든, 황제의 말은 이웃 고려를 쩔쩔매게 만들었고, 그에 따라 양국 관계는 수많은 우여곡절을 겪어야 했다.

이 장에서는 황제의 말이 전달되는 경로를 복원하는 데에 대부분의 지면을 할애하였다. 이러한 경로는 후대 황제들에게도 그대로 적용되었을까? 그리고 각각의 경로는 어떤 경우에, 어떤 효과를 기대하며 쓰였을까? 이제 홍무제의 아들에게로 넘어가 보자.

2장

영락제의
말과 글은 어떻게
달랐을까

1
영락제 재위 기간의 조선-명 관계

영락제, 꿈이 큰 황제

홍무 31년(1398) 윤5월 10일, 홍무제가 세상을 떠났다.[1] 재위 기간 내내 고려·조선을 무던히도 괴롭히던 절대 권력자가 양국 관계의 변수에서 사라지게 되었다. 곧이어 명은 내전 상태에 빠져들었다. 남경南京의 건문建文 정권도, 북경北京에 근거를 둔 연왕燕王 측도 모두 조선과 우호적인 관계를 맺으려 하였다. 이 와중에 조선은 숙원이던 국왕의 고명誥命과 인장印章을 받았다. 명으로부터 공식적으로 국왕 지위를 인정받은 것이다. 몽골제국의 유산 상속을 서로 차지하려고 30여 년 동안 다툰 양국은, 15세기의 시작과 함께 양쪽 모두에 태종이 즉위하며 서로 한 발씩 양보한 이후에야 겨우 적대적인 언동을 멈추었다.

한국과 중국의 역사를 돌아보면, 개국 군주 못지않게 그의 아들들 역시 강렬한 인상을 남겼다. 고려 태조 왕건의 아들로 형인 정종定宗의 뒤를 이어 즉위한 광종光宗 왕소王昭는 26년 동안 왕위에 있으면서 아버지를 도와 고려를 건국하는 데 공을 세운 호족들을 과감히 숙청하고 왕권을 강화시킨 것으로 유명하다. 조선 태조 이성계의 아들로, 역시 형인 정종定宗의 선위를 받아 즉위한 태종 이방원도 고려의 광종과 비슷한 길을 걸었다. 중국사에서도 당 고조의 아들 태종 이세민李世民이나 태조 누르하치의 뒤를 이어 청을 건국하고 제위에 오른 태종 홍타이지가 대표적일 것이다. 명 태조 주원장의 아들, 영락제 주체朱棣(1360~1424, 재위 1402~1424)가 쓴 드라마 역시 이들에게 뒤지지 않는다.

영락제 전기의 작가들은 모두 천하질서에 관한 그의 원대한 포부, 그 것을 실현하고자 했던 담대하지만 한편 무모했던 도전에 관해 많은 지면을 할애했다.[2] 실제 영락제는 명은 물론 중국사 전체의 황제들 가운데서도 가장 적극적인 대외 정책을 펼쳤던 인물로 정평이 나있다. 저 유명한 정화의 해외 원정은 말할 것도 없거니와, 본인 스스로 다섯 번이나 친히 군사를 이끌고 사막으로 들어가 몽골군과 싸웠으며,[3] 안남을 침공하여 한동안 직접 통치하기도 하였다.[4] 현재의 중국 동북 지역에 위치한 여진 집단에도 끊임없이 회유의 손짓을 보내, 그의 재위 기간 중 총 180여 부락의 족장에게 명의 관직을 수여하고 그들 집단을 명의 지방 군사 단위인 위衛와 소所로 편제하기도 하였다.[5] 동시에 환관 이시하亦失哈를 파견하여 쑹화강松花江과 헤이룽강黑龍江을 따라 수백 척의 배를 이끌고 탐험을 한 끝에 노아간도사奴兒干都司를 설립하기도 하였다.[6] 한편으로는 당시 중앙아시아 일대에서 맹위를 떨치고 있던 티무르제국과도 사신을 주고받으며 왕래를 하였고,[7] 티베트에 대해서도 불교 지도자들을 이른바 '팔대교왕八代敎王'으로 임명하며 그들과 정치적·종교적 영향력을 교환하기도 하였다.[8] 15세기 초반의 한때, 일본의 무로마치 쇼군은 명 황제로부터

영락제　명나라 제3대 황제 영락제 주체.

'일본 국왕'으로 책봉을 받았는데, 이는 중국과 일본의 외교관계에서 전무후무한 일이었다.[9] 영락제는 쿠빌라이의 재래이자 그 후계자임을 자임했던 것으로 평가되기도 하며, 중화 세계질서를 재구축하고자 하는 야심을 불태웠던 인물로 그려지기도 한다.[10]

영락제의 조선에 대한 관심

북동쪽으로는 여진, 북쪽으로 몽골, 북서쪽 통로를 따라 티무르제국, 서쪽으로 티베트, 남서쪽으로 안남과 그 너머의 인도양 전체, 남동쪽으로는 일본에 이르기까지 뻗쳤던 영락제의 손길이, 과연 동쪽의 조선에는 어땠을까?

영락제는 조선에 관심이 많았다. 그는 몽골을 친히 정벌하러 나서면서 필요한 말을 조선과의 교역을 통해 조달하고자 하였고, 요동 방면으로 진출하면서 이 지역의 여진 집단에 대한 관할권을 두고 조선과 경쟁을 벌이기도 하였다. 정권 초기에는 자신이 일으켰던 쿠데타, 정난靖難의 역役 당시 압록강을 건너 한반도로 넘어온 탈영병들, 즉 만산군漫散軍 송환 문제를 두고 조선과 힘겨루기를 마다하지 않았다. 그러나 조선의 영토에 직접 야욕을 드러내는 일은 없었다.

이러한 국가적 현안 외에도 영락제는 조선에 '개인적'이랄가 '사적'인 요구를 해오기도 하였다. 대표적인 것이 아름다운 여성, 즉 공녀貢女였다. 그 밖에도 환관으로 부릴 어린 화자火者라든지 부처님 사리를 포함해서 불교 관련 물품들을 보낼 것을 요구하기도 했다. 영락제가 조선과의 외교에도 대단히 적극적이었음은 영락 연간의 사신 왕래 횟수에서도 잘 드러난다. 그의 재위 기간 22년 동안 명 조정에서는 조선에 총 40번의 사신을 파견하여 연평균 1.8회를 기록하였는데, 이는 명 대 전체 연평균 0.6회를 크게 상회하는 것이었다. 이때는 조선 태종 대 거의 전 시기와 세종 초년에 걸쳐있는데, 그 기간에 조선에서 명에 파견한 사신도 연평균 7.6회에 이르러 전체 평균 4.6회보다 훨씬 빈번하였다.

따라서 영락 연간의 조선-명 관계는 많은 연구자들의 관심을 끌었다. 정난의 역을 거치면서 양국 관계가 겪은 변화상이라든지,[11] 여진 관할권을 둘러싼 문제,[12] 만산군 송환을 둘러싼 갈등[13] 등이 비교적 심도 있게 다루어진 바 있고, 최근에는 영락~선덕 연간의 공녀 문제에 주목한 연구도 있다.[14] 이들 연구를 통해 당시 양국 관계에 어떤 현안이 있었는지는 대체로 밝혀졌다. 거기에 더해서 여기서 살펴보고자 하는 것은 그것이 어떻게 다루어졌는지, 그러니까 어떤 방식으로 문제를 제기하고 어떠한 절차를 거치면서 풀어나갔는지의 문제이다.

영락제의 말과 글은 어떻게 달랐나

영락제는 여러 가지 경로를 통해 자신의 의사를 조선 측에 표명하였다. 제1장에서 살펴보았듯이 황제의 뜻이 전달되는 경로는 홍무 연간에 이미 설정되어 있었는데, 글이든 말이든 그 방식의 대부분은 영락 연간에도 이어졌다.

이 가운데 조서나 칙서와 같은 공식적인 황제 명의의 문서는 그 작성 및 반포 절차 등에 대해서 대략적으로 연구된 바 있다.[15] 조선에 발령된 황제 문서에 대해서는 명 국내에 반포된 그것과 비교하여 분석해야 할 문제이므로 별도의 논의가 필요할 것이다. 따라서 여기서는 황제가 조선 문제에 대해 꺼낸 말이, 황제 명의의 문서 외에 다른 경로를 통해 전달되는 사례만을 모아서 살펴볼 것이다. 그리고 이를 다시 크게 글로 작성된 것과 말로 전달된 것으로 나누어 검토하겠다. 글로 옮겨져 전달하는 사안들과 말로 직접 전달하는 요구사항 사이에 차이가 있을 것이라는 가설을 가지고 어떤 절차에 따라, 누구의 손을 거쳤는지 등의 의문을 풀어볼 것이다. 이 점을 밝히면 황제가 조선에 어떤 관심을 두고 있었는지, 황제의 관심이 양국 관계에 어떤 영향을 미쳤는지 등을 알 수 있을 것이다.

2
건문 · 영락 연간
황제의 명령이 전달되는 경로

조심스러운 건문제

개국 황제의 뒤를 이어 즉위한 이는 홍무제의 손자 건문제建文帝 주윤문朱允炆(1377~1402, 재위 1398~1402)이었다. 이성계가 새 왕조를 건설하기 불과 80일 전, 홍무제는 큰아들이자 태자였던 주표朱標를 먼저 떠나보냈다.[16] 4개월여 후에 새로운 후계자로 임명된 것은 당시 15세의 황장손皇長孫, 주표의 아들이었다. 홍무제 사후 대명의 제2대 황제로 즉위했을 당시, 그의 나이는 22세였다. 건문제의 통치 스타일은 그의 할아버지와는 달랐다. 재위 기간이 4년 정도로 짧았던 탓도 있겠지만, 그의 말이 조선에 전달되는 방식은 비교적 단조로웠다.

조선 조정에서 새로 즉위한 건문제의 말을 처음 들은 것은 그가 즉위한 이듬해인 정종 원년(1399) 6월의 일이었다. 건문제의 등극을 축하하기 위해 파견되었던 사신 김사형金士衡 등이 귀국하면서 가지고 온 예부의 자문은 다음과 같았다.

> 건문 원년(1399) 4월 25일, 조선국의 자문을 받았는데, 그 내용은 다음
> 과 같았습니다. "본 국왕이 연로하고 병들어 이미 아들 모某로 하여금
> 임시로 일을 맡아보게 하였습니다. 자문을 보내 청하건대 상주하시어
> 밝은 명을 내리도록 해주십시오." 그달 26일 아침 조회 때 본 예부상
> 서 진적陳迪 등 관원이 봉천문에서 삼가 성지를 받들었습니다. "이미
> 선고先考 태조 황제께서 그 나라에 조유詔諭하시기를, 의례는 본국의
> 풍속을 따르고 법도는 옛 법을 지키며 그가 스스로 성교聖教를 행할 것
> 을 허락한다고 하시었다. 지금 이후로 그 나라의 사무는 또한 스스로 하도록 허락
> 한다." 이에 마땅히 자문을 보내니 잘 살펴 시행하십시오.[17]

이 문서는 조선 정종의 2년 남짓한 재위 기간 중 명으로부터 받은 외교
문서로서는 유일한 것이다.[18] 이후 조선 태종의 재위 기간(1400~1418)에
도 건문제의 성지는 몇 차례 더 전달된 바 있다. 예컨대 태종 원년(1401) 3
월에는 정종이 태종에게 전위한 사실에 대해 의문을 표하며 이를 승인하
는 것을 잠시 미루어두겠다고 밝혔다가,[19] 바로 며칠 후에는 태종의 즉위
를 승인한다는 뜻을 전하기도 하였다.[20] 둘 다 건문제가 내린 성지를 예
부에서 자문으로 작성해서 전달한 것이다. 각각이 조선에 전달되는 데에
는 39일의 차이가 났다. 그러나 두 건의 성지는, 전자는 같은 해 정월 8
일, 후자는 정월 17일에 내려진 것으로 불과 9일 사이에 건문제의 태도가
완전히 바뀌게 된 것이다. 이 밖에도 같은 해인 건문 3년(1401) 4월 16일
에 내려진, 태종에게 고명과 인신印信을 수여하겠다는 성지는 역시 예부
의 자문에 담겨 그해 6월 12일에 조선에 전해지기도 했다.[21]

주목되는 것은 건문제가 성지를 내린 대상이 모두 명의 관원이었다는 점이다. 앞에서 언급한 네 건의 성지가 발령된 과정을 살펴보면 모두 다음과 같은 절차를 거친다. ⑴ 조선 국왕이 예부에 자문을 보내 태종의 즉위를 승인해 줄 것, 고명·인신을 내려줄 것을 청하면, ⑵ 예부에서는 조회 자리에서 그 내용을 요약하여 황제에게 보고를 올린다. ⑶ 황제는 그 자리에서 예부상서 등의 관원에게 성지를 내려 자신의 의사를 피력하고, ⑷ 예부에서는 그 내용을 자문으로 작성하여 조선 국왕에게 전달하였다. 홍무 연간의 성지 전달 방식 가운데 세 번째 경로에 해당하는 것이다.

건문제가 조선에서 온 사신을 불러다 보거나, 혹은 자신이 조선에 보낼 사신에게 직접 구두 지시를 내려 그것을 조선에 전하게 한 일은 없었다. 적어도 기록에는 남아있지 않다. 위에 열거한 홍무 연간의 방법 가운데 네 번째와 다섯 번째, 즉 선유성지나 구두 메시지 전달 방식은 전혀 활용되지 않았던 것이다. 건문제는 할아버지와 마찬가지로 손수 지은 조서를 조선 국왕에게 보내 조선에서 말 3,000필을 보내온 데 대한 고마움을 표한 적도 있었지만,[22] 그때 딱 한 번이었다. 그 나머지 모든 의사는 예부 명의의 자문에 실어 전달할 뿐이었다. 약관을 갓 넘겨 즉위한 비교적 젊은 황제가 노성한 조부처럼 만사를 그 자리에서 처결하며 외교를 쥐락펴락하는 모습을 보이지는 못하였던 것이다. 황제의 명령을 듣는 조선의 입장에서는 명의 관부를 통해 일단 걸러진, 정제된 메시지만을 들을 수 있었으니 긴장은 조금 풀었을 수도 있겠으나, 어쩌면 황제의 실제 의도를 알아차리는 데에 어려움을 겪었을지도 모르겠다.

거리낌 없는 영락제

역사에서 '정난의 역'이라 부르는 쿠데타를 일으켜 조카를 몰아내고 제위를 차지한 영락제 주체는 홍무제 주원장의 넷째아들이다. 조선을 대할 때 조심조심하였던 조카와 달리, 새 황제는 아버지가 썼던 방식을 모두 활용했다. 황제의 뜻이 조선 조정에 전달되는 절차와 경로는 홍무 연간과 영락 연간에 큰 차이가 없었다. 굳이 차이를 꼽자면, 홍무제가 간혹 보내던 수조를 영락제는 재위 기간 중에 한 번도 보낸 일이 없었다는 점, 홍무 연간에는 보이지 않던 칙서가 영락 연간에는 본격적으로 자리를 잡아 조선 국왕에게 보내는 문서로 쓰이기 시작했다는 점 정도이다.[23]

정제된 글 외에 선유성지와 구두 메시지도 활발히 보냈다. 아버지 때와 형식 면에서는 차이가 없지만, 내용 면에서는 엄청난 차이가 있었다. 홍무제의 말이 대부분 국가적·공적 사안에 관련된 것이었다면, 영락제는 개인적 사안에 대해 말하기를 꺼리지 않았다. 말을 하는 일도 훨씬 잦았고, 거기서 다루는 내용의 폭도 훨씬 넓어졌다. 이를 확인하기 위해서 우선 영락 연간에 명에서 조선 조정에 파견한 사신의 명단을 작성해 보고, 그들은 어떤 황제의 메시지를 가지고 왔는지를 살펴보자.[24]

빈번한 환관 사신들

영락 연간에 명에서 조선에 사신을 파견한 것은 총 40차례였다. 이 가운데 조선과 경계를 접한 요동 지역의 군관이 온 사례 세 건(15, 16, 21)을 제외하면,[25] 중앙 정부에서 파견한 것이 서른일곱 번이었다. 이들 대부분은

<표 1> 영락 연간(1402~1424) 조선에 파견된 명 사신 목록

연번	연월일	메시지 형태	사신	내용
1	태종 2. 10. 12.	조	도찰원첨도어사 유사길都察院僉都御史 俞士吉, 홍려시소경 왕태鴻臚寺少卿 汪泰, 내사 양영內史 楊寧	영락제 등극 선포
2	태종 3. 4. 8.	고명/ 칙/ 선유	도지휘 고득都指揮 高得, 통정사좌통정 조거임通政司左通政 趙居任, 태감 황엄·조천보太監 黃儼·曹天寶, 환자 주윤단·한첩목아宦者 朱允端·韓帖木兒	태종 책봉/ 고명誥命·인신印信 사여 경과 설명/ 만산군漫散軍 송환 지시
3	태종 3. 8. 10.	조/ 자	환관 전휴·배정田畦·裵整, 급사중 마인給事中 馬麟	태조 고황제 시호 가상 통보
4	태종 3. 10. 27.	자	내관 황엄內官 黃儼, 한림대조 왕연령翰林待詔 王延齡, 행인 최영行人 崔榮	면복冕服·서책 등 하사
5	태종 3. 11. 1.	선유	(환관宦官) 한첩목아韓帖木兒	화자 60명 선발 요구
6	태종 4. 4. 18.	자	장인사경 한첩목아掌印司卿 韓帖木兒, 홍려시서반 오수鴻臚寺序班 鄔修, 행인 이영行人 李榮	요동에 소 1만 필 무역 요구, 화자 선발 요구
7	태종 4. 6. 10.	조	내사 양진보內史 楊進保, 급사중 오유선給事中 放惟善	황태자 책봉 포고
8	태종 4. 11. 6.	칙	환관 유경宦官 劉景, 국자감승 왕준용國子監丞 王峻用	소 1만 필 교역에 사의
9	태종 5. 3. 11.	칙	왕교화적王教化的	여진인 동맹가첩목아童猛哥帖木兒 효유에 협조 요청
10	태종 5. 4. 6.	자	내사 정승·김각·김보內史 鄭昇·金角·金甫	화자 보낼 것 요구
11	태종 6. 3. 19.	선유	내사 정승內史 鄭昇	만산군 쇄환 요구, 종이와 황모란 요구
12	태종 6. 4. 19.	칙/ 자	내사 황엄·양영·한첩목아內史 黃儼·楊寧·韓帖木兒, 상보사상보 기원尚寶司尚寶 奇原	동불상 요구/ 만산군 송환 요구/ 뭉케테무르 친속 송환 요구
13	태종 6. 윤7. 9.		내사 박인·김희內史 朴麟·金禧	악기 사여
14	태종 6. 12. 22		내사 한첩목아·양영內史 韓帖木兒·楊寧	동불銅佛 대가로 비단·서적 등 사여
15	태종 6. 12. 22.	자	동녕위천호 김성東寧衛千戶 金聲, 백호 이빈百戶 李賓	만산군 송환 요구
16	태종 7. 1. 26.	자	동녕위천호 진경東寧衛千戶 陳敬	만산군 전자수 등 송환 요청, 건주여진 해송
17	태종 7. 5. 1.	조	내사 정승內史 鄭昇, 행인 풍근行人 馮謹	안남 평정 포고
18	태종 7. 5. 18.	칙	사례감태감 황엄司禮監太監 黃儼, 상보사상보 기원尚寶司尚寶 奇原	불사리 요청
19	태종 7. 6. 15.		내사 김득·김수內史 金得·金壽	(앵무새 3쌍 하사)
20	태종 7. 8. 6.	자/ 선유	흠차내사 한첩목아·윤봉·이달·김득남 欽差內史 韓帖木兒·尹鳳·李達·金得南	화자 요청

연번	연월일	메시지 형태	사신	내용
21	태종 2. 10. 12.	자	천호 진경千戶 陳敬, 백호 이빈百戶 李賓	만산군 송환 요청
22	태종 8. 4. 16.	칙	내사 황엄·전가화·해수·한첩목아 內史 黃儼·田嘉禾·海壽·韓帖木兒, 상보사상보 기원尙寶司尙寶 奇原	말 교역에 감사, 국왕에 선물 증여
23	태종 8. 9. 24.	조/ 자	도지감좌소감 기보都知監左少監 祁保, 예부낭중 임관禮部郎中 林觀	태조 상에 사제賜祭, 사부賜賻, 사시賜諡
24	태종 9. 5. 3.	칙/ 선유	태감 황엄太監 黃儼, 감승 해수監丞 海壽, 봉어 윤봉奉御 尹鳳	국왕과 왕비에게 하사, 공녀 요구
25	태종 9. 10. 21.	칙/ 선유	내사 황엄內史 黃儼	말 교역 요구
26	태종 9. 11. 06.	자	내사 기보內史 祁保	말 교역 촉구, 처녀 진헌 촉구
27	태종 9. 11. 18.	조	내사 해수內史 海壽	(칙서 전달)
28	태종 10. 10. 9.	칙/ 자	태감 전가화太監 田嘉禾, 소감 해수少監 海壽	북정北征에 말 1만 필 교역한 것을 포장, 말값 지불 통보
29	태종 11. 8. 15.	자/ 선유	태감 황엄太監 黃儼	약재 사여, 불경 서사를 위한 종이 진헌 요구
30	태종 17. 12. 29.	칙	태감 황엄太監 黃儼, 소감 해수少監 海壽	국왕에게 비단 등 하사
31	태종 6. 3. 19.	칙	내사봉어 육선재內史奉御 陸善財	공녀 진헌 대가로 국왕에게 은냥 등 하사
32	세종 0. 9. 4.	칙	환관 육선재宦官 陸善財	세자 책봉 인정, 명칭가곡 1천 권 하사
33	세종 1. 1. 19.	고명/ 선유	태감 황엄太監 黃儼, 광록소경 한확光祿少卿 韓確, 홍려시승 유천鴻臚寺丞 劉泉	세종 책봉, 화자 40명, 불경지 2만 장 청구
34	세종 1. 8. 17.	칙	태감 황엄太監 黃儼	전위 승인
35	세종 1. 8. 21.	제문祭文	흠차관 왕현欽差官 王賢	광록소경 정윤후 제사
36	세종 2. 4. 8.	제문	외부원외랑 조양禮部員外郎 趙亮, 행인 역절行人 易節	정종 제사
37	세종 3. 9. 21.	칙	소감 해수少監 海壽	말 1만 필 교역 요구, 상왕·국왕에게 비단 사여
38	세종 5. 4. 6.	자/고명/ 제문	내관 유경內官 劉景, 예부낭중 양선禮部郎中 楊善	태종 고명과 제문 전달
39	세종 5. 8. 18.	칙/선유	내관 해수內官 海壽, 예부낭중 진경禮部郎中 陳敬	세자 책봉, 말 1만 필 교역 요구, 태종의 환관 50명 보낼 것 요구
40	세종 6. 6. 26.		내사 왕현內史 王賢	한씨의 어머니에게 제사를 지냄

황제가 발령한 조서나 칙, 또는 황제의 명에 따라 작성된 예부의 자문 가운데 하나 이상을 조선 측에 전달하였다. 문서화된 황제의 명령 외에도 황제의 구두 메시지, 즉 '선유'를 전달했음이 실록의 기록을 통해 명확하게 확인되는 사례도 총 여덟 번 있다. 그러나 뒤에서 검토해 볼 것처럼 명목상의 목적이 무엇이었든 영락제가 조선에 파견하는 사신 편에 자신의 명령을 구두 메시지 형태로 전달하는 일은 기록에 보이는 것보다 훨씬 잦았다.

주목되는 것은 조선에 온 사신단 가운데 환관이 매우 많았다는 점이다. 사신의 관직 가운데 가장 빈번하게 등장하는 '내사內史'는 말 그대로 내시內侍를 뜻하는 일반명사이고, '태감太監'은 명대의 환관 기구인 감監의 정4품 장관직, '소감少監'은 감의 종4품 차관직이었다. 중앙에서 파견된 37회 가운데 환관이 포함되지 않은 사례는 단 두 차례에 불과했다(9, 36).[26] 홍무 연간 말년, 그러니까 고려 창왕 대 이후 명에서 고려·조선에 파견한 사신들은 모두 환관들이었는데,[27] 그 경향이 영락 연간에도 그대로 유지되었던 것이다.[28] 특히 황엄黃儼이 총 11차례, 해수海壽와 한첩목아韓帖木兒가 각각 7차례, 기원奇原과 정승鄭昇이 각각 3차례 등 몇몇 환관들은 반복해서 조선을 찾으며 황제의 입 구실을 하였다. 이들 환관 사신들은 공식적인 의례의 장에서 황제 명의의 조서나 칙서를 전달하는 외에도, 연회 자리에서, 혹은 국왕을 따로 면담한 자리에서 황제의 내밀한 요구를 내놓았다. 요구사항은 매우 다양했는데, 그 가운데에는 글로 옮기기에 적절하지 않은 것도 많았다. 이제 황제의 말이 글로 옮겨진 경우와, 그렇지 않은 경우에 어떠한 차이가 있었는지 살펴보자.

3
글로 옮긴 영락제의 말

명 사신에게 한 말을 옮겨 적어 전달한 사례

영락제는 서로 다른 여러 환경에서, 여러 장면에서 조선과의 외교에 관한 자신의 뜻을 말로 풀어놓았다. 때로는 조정의 신료들이 모두 모인 조회 자리에서, 때로는 조선의 사신, 혹은 조선에 파견될 명의 사신만을 따로 불러 앉힌 자리에서. 그 장소 또한 다양했다. 북평北平, 즉 오늘날의 베이징이 남경을 대신해서 공식적으로 명나라의 수도 지위를 얻게 된 것은 영락제 재위 만년인 영락 19년(1421, 세종 3)의 일이었다. 그러나 그보다 앞서 영락제는 일찍이 아버지로부터 연왕燕王으로 책봉되며 부여받은 봉지이자, 조카를 상대로 쿠데타를 일으킨 거점이었던 그곳에 오랫동안 머물렀다. 따라서 서울에서 출발한 사신들의 최종 목적지는 때로는 남경이기도, 때로는 북경이기도 했다. 남경과 북경의 궁궐, 또는 그 사이를 오가던 도중에, 혹은 몽골로 떠나는 원정길의 임시 거처에서 조선의 사신단을 만

북경의 자금성　　　영락제는 즉위와 동시에 북경에 자금성을 건설하기 시작하여 영락 19년(1421) 공식적으로 북경을 수도로 선언하였다. 대영박물관 소장 〈명대궁성도明代宮城圖〉.

나, 황제는 자신의 뜻을 밝혔다.

황제의 말, 즉 성지를 그것을 듣는 이가 누구였는지에 따라 유형화해 보면, (1) 조선의 사신, (2) 명에서 파견할 사신(주로 환관), (3) 명의 조관朝官 등이 있다. 또 황제의 말이 문자로 옮겨지는 경로를 나누어 보면 ⓐ 조선의 사신이 기록해서 전하는 방법, ⓑ 명의 사신이 문서화하여 전달하는 방법, ⓒ 명의 예부 등 담당 아문에서 문서화하여 전달하는 방법 등 홍무제 때의 방식이 모두 동원되었다. 이 가운데 (3)=ⓒ의 절차를 거칠 경우 황제의 말이 자문에 인용되는 방식이었다면, (1)=ⓐ와 (2)=ⓑ를 통해 전달되는 황제의 말은 사료에서 모두 '선유성지'라고 기록하였다. 수많은 사례 가운데 주목되는 몇 가지만을 제시해 보겠다.

먼저 (2)=ⓑ 영락제의 성지를 서울에 파견될 사신이 받아서 전달하는 사례이다. 영락제가 즉위한 이듬해인 태종 3년(1403), 태종에게 고명과 인신을 사여하기 위해 조선에 온 사신단의 일원이었던 황엄은 황제가 발령한 고명과 칙서를 전달한 후, 따로 태종에게 선유성지를 전하였는데 그 장면에 대한《태종실록》의 기록은 다음과 같다.

사신 황엄 등이 가지고 온 선유성지는 다음과 같았다.
"영락 원년(1403) 2월 8일에 봉천문에서 아침 조회 때 선유성지가 있었습니다. '건문 때에 도망치고 흩어진 사람이 많은데 그 가운데에는 다른 곳으로 도망간 사람도 많으며 몇몇은 거기로 가기도 하였다. 너는 그들에게 말하여 돌아오라고 알려주고, 국왕에게 말하여 하나하나 모두 송환해 오라고 하라.'
같은 날 예부상서 이지강李至剛이 예부에서 말하였습니다. '상위上位께서 성지를 내리셨다.《조선의 일이라면 인신·고명과 역일曆日을 너희 예부에서 모두 처리하여 그에게 주어 보내라.》 (중략) 이 사안은 가장 중요한 일이니 너는 이러한 뜻의 이야기를 국왕에게 말해주어 상위의 두터운 은혜를 저버리지 말라고 하라.'"[29]

인용문 앞부분의 성지는 황엄이 직접 받은 것이고, 뒷부분은 예부상서가 들은 후 황엄에게 알려주며 조선 국왕에게 전하라고 한 것이다. 그런데 위의 인용 부분을 실록의 지문地文에서는 사신 황엄 등이 '가지고 온[齎來]' 선유성지라고 표현하였다. 무언가 실물이 있었음을 강하게 암시하는 표현이다. 이 구절만 놓고 보면 큰 따옴표 안의 내용은 최종적으로는 문서화되어 있었던 것 같다. 즉 황제가 내뱉은 말이 황엄에게 한 것이든, 예부상서에게 한 것이든, 그것은 모두 일단 문서화된 후 사신의 손에 의해 조선 국왕에게 전달되었던 것이다.

조선 사신에게 한 말을 옮겨 적어 전달한 사례

조선 사신을 직접 불러다놓고서 황제가 여러 가지 의사를 표현한 일도 있었다. 다음의 사례가 이를 잘 보여준다.

한상경韓尙敬이 북경에서 돌아와서 계啓하였다.
"황제께서 봉천문에 임어하시어 아침 조회를 하실 때 물으시었습니다. '고려 북문에 어떤 자들이 와서 사람들을 약탈했다지?' 저희가 그 연고를 갖추어 상주하였고, 또한 아뢰었습니다. '본국에서 이현李玄·박돈지朴惇之를 차정하여 두 차례 와서 상주하였는데, 마침 대가大駕가

북순北巡 중이셨던 까닭에 이현은 이미 환국하였고 박돈지는 동궁東宮
에 아뢰고자 남경으로 갔습니다.'

황제께서 말씀하시었습니다. '짐이 아직 너희 나라 문서를 보지 못하
였다. 이 올량합兀良哈이 진짜로 이렇게 무례하다면 나는 요동의 군마
를 조발하여 갈 것이니 너희도 군마를 조발해 와서 이놈들을 깨끗하게
죽여버리자.'

황제께서 또한 통사通事 원민생元閔生에게 말씀하시었습니다. '이 야인
들은 조정의 무거운 상과 큰 직책을 받았다. 금대金帶·은대銀帶를 사여
하기도 하였다. 이처럼 초유하고 안무하였는데 내 은혜를 잊어버리고
해청海靑을 잡으러 간 지휘指揮를 붙잡아 노비로 삼아 부리기도 하였
고, 또 일찍이 우리 변방으로 와서 소란을 피우기도 하였다. 은혜가 있
는데도 오히려 이러하니, 너희에 대해서는 말할 것도 없을 것이다. 내
가 헤아리기에는 너희 쪽에서 열 사람이 저들 한 사람을 대적하여 깨
끗이 죽여야 한다.' 원민생이 상주하였습니다. '아직 밝은 명을 받지
못하여 감히 손을 쓰지 못하고 있습니다.'

황제께서 말씀하시었습니다. '이 이후로 다시 이렇게 무례하게 군다면
용서해서는 안 될 것이다. 두 번 다시 침략해 오지 않는다면 양쪽이 화
친하라.'(중략)"[30]

　　태종 10년(1410)에 조선의 사신 한상경이 귀국하여 자신과 통사 원민
생이 황제와 나눈 대화 내용을 국왕에게 보고하는 장면이다. 사신은 자신
이 황제와 만난 장면과 거기서 나눈 대화를 가능한 한 구체적이고 생생하
게 국왕에게 전하고 있다. 여기서 황제의 말은 예컨대 "어떤 자들이 와서
사람들을 잡아갔다지?[不知甚麼人來搶人口?]", "이놈들을 깨끗하게 죽여버리

자[把這廝殺得乾淨了]", "이 이후로 다시 이렇게 무례하게 군다면 용서해서
는 안 될 것이다[這已後還, 這般無禮, 不要饒了]"와 같이 아주 거친 구어체로
옮겨져 있다. 이렇게 세세한 대화 내용을 전적으로 사신이나 통사의 기억
에만 의존해서 보고했으리라고는 생각하기 어렵다. 아마도 황제가 조선
사신 일행을 접견했을 때에 그 곁에 있던 근시들이 황제의 발언을 낱낱이
기록한 후, 그것을 조선 사신에게 건네주었고, 그것을 토대로 당시 장면
을 재구성하여 한상경이 귀국 보고를 올린 것이었을 것이다.

황제의 말이 와전되는 사례

이러한 추정은 다음의 장면을 통해서 좀 더 명확하게 드러난다.

> ① 천추사千秋使 윤목尹穆과 계품사計稟使 이행李行 등이 경사京師에서
> 돌아왔다. (중략) 이행이 와서 선유성지를 전하였다.
> "(중략) (예부 관원이) 또 묻기를, '어제 너희들에게 전해준 성지와 너희의
> 이야기를 모두 기억하고 있는가'라고 하기에 앞선 대화를 하나하나 외
> 워서 대답하니 그를 듣고 기뻐하며 돌아갔습니다. (중략) (영락 3년 7월)
> 25일 아침 조회에서 하직 인사를 한 후 예부상서와 좌우시랑左右侍郎
> 등이 저희를 이끌고 상주하기를, '조선 국왕이 보내온, 뭉케테무르猛哥
> 帖木兒에 관해 상주하러 온 사신이 오늘 하직하고 돌아갑니다. 신 예부
> 에서 그에게 문서를 주어 보내야 하겠습니다'라고 하였더니, 황제께서
> 말씀하시기를, '상주해서 온 이야기가 같지 않고, 또 무슨 중요한 일도
> 없으니 단지 이렇게만 해서 그를 돌려보내라'라고 하시었습니다."[31]

위 사례에서 조선의 사신 이행은 예부 관원을 통해 황제의 말을 전해 듣고, 이를 기억할 수 있느냐는 질문에 그 내용을 '외워[誦]' 대답하였다고 한다. 황제 역시 "상주해 온 이야기가 같지 않다[奏將來的話不同]"는 이유로 예부에 굳이 문서를 써서 보내주지는 말라는 지시를 내렸다고 한다. 같은 사건에 대한 두 당사자인 조선 정부와 뭉케테무르가 서로 다른 이야기를 하고 있으니, 최종 판단은 유보하겠다는 의미이다. 그런데 실상 이행의 보고에는 오류가 있었다. 다음의 기사를 살펴보자.

② 호조참의 이현李玄을 경사에 파견하여 다음과 같이 상주하였다. "영락 3년(1405) 9월 16일에 배신 이행 등이 경사에서 돌아와 <u>예부상서 의지강 등의 관원이 삼가 전한 선유성지를 전달</u>하였는데 그 내용은 다음과 같았습니다. '뭉케테무르는 어째서 보내오지 않고 도리어 와서 계품하는가. 네가 와서 계품할 때 곧 그와 함께 와서 그 지역 사정을 분명히 말했더라면 어찌 너희 입장을 허락하지 않았겠는가. 누가 너희와 지역을 다투겠는가. <u>너는 돌아가서 국왕에게 말해 곧바로 그를 보내오라고 알리라.</u>' 신은 황송하여 몸 둘 바를 모르겠습니다. (중략) 신은 아직 사정을 다 알지는 못하나 지연될까 우려하여 당일 즉시 상호군上護軍 조흡曹恰을 차정해서 밤낮으로 만호 뭉케테무르가 있는 곳으로 달려가 황상의 명에 따라 조정으로 가는 길을 재촉하게 하였습니다."³²

③ 주문사奏聞使 호조참의 이현이 경사에서 돌아왔다. 이현은 예부의 자문을 가지고 왔는데, 자문의 내용은 다음과 같았다. "영락 3년 12월 4일, 조선국의 자문을 받는데 그 내용에, '배신 이행

등이 경사에서 돌아와서 전하기를, 황제께서, 뭉케테무르는 왜 보내오지 않는가, 너는 돌아가서 국왕에게 이야기하여 빨리 보내오라고 하라 하셨다기에 배신 이현을 차정하여 자문을 가지고 가게 합니다'라고 하였습니다. 살펴건대 그해 7월 25일 아침 조회 때, 본 예부의 관원이 차정되어 온 이행 등을 인도해서 봉천문에서 상주하여 그 국왕에게 회답 문서를 보내줄지 여부를 여쭙고서 성지를 받들었는데, '사신들은 돌려보내되 문서는 주지 말라. 그가 상주한 말이 뭉케테무르가 말한 것과 많이 다르니, 뭉케테무르가 올 때를 기다려보면 자연히 할 말이 있을 것이다'라고 하셨습니다. 그때 이행 등이 직접 성지를 들었고, 본 예부 또한 이런 사정을 재차 그에게 전해주어 돌려보냈던 것입니다. 지금 이 문제로 자문을 보내왔는데, 살펴보니 원래 받든 성지의 뜻과 같지 않으니, 이는 명백히 배신 이행 등이 잘못 전한 것입니다. 이에 마땅히 조선국에 자문을 보내 알려드립니다. 앞으로 일체의 사무는 반드시 문서에 근거하여 따르도록 하시고, 또한 구두로 전하는 일이 있으면 마땅히 자세하게 살펴보고 시행하십시오."[33]

여기서 양국 사이의 현안은 여진족의 대추장 뭉케테무르였다. 그는 고려 말부터 이성계 세력과 밀접하게 관계를 맺은 바 있으며, 조선 건국 이후로는 두만강 중류의 회령會寧 지역에 거주하면서 만호萬戶에 임명되는 등 조선과 밀접한 관계를 맺고 있었다. 그러나 명 정부 역시 그에게 끈질기게 접근하여, 영락 3년(1405)에는 명 조정에 입조하고서 건주위 지휘사의 직위를 받기도 하였다.[34] 조금 복잡한 상황을 풀어서 설명하면 다음과 같다.

조선의 계품사 이행은 명 조정에서 뭉케테무르를 굳이 끌어들이려 하지 말고 두만강 일대에 그대로 살게 해달라고 요청하기 위해 파견되었다. 뭉케테무르를 비롯한 그 지역의 여진 집단에 대한 조선의 영향력을 인정해 달라는 요구였다. 영락 3년 7월 25일, 이행 등이 황제에게 하직 인사를 올릴 때, 예부 관원이 조선 국왕에게 회답 문서를 보내줄지 여부를 물었다. 이때 영락제는 "조선 국왕의 말과 뭉케테무르의 말이 다르니, (판단은 유보하고) 문서는 보내지 말라"는 취지의 성지를 내렸다(①). 이에 이행은 빈손으로 돌아와 자신이 겪고 들은 전후 사정을 국왕 태종에게 보고하였다. 이행의 귀국 보고 이틀 후, 태종은 예부에 자문을 보내, "뭉케테무르는 어째서 보내오지 않는가. (중략) 너는 돌아가서 국왕에게 곧바로 그를 보내오라고 말하라"라는 성지를 받았음을 언급하며 그에 대해 해명하였다. 그런데 사실은 이러한 취지의 말은 이행이 황제로부터 직접 들은 것이 아니라, 예부상서 이지강으로부터 건너들은 것이었다. 그리고 그것은 문서화되지 않은 채 구두로 전달되었다(②). 그런데 명측에서는 뭉케테무르를 보내오라는 것이 황제의 뜻이 아니며, 이행이 잘못 보고한 것이라는 입장을 취하였다. 예부에서는 자기 아문의 장관이 조선 사신에게 한 말을 뒤집고서, 성지의 내용을 사신이 잘못 이해해서 국왕에게 보고하는 바람에 생긴 오해라고 주장하였던 것이다. 이행으로서는 억울할 법한 상황이었다. 여기에 더하여 명측에서는 앞으로는 모든 사안에 대해 반드시 문서에 근거하여 처리하고, 만약 구두로 전달하는 일이 있으면 전후 사정을 상세히 살펴보고 대처하라고 주문하였다(③).

같은 말, 다른 문장

영락제의 말이 문서로 작성되기까지의 과정, 그리고 그것이 조선에 전달된 과정을 엿볼 수 있는 사례가 있다. 태종 7년(1407) 8월 29일, 앞서 계품사로 파견되었던 설미수偰眉壽 일행 가운데서 서장관書狀官 정치鄭穉가 먼저 귀국하여 보고를 올렸다. 태종은 그에게 "황제께서 너희들을 어떻게 대해주셨는가?"라고 물었고, 이에 정치는 좋은 대우를 받았다고 하며, 황제가 사신 설미수에게 귀국하여 국왕에게 말 교역을 요청하라는 분부를 내린 장면을 다음과 같이 묘사하였다.

> ① 황제께서 서각문西角門에 임어하시어 설미수에게 명하여 말씀하시기를, "너희 나라는 말이 나는 땅이다. 돌아가 너희 왕에게 보고하고, 좋은 말 3,000필을 네가 가지고 오너라. 짐은 호부戶部로 하여금 포와 비단[絹]을 요동에 보내 그 값을 치를 것이다"라고 하시었습니다.[35]

그리고 열흘 뒤인 9월 10일, 이번에는 정사正使 설미수가 돌아와 예부의 자문을 국왕에게 전달하였다.

> ② 마필에 관한 일. 병부의 자문을 받았는데 그 내용은 다음과 같았습니다. "영락 5년 7월 15일 아침 조회 때, 조선국 사신 설미수가 서각문에서 삼가 성지를 받들었습니다. '너희 나라는 말이 나는 곳이다. 지금 조정에 말이 조금 필요하니 너는 돌아가서 국왕에게 말해주어 말 3,000필을 교환하자고 하라. 너는 곧 돌아가서 가지고 오너라. 값은 호부로 하여금 포와 비단을 요동으로 운송해서 너희에게 주도록 할 것

이다'라고 하시었습니다." 마땅히 조선에 자문을 보내니 준행하십시오.[36]

① 서장관 정치가 들은 바를 보고한 것과 ② 정사 설미수가 가지고 온 예부의 자문에 인용된 성지는 내용 면에서는 완전히 동일하다. 조선은 말의 산지이니 3,000필을 제공하면 포와 비단으로 값을 지불하겠다는 것이다. 그러나 《태종실록》에 기록된 두 곳의 문체는 완전히 다르다. 똑같이 "너희 나라는 말이 나는 곳이다"라는 황제의 말을 전자에서는 "爾國産馬之地"라고 하여 문어체로 서술하였고, 후자에서는 "恁國裏是出馬的去處"라고 하여 구어체로 서술하였다. "돌아가 국왕에게 보고하여"라는 말도 "歸報爾王"과 "恁回去說與國王知道"로, "호부로 하여금"이라는 말도 "以戶部"와 "着戶部家"라고 하여, 단어와 문법 등에서 확연한 차이를 나타내고 있다. 전자는 황제가 한 말을 서장관 정치가 옆에서 들었거나 혹은 설미수에게서 전해들은 뒤 그것을 태종에게 구두로 보고하였고, 그 보고 내용을 태종의 곁에 있던 사관이 듣고서 문어체로 옮겨 적은 것이다. 후자는 영락제가 말을 하던 그 시점에 그 장소에 있던 근시가 그 말을 빠른 속도로 받아 적다보니 구어체가 그대로 생동감 있게 살아남게 된 것이다. 앞서 제시한 이행의 사례와 같이 황제의 말을 들은 조선 사신이 그것을 기억해서 돌아가 보고했다가는 황제의 뜻이 와전될 수 있었으므로, 곧바로 성지를 문서화하여 예부의 자문에 인용하는 방식으로 조선에 전달했던 것이다.

이상에서 황제의 말이 선유성지라는 형태로 문서화되어 전달된 경로를 검토해 보았다. 선유성지는 조서나 칙서와 같이 사신詞臣들의 기초를 거쳐 발령되는 일반적인 황제 명의의 문서와는 달리 황제의 말을 근시들이 곧바로 받아 적은 것이며, 그것은 그대로 사신의 손에 건네져 서울로 발송되었다. 홍무 연간의 그것과 마찬가지로 영락제의 선유성지는 구어체로 작성되어 황제의 의중을 좀 더 생생하게 전하고 있었다. 그렇다면 글로 옮겨 적기에 적절하지 않은 메시지가 있을 때는 어떻게 했을까?

4
글로 옮기지 않은 황제의 말

구두 메시지의 존재 증거

실제로 모든 황제의 말이 문서화된 것은 아니었다. 명에서 파견한 사신이 황제의 메시지를 구두로 전달한 사례가 자주 보인다. 문자로 남아있지 않았기 때문에 사료 속에서 구두 메시지임을 걸러내기란 쉽지 않다. 그러나 실록에는 그것이 문자가 아닌 음성으로 전해졌음을 알아차릴 만한 단서가 곳곳에 남아있다.

예컨대 태종 6년(1406) 3월에는 명의 사신 내관 정승이 "선유宣諭를 전하니, 주상이 꿇어앉아 이를 들었다[昇傳宣諭, 上跪聽之]"고 하였다. 그 내용은 황후가 쓸 노란 모란을 구해오라는 것이었다.[37] 또한 태종 8년(1408) 4월에는 사신 황엄 등이 왔는데, 그의 명목상의 목적은 앞에서 검토한, 황제가 교역을 요청한 말 3,000필을 모두 수령하였음을 알리고, 그 값으로은 1,000냥 등을 지불한다는 내용의 칙서를 전달하는 것이었다. 그러나 황엄은 그와 별개로 "조선 국왕에게 이야기해서 예쁜 여자를 몇 명 골라서 데리고 오라"는 선유성지를 받았음을 알렸다. 이때의 장면에 대해 《태종실록》은 "주상이 칙서에 절을 하고서 서쪽 계단으로 올라가 사신 앞으로 가서 무릎 꿇으니, 황엄이 성지를 선유하였다"라고 하였다.[38] 실물로 된 칙서와는 별개로, 국왕의 지근거리에서 "선유한 성지"란 구두 메시지를 의미한다.

영락제의 공녀 요구

태종 8년 4월 16일에 서울에 도착한 황엄은 거의 7개월 동안이나 태평관에 머물며 조선의 처녀들을 심사했다. 그 중간이었던 5월 24일에 태상왕 이성계가 훙거했다. 태종은 창덕궁에 마련된 빈전殯殿에서 자신의 아버지이자 개국 군주의 상을 치르느라 정신없이 바쁜 나날을 보내고 있었다. 그런 가운데서도 경복궁에서는 황엄이 친히 나서 전국 각지에서 올려 보낸 수백 명의 처녀를 차례로 살펴보았으며, 때로는 그들의 미색이 성에 차지 않는다며 성을 내었다.[39] 이 작업은 10월까지 넉 달 이상 이어졌는데, 10월 11일에 최종 5인을 선발하는 자리에는 태종도 함께 참여하였다.[40] 이 다섯 명을 데리고 그가 서울을 떠난 것은 그해 11월 12일이었다. 다섯 명 공녀의 명단을 적은 주본奏本과 선물로 순백의 두꺼운 종이 6,000장을 들고 예문관 대제학 이문화李文和가 동행하였다.[41]

이들 일행은 아마도 이듬해 연초에 남경에 도착한 듯하다. 2월 6일에 영락제는 공녀 가운데 권씨權氏는 현비賢妃, 임씨任氏는 순비順妃, 이씨李氏는 소의昭儀, 여씨呂氏는 첩여婕妤, 최씨崔氏는 미인美人 등으로 임명하였

악기를 연주하는 여성들　　　영락제와 선덕제는 조선에서 온 여성들을 선호하였는데, 영락제의 후궁이 되었던 권현비權賢妃는 특히 옥퉁소를 잘 불었다고 한다. 베이징의 고궁박물원 소장 〈구주여악도축仇珠女樂圖軸〉 중 부분.

다.[42] 영락제의 첫 번째 몽골 친정 준비가 한창일 때였다. 바로 이틀 후인 2월 8일, 황제는 자신이 북경으로 향함을 천지·종묘사직에 고하고, 다음 날인 9일에 출발하였다. 그가 북경에 도착한 것은 3월 19일이었다.[43] 영락제는 다섯 명 가운데 특히 현비로 책봉한 권씨를 총애했던 듯, 북경 순행길에 그녀도 동행시켰다.[44] 그리고 황제가 북경으로 향할 때, 황엄 역시 곁에 있었던 듯하다.

황엄은 5월 3일에 재차 서울에 왔다. 날짜를 보면 남경에서 북경까지는 황제를 수행하다가 북경에 도착한 직후 서울로 발길을 이어갔던 모양이다. 그가 파견된 명목상의 이유는 국왕에게 은 1,000냥, 왕비에게 비단 등을 하사한다는 칙서를 전달하는 것이었다. 그러나 더 은밀한 목적은 그가 전한 황제의 말에 담겨있었다.

> 태감 황엄, 감승監丞 해수, 봉어奉御 윤봉尹鳳이 이르렀다. (중략) 주상이 하사품에 절하기를 마치고 전殿에 오르니, 황엄이 구두로 성지를 선포하였다.
>
> "작년에 너희가 여기로 보낸 여자들은 뚱뚱한 건 뚱뚱하고, 피부가 안 좋은 건 안 좋고, 키가 작은 건 작아서 모두 별로 예쁘지 않다. 다만 너희 국왕이 공경하는 마음이 무거운 것을 보아 비妃로 봉할 것은 비로 봉하고, 미인으로 봉할 것은 미인으로 봉하고, 소용昭容으로 봉할 것은 소용으로 봉하여 모두 봉하였다. 왕은 지금 찾아놓은 여자가 있거든 많으면 두 명, 적으면 한 명이라도 다시 보내라."[45]

황제는 권씨를 총애했다고 전하지만 그 정도에 만족하지 못했던 듯하다. 혹은 황엄이 그의 욕심에 부채질을 했을지도 모른다. 결국 다시 한번 진헌색進獻色을 설치하고, 전국에 금혼령을 내리는 등 부산을 떤 끝에 그 해 8월에 재차 두 명의 공녀를 북경으로 보냈다. 황엄은 전년에 서울에서 많은 뇌물을 받은 일이 발각된 탓이었는지,[46] 아니면 태종이 비웃었던 대로 심미안이 좋지 않다고 영락제도 판단한 탓인지,[47] 이번에는 공녀를 직접 고르거나 그들이 선발되기를 기다리지 않고 20여 일 만에 바로 돌아갔다.[48] 새로 선발한 두 명의 공녀는 조선에서 별도로 사신을 파견하여 그편에 딸려 보냈다.[49]

거짓 명목, 진짜 목적

그런데 문제가 있었다. 어떤 명목으로 사신을 보내야 할 것인가? 황제가 처녀를 보내라고 한 요구는 사신의 전언傳言으로만 있을 뿐, 명백한 문서는 없었다. 그 사신이 온 공식적인 명목은 국왕에게 하사품을 내린다는 것이었다. 그렇다면 조선에서 처녀를 보낼 때에는 어떤 구실을 대야 했을까? 하사품에 대한 사은 사절은 이미 한참 전에 보낸 뒤였다.[50] 황엄은 예측이나 한 듯 미리 언질을 해두었다.

> 호조참의 오진吳眞을 파견하여 경사에 가게 하였다. 다음과 같이 상주하였다. "영락 7년 5월 3일 흠차 태감 황엄이 본국에 이르러 삼가 선유를 전하였습니다. '작년에 너희가 보낸 여자들은 모두 별로 예쁘지 않다. 다만 너희 국왕이 공경하는 마음이 무거운 것을 보아 비로 봉할 것은 비로 봉하고, 미인으로 봉할 것은 미인으로 봉하고, 소용으로 봉할 것은 소용으로 봉하여 모두 봉하였다. 왕은 지금 찾아놓은 여자가 있

거든 많으면 두 명, 적으면 한 명이라도 다시 보내라.' 신 모는 삼가 성
지를 받들어 본국의 서울과 각 도의 부·주·군·현의 종척宗戚과 문무
양반 및 군민軍民의 집에서 정성을 다해 찾아 여자 2명을 골라서 진헌
에 대비하였습니다. 이제 먼저 여자들의 생년월일 및 아비의 직사職事
와 성명 및 적관籍貫을 하나하나 열거해 적어 삼가 갖추어 상주합니다
(중략)."

예부에 자문을 보내었다. "삼가 살피건대 친형 아무개가 본래 풍병을
앓고 있었는데 요즘 더욱 심해져서 약을 쓰고 있습니다. 약재가 부족
하기 때문에 이제 오진을 차정하여 흑세마포黑細麻布 30필, 백세저포白
細苧布 20필, 그리고 약단藥單 1장을 가지고 경사에 가게 하니, 엎드려
바라건대 상주해 주시어 구매를 허락하여 시행하도록 해주십시오."
황엄이 왔을 때에 황제가 다시 처녀를 구하였던 까닭에 상왕의 병 때
문에 약을 구매한다고 칭탁하고 정윤후鄭允厚의 딸 등의 일을 상주한
것이다. 황엄이 일찍이 말하기를 만약 절색絶色을 얻으면 곧 반드시 다
른 일을 칭탁하여 아뢰라고 했기 때문이었다.[51]

태감 황엄은 황제가 다시 처녀를 구한다는 뜻을 구두로 전달하였다.
이에 대한 조선의 대답은 위 인용문 앞부분의, 황제에게 올린 주문奏文이
다. 그러나 조선 측에서는 황엄의 요청에 따라 이번 사신 파견의 '공식적'
인 목적을 "다른 일을 칭탁하여", 상왕의 신병 치료를 위한 약재 구입으
로 하였다. 그것을 표명한 것이 뒷부분, 예부에 보내는 자문이다.

조선에서 약재를 구입하고자 한다고 간청했으니, 명측에서도 응당 답
변이 있어야 했다.

조정 사신으로 환관인 태감 황엄이 왔다. (중략) 황엄이 예부의 자문을 내놓았는데, 자문은 다음과 같았다. "근래에 조선 국왕으로부터 자문을 받았습니다. '사람을 차정하여 약단을 가지고 경사에 가서 구매하게 합니다.' 본 예부의 관원이 다음과 같이 삼가 성지를 받들었습니다. '약재는 그에게 사게 하지 말고, 때를 기다렸다가 사람을 보내 가져가게 하라.' 삼가 준행하여 점고해서 완비한 외에 흠차 태감 황엄에게 가져가게 합니다. 열거하자면 약재는 29미味입니다." 이는 지난해 정씨가 경사에 갔을 때 자문을 보내 청하였기 때문이었다.

황엄이 또한 말하였다. "황제께서 다시 자색이 있는 처녀를 구하십니다. 정윤후의 딸을 얻은 일을 조관朝官으로 하여금 알지 못하게 하였기에, 왕이 약물을 구한 것에 답하는 것처럼 가탁한 것입니다. 이번에 사여하신 약물은 실은 정씨가 경사에 온 것을 보답하는 것입니다."[52]

두 번째로 보낸 공녀, 특히 정윤후의 딸은 영락제의 마음에 들었던 모양이다. 황제는 그런 처녀를 더 데려오라면서 또다시 황엄을 서울로 보냈다. 이번에도 약재가 구실을 제공했다. 황제는 필요한 약을 구매해 가겠다는 조선 사신의 요구를 듣고도, 굳이 "때를 기다렸다가 사람을 보내 가져가게 하라"고 하였다고 한다. 그리고 그때란, 바로 자신이 새로운 공녀를 원할 때였다. 이때 명측에서, 조선에서 공식적인 명목으로 내세운 약재 구입 요청에 대해서는 역시 예부 명의의 자문을 통해 답변을 내리고, 실제 이유였던 공녀 건에 대해서는 사신 황엄의 입을 통해 또다시 보내라는 뜻을 전하였다. 굳이 다른 일을 칭탁하여 이 사안을 처리한 것은, 황엄의 표현을 빌자면 "조관들은 알지 못하게" 하기 위한 것이었다.[53]

황제의 은밀한 메신저, 환관

이렇게 문서화하지 않고 구두로 전달된 성지 가운데는 황제 개인의 욕구를 충족시키기 위한 물품, 혹은 사람과 관련된 것이 많았다. 대표적인 것이 위에서 언급한 대로 여성을 보내라는 요구였고,[54] 이외에도 화자를 보내오라거나,[55] 불경을 필사할 종이,[56] 부처님 사리[57] 등을 요구하는 일도 있었다. 명에서 파견된 환관 사신들이 성지를 전하는 경우가 많았으나, 때로는 조선 사신단의 일행 가운데 통사가 이와 같은 황제의 명을 전하기도 하였다.[58] 물론 이러한 요청을 황제 명의의 칙서를 통해 공식적으로 제기하는 경우도 없지 않았으나,[59] 더 내밀하게 사신의 입을 통해 전하는 경우가 훨씬 많았다.

그렇다면 이를 수행하기에 가장 적절한 것은 누구였을까? 바로 환관들이었다. 마침 영락제는 환관들을 크게 중용했다고 한다. 그는 정난의 변을 일으킬 당시 남경의 건문 조정에서 달아난 환관들이 제공한 정보에 큰 도움을 받았으며, 등극하기 전부터 자신을 모시던 환관들 역시 여러 차례 군공을 세우며 황제의 신임을 얻었다고 한다.[60] 환관들은 홍무 연간에는 개국 황제가 정치에 개입하지 못하도록 추상 같은 명령을 내린 탓에 기를 펴지 못했으나, 영락제 아래서는 여러 방면에서 활약하였다. 영락제는 특히 외교 방면에서 각지에 파견하는 사신에 환관들을 널리 활용하였다.[61] 이러한 배경에서 영락 연간 이후 환관들은 사신으로서 외국에 파견되어 황제의 구두 명령을 전달하는 데 크게 활약하였다.[62] 황제의 개인적인 욕구를 채우는 데에 환관들은 더할 나위 없이 좋은 심부름꾼이었다.

무시할 수 없는 환관들의 위세

환관 사신들은 올 때마다 조선 국왕과 신하들의 속을 뒤집어놓았다. 그들은 황제의 요구를 조선 측이 이행하는 데에 직접 소매를 걷고 나서기도 하였다. 명 궁정에 보낼 처녀를 선발하는 데 관여하며 국왕이 직접 심사장에 모습을 드러내길 요구하기도 했고,[63] 동불상이나 부처의 사리를 걷어가기 위해 전국을 헤집고 다니기도 하였다. 심지어 황엄은 불상을 가지고 와서는 국왕에게 절하기를 요구하여 태종을 진노하게 하기도 했다.[64]

더군다나 이들은 조선 조정에 대놓고 뇌물을 요구하기도 하였다. 때로는 조선 측에서 받은 물건의 호불호를 따지기도 하였고,[65] 그것을 쌓아둘 창고를 지어달라고 청하기도 했으며,[66] 그것을 사적으로 매매하여 이문을 남기려고도 했다.[67] 특히 조선 출신 환관들은 고국에 남아있는 자신의 친척들을 챙기는 일에도 매우 꼼꼼하였다.[68] 이들 환관 사신들은 유교 소양을 갖추고 과거에 합격해 관직 생활을 하고 있는 조관들과는 달리 예를 지켜야 한다는 관념, 혹은 체면이나 염치 따위에 집착하지 않았던 것 같다. 어쩌면 그것이 영락제가 그들을 조선에 보내는 사신으로 선발한 중요한 이유가 되었을지도 모른다.

그러나 국왕과 신하들 누구도 명나라 환관 사신들의 요구를 가볍게 무시할 수 없었다. 그들이 대단히 특수한 권능을 가졌음을 눈치챘기 때문이다. 예컨대 황엄은 태종으로부터 융숭한 대접을 받은 뒤 귀국하는 길에, "다른 사람은 황제 앞에서 모두 아뢸 수 없지만 나는 그렇지 않습니다. 전하의 성의를 하나하나 남김없이, 황제를 뵙고 아뢰겠습니다"라고 뻐기면서, 장차 세자가 남경에 오면 자신이 그 접대를 담당하겠노라고 큰소리를 쳤다.[69] 실제로 이듬해에 세자가 입조하였을 때 황엄이 날마다 그의 숙소인 회동관會同館을 찾아 대접하였다고 한다.[70] 영락 연간에 환관들이 외교에 깊숙이 개입하고 있었음은 앞서 언급한 바와 같은데, 조선 조정은 이들 환관 사신들을 넉넉하게 대우함으로써 명 궁정 안에 든든한 우군을 얻을 것을 기대하였다. 특히 왕실의 권위에 직결되는 국왕 책봉, 후계자 인정 등의 문제에 대해 황제의 결정을 바라보고 있던 조선의 입장에서는 황제의 지근거리에서 조선에 대해 여러 말을 건넬 수 있었던 환관들의 환심을 미리미리 사둘 필요가 있었던 것이다.

중국계 미국인 역사학자 챈혹람陳學霖은 조선에 왔던 환관 사신들의 행적을 검토하고서 매우 인상적인 비평을 남겼다. 중국 황제는 조선 국왕의 '사대 지성'의 정도를 결국 사자가 받아서 갖고 온 공물이나 뇌물의 정도에 따라 판단했으며, 조선 국왕이 지성을 표하고 명 조정으로부터 그것을 인정받는 것은 이들 사신이 황제에게 어떻게 보고하느냐에 달려있었다는 것이다.[71] 매우 적절한 통찰이라고 생각하는데, 필자는 거기에다가 그러한 환경을 만들어낸 제도적·관행적 요인을 한 가지 추가하고 싶다.

명측에서 황제의 메시지를 조선에 전달하는 주체는 크게 두 부류로 나눌 수 있다. 하나는 조관, 즉 예부를 비롯한 정식 관료체계에서 활동하는 관료들이다. 이들은 대조선 외교 정책의 기본 방향을 설정하고 이를 집행하며, 황제 명의의 조서나 칙서의 초안을 짓거나, 혹은 황제의 명을 받아 자문을 작성하기도 하였다. 이들이 지향한 외교의 목적은 명 국가, 적어도 명 중앙정부 전체의 이익을 최대화하면서도, 동시에 그것을 유교적 원리, 이른바 예치禮治의 틀 속에서 구현하는 데 있었다.

다른 하나는 환관, 황제의 측근에서 그를 보필하는 내관들이다. 그들은 황제의 말을 직접 듣고, 머릿속에 새겼다가 조선에 가서 그대로 풀어놓는, 절차적으로 매우 단순한 메신저 역할을 수행하였다. 그리고 그들의 목표는 황제의 개인적인 기호를 맞추는 것, 그래서 황제의 곁에 더 가까이 다가가는 것, 최종적으로는 자신의 주머니를 채우는 것에 있을 뿐이었다. 적어도 영락 연간에 황제의 뜻을 조선에 전하는 데에는 전자보다 후자가 훨씬 더 직접적이고 더 정확하였으며, 더 활발하게 활용되었다. 상황이 이렇다 보니 조선으로서는 이들을 접대하는 데 소홀할 수 없었던 것이다.

문서화하지 않은 효용

황제의 말을 곧이곧대로 종이에 옮기지 않고 사신의 입을 통해 전달함으로써 얻어지는 또 다른 효과도 있었다.

> 흠차 내사 한첩목아·윤봉·이달李達·김득남金得南 등이 예부의 자문을 가지고 왔다. (중략) 자문에 이르기를, "예부상서 조공趙羾이 삼가 성지를 받들었습니다. '너희 예부에서는 곧바로 문서를 보내 조선 국왕에게 화자를 보내와서 여기서 쓸 수 있게 하라고 알려라.'"
> 한첩목아가 성지를 구두로 전하기를, "(중략) 단 자문에는 그 수를 한정하지 말라. 만약 짐이 수를 정해놓았는데 국왕이 그 액수를 채우지 못하면 국왕이 지성으로 짐을 섬기는 뜻에 상처를 줄까 걱정된다."
> 주상이 사적으로 한첩목아에게 말하기를, "황제의 뜻이 어떻습니까?"라고 하니, 한첩목아가 말하기를, "300~400 밑으로 내려가지는 않습니다"라고 하였다.[72]

황제는 예부상서에게 성지를 내려 조선에 화자를 요청하라고 지시하였다. 그러나 공식 문서에는 그 수효를 정해두지 말라고 하였다. 그러면서도 동시에 자신의 의중을 사신으로 파견될 환관 한첩목아에게는 넌지시 내비추었던 것이다. 영락제는 만약 정해진 수효를 채우지 못할 경우, "국왕이 지성으로 짐을 섬기는 뜻에 상처를 줄까" 우려스럽다고 하였다. 역으로 생각하면 자신의 무리한 요구를 조선이 다 수행하지 못할 경우 영락제 자신의 체면도 구겨지게 될 것이었다. 어떤 요구든지 그것이 명확하게 수치화되어 제시되었다가 어그러질 경우, 단지 군주의 권위가 손상되는 데 그치지 않고 양국 관계 전체가 경색될 수도 있었다. 따라서 황제는 자신의 요구를 문서화, 공식화하지 않고 구두 메시지에 담음으로써 본인의 의지는 충분히 전달하면서도 동시에 위험부담을 줄일 수 있는 일석이조의 효과를 기대했던 것이다.

비슷한 사례는 영락제가 조선 측에 말 교역을 요청한 장면에서도 보인다. 황제는 몽골 친정에 나서면서 필요한 말을 조선에서 구입하고자 하였다. 이때 공식적으로 보내온 칙서에서는 "형편에 따라 얼마간을 보내올 [隨進多少]" 것을 요구하였다. 사신 황엄은 칙서를 건넨 후 곧이어 선유성지를 전하였는데, 거기서는 "조선의 말은 체구가 비록 작지만 쓸 만하니 왕은 그를 보내오라"라고 하며, 좋은 말을 골라서 가져올 것을 당부하였다. 구체적인 수효는 칙서를 전달하는 공식 의례를 마친 후에야 테이블에 올랐다. 사신 황엄은 몇 마리나 보낼 것인지를 문의하였고, 국왕 태종은 "어찌 감히 힘을 다하지 않겠습니까"라며 정확한 수는 말하지 않았다.[73] 역시 명확한 수치를 문서로 제시했다가 그 수치 자체에 발목을 잡혀 빠질 수 있는 갈등을 미리 회피하고자 하는 의도에서 황제의 뜻을 글에 다 담지 않았던 것이다.

5
황제의 명령에 응하는 조선의 태도

황제와 환관 사신들의 무리한, 무례한 요구

글에 담긴 황제의 명령은 대체로 무난한 것이었다. 말 교역을 요구할 때에는 몽골 정벌이라는 명분을 내세웠고, 그에 대한 값도 꼬박꼬박 지불했다. 화자를 요구할 때에도 그 수효를 명기하지 않으면서 '적당히' 보내라고 하였다. 그러나 황제의 본심은 그의 명을 받들고 온 환관 사신들의 입을 통해 전달되곤 하였다. 그리고 그 내용 가운데에는 조선으로서는 따르기 쉽지 않은 것도 많았다. 화자를 300~400명씩이나 보내라거나, 황제의 취향에 맞는 미모의 여성을 보내라는 일 등이 그랬다. 불교 배척을 국시로 삼고 있던 조선 조정에 부처의 사리나 동불상을 요구하는 일은 특히 조선 조정을 당혹케 했다.

그렇다면 이와 같은 황제의 무리한 요구, 사신들의 무례한 행태에 대해 조선 측에서는 어떻게 반응하였을까. 미리 결론을 밝히자면 조선 측에서는 환관 사신들의 행보에 치를 떨면서도 그들의 요구를 어쩔 수 없이, 그러나 빠짐없이 들어주었다. 이들이 전하는 황제의 명에 대해서는 한 번도 그 진위를 의심하거나, 혹은 그 내용을 비난하지 않았다. 그러나 국왕의 반응은 태종의 그것과 세종의 그것에 조금 차이가 있었다.

태종의 저자세 전략

태종은 영락제의 말과 반응을 살피는 데 각별히 주의를 쏟았던 것 같다. 그는 명에 다녀온 사신들을 불러다가는 황제를 알현했는지, 황제로부터 어떠한 대우를 받았는지를 꼬치꼬치 캐묻곤 했다. 예컨대 태종 7년(1407)에 계품사의 서장관으로 다녀온 정치가, 황제가 말 무역을 요청하는 와중에 안남을 정벌한 이유에 대해 상세히 설명하면서 "너희 왕은 독서인이라고 하니 (중략) 네가 돌아가서 짐을 위해 자세히 왕에게 고하라"라고 말하였다고 전하자, 태종은 "이게 무슨 말인가. 황제께서 나에게 이렇게 말씀하시고 배신에게도 후히 대접해 주시었으니 어찌 감히 명을 어기겠는가"라고 반응했다.[74] 태종 10년(1410)에는 조선의 통사가 요동에서 명의 환관을 만났는데, 그가 "황제와 당신네 국왕이 부자 사이처럼 친하다는 것은 당신네 나라 신하들도 아는 바입니다"라고 하면서 몽골 원정을 위한 말을 진헌할 것을 요구했다고 전하자, 태종은 "사대의 예는 다하지 않을 수 없다"라고 하면서 그 실행을 손수 챙겼다.[75]

태종은 내심 영락제의 친정이 명분 없는 것이라며 비판적으로 바라보고는 있었다. "저들이 우리에게 침범해 온다면 마지못해 응할 수는 있겠지만, 우리가 먼저 백성들을 수고롭게 하여 궁벽한 곳에 가서 공격해서야 되겠는가? 만일 이기지 못하면 분명 천하의 웃음거리가 될 것이다"라고 하였다.[76] 그러나 황제의 요구에 드러내놓고 토를 달지는 않았다.

특히 영락 11년(1413) 이후 황제가 대부분의 시간을 북경에서 보내면서, 명은 조선과 물리적으로 부쩍 가까워졌다. 게다가 황제가 자주 북방으로 친정을 나서면서 태종을 비롯한 조선 조정은 황제의 위엄과 명의 군세를 훨씬 가깝게 느끼고 있었다. 영락 연간 명의 거듭되는 대외 원정을 바라보며 태종이 직접적인 위협을 느꼈던 것은 아닐까 싶기도 하다. 특히 자신의 집권 직전, 군사적 충돌 일보 직전까지 악화되었던 양국 관계를 돌이켜보면,[77] 태종이 고를 수 있는 카드는 많지 않았다. 태종은 명의 동태를 주시하며 황제의 비위를 거스르지 않겠다고 다짐 또 다짐했을 것이다.

조선에 파견된 환관 사신들의 행패에 대해서는 태종 역시 진노하곤 했다. 예컨대 태종 9년(1409) 사신 해수가 의주義州에 이르러 조선의 지방관을 이유 없이 괴롭히고 있다는 소식이 전해지자, 태종은 "내가 마음속으로 하늘을 두려워하기 때문에 정성으로써 사대하는 것인데, 천자는 조관을 파견하지 않고 환시宦侍를 보내온다. 저들은 오기만 하면 탐욕을 부리거나 포학하여 무례한 짓을 자행한다"고 탄식하면서도, 그러나 "내가 해수의 행태를 낱낱이 적어 실봉實封해서 아뢰고 싶기도 하다. 그러나 중국이 바야흐로 어지러운데 내가 이렇게 했다가는 하루아침의 분 때문에 백년의 근심을 끼칠까 우려된다. 내가 참아야겠다"고 물러서고 말았다.[78] 환관 뒤에 놓인 황제, 명나라의 힘을 강하게 느끼고 있었던 것이다. 실제로 며칠 뒤 요동의 정세를 탐지하고 돌아온 통사는 해수가 다녀간 것은 조선이 몽골과 내통하고 있는지를 살피기 위함이었다는 풍문을 전하기도 하였다.[79] 모두 조선을 떠보기 위한 것이었다고 하니, 태종으로서는 더욱 몸을 사리지 않을 수 없었으리라.

태종의 저자세는 그가 상왕으로 물러난 후에도 끝까지 유지되었다. 세종 3년(1421) 다시 해수가 와서 말 1만 필을 교역하자는 칙서를 전하자, 상왕 태종은 "어려운 일이어도 힘을 다해야 할 것인데, 이런 일이라면 어찌 마음을 다하지 않겠습니까"라고 대답하였다.[80] 그런데 태종의 이러한 대응에는 속셈이 있었던 것 같다. 위의 대화가 있은 지 사흘 후, 태종은 세종의 원자, 즉 훗날의 문종을 해수에게 소개하며 세자로 책봉하는 데에 힘써 줄 것을 요청하였다. 이에 해수는 "어찌 마음을 다하지 않겠습니까"라고, 사흘 전 태종에게 들었던 대답을 그대로 돌려주었다.[81]

두 차례의 정변을 거치며 아버지와 형을 연달아 왕위에서 밀어내고 즉위한 태종은 그 자신이 정통성을 내세우기에 곤란을 겪고 있었다. 따라서 그는 자신의 왕위를 정당화하는 데 명나라 황제로부터 고명을 받은 점을 적극 활용하였다.[82] 말 교역 등은 거기에는 따른 비용이었다. 그런데 실상 그 비용은 일회적인 것은 아니었던 것 같다. 명에 부채의식을 느꼈기 때문인지, 아니면 명의 팽창적인 대외 정책을 실질적인 위협으로 인식했기 때문인지, 아마도 양자가 복합되었던 까닭에 태종은 재위 내내 영락제의 요구, 그리고 그를 전하는 환관들에게 저자세로 일관하였다.

호락호락하지 않은 젊은 세종

세종의 반응은 조금 달랐다. 영락제는 태종이 세종에게 왕위를 넘기겠다는 뜻을 전한 데 대해 이례적으로 빠르게 그를 인정하여 세종의 고명을 보내왔다.[83] 그러나 얼마 지나지 않아 새 왕에 대한 군기 잡기에 나섰다. 세종 2년(1420), 조선 정부는 황제에게 올린 주본에 날짜를 써넣지 않는 실수를 범했다. 영락제는 이를 빌미로, "너희 노왕老王은 나를 지성으로 섬겼는데, 소왕小王은 마음을 쓰지 않는 것 같다"고 하며 자신의 조선 출신 후궁의 오라비인 한확韓確을 시켜 국왕을 타이르게 하였다.[84] 세종은 이튿날 곧바로 관련자들을 대대적으로 문책하였다.[85]

부왕 생전에는 나이 어린 세종이 명과의 관계에 직접 목소리를 내기 어려웠다. 하지만 세종 4년(1422)에 태종이 훙서한 이후 세종은 호락호락하지 않았다. 태종에게 제사를 지내고 시호를 내리기 위한 사신이 다녀가고 나서 넉 달 뒤에 찾아온 사신은 다시 악명 높은 해수였다. 그가 가지고 온 칙서는 모두 세 통이었다. 세자를 책봉한다는 것, 말 1만 필을 보낸 데 대한 상을 내린다는 것, 그리고 추가로 말 1만 필을 더 보내라는 것. 창덕궁에서 칙서를 맞이하는 의례를 마친 후, 태평관에서 열린 환영 연회에서 해수는 황제의 구두 메시지를 전달했다. 노왕, 즉 태종을 섬기던 환관 30~50명을 보내라는 것이었다.[86] 이튿날 세종은 원민생을 해수에게 보내, "부왕을 섬기던 환관들은 모두 늙었고, 그 가운데 어린 자들은 모두 우매하여 부릴 만하지 못합니다"라고 해명하며 따르기 어렵다는 뜻을 전했다. 이에 해수는, "나는 이미 선유성지를 전했으니, 이 일은 전하에게 달려있습니다"라며 강경하게 나왔다.[87] 세종은 뜻을 굽히지 않고, 대신 11세에서 21세 사이의 어린 화자 24명을 보냈다. 그들을 보내면서 부친 주본에서 세종은 해수가 전한 영락제의 말을 "30~50명 어린 화자를 가려 뽑아서 보내오라"고 인용하였다.[88] 해수가 전한 선유성지 가운데 "노왕 때 부리던[老王時使喚]"이라는 구절은 애써 못 들은 척하고, 대신 "어린"이라는 형용사를 끼워넣었던 것이다. 이때 돌아가던 해수는 의주에서 온갖 행패를 부렸다고 한다. 이 소식을 들은 세종은 "나는 지성으로 저들을 대하여, 요구하는 것이라면 따르지 않은 것이 없으며 증여한 물건도 수백 수천 가지나 된다. 그런데 지금 불의한 짓으로 우리 변방의 장수를 욕보이니, 그 심히 탐욕스럽고 염치가 없는 것이 이 지경에 이르렀다. 중국에서 조신을 보내지 않고 환시에게만 맡기는 것은 어째서인가"라고 성을 내었다. 여기까지는 태종의 반응과 다를 바가 없다. 똑같은 사건이 일어났던 태종 9년 당시와 같이 이때 영락제는 몽골 친정 중이었다. 그러나 세종은 이어서 "나는 이 일을 상국에 알리고자 하는데, 자문을 보내는 것이 어떻겠는가"라며 실제 행동에 나서려고 하였다.[89] "내가 참아야겠다"고 물러섰던 태종과는 사뭇 다른 태도를 보인 것이다. 그러나 실제로 명에 문제를 제기하는 조치로 이어지지는 않았다. 결국 세종도 참고 말았다.

태종이 부리던 환관을 보내라는 자신의 명을 세종이 이행하지 않자, 영락제는 조선 사신을 만난 자리에서, "지금 소왕은 지성으로써 나를 섬기지 않는다. 전날 노왕이 부리던 화자를 보내라고 했더니 다른 환관들을 따로 구해다가 보내왔다"라며 질책하였다.[90] 다만 이 말을 한 지 얼마 지나지 않아 영락제가 붕어하면서 양국 관계가 얼어붙거나 하지는 않았다. 그러나 조선에 환관 사신을 연달아 보내면서 황제가 구두 메시지로 공녀를 비롯해서 각종 물자를 징발해 가거나, 황제를 등에 업은 환관 사신들이 토색질을 일삼는 일은 선덕 연간(1425~1435)에도 내내 지속되었고, 어떤 면에서는 훨씬 심해졌다. 세종은 환관들이 전하는 황제의 요구가 과연 황제의 명이 맞는지 자체에 의심을 품기 시작하였고, 이를 확인하는 방법을 강구하기도 하였다.

6
조선-명 관계의 두 층위

조선과의 관계에 나선 명의 두 집단

영락 연간 조선-명 관계는 두 개의 층위에서 이뤄졌다고 정리할 수 있다. 하나는 외조外朝, 즉 예부 등 관료체제의 일원들이 중심이 되어 수행하는 국가 대 국가 차원의 공적인 외교이다. 다른 하나는 내조內朝, 즉 환관들이 주된 행위자로 나서서 황제의 개인적인 욕구를 채우는 데 주력하는, 일종의 사적인 행위이다. 전자를 맡은 이들이 황제의 글을 담당했다면, 후자를 맡은 이들은 황제의 말을 담당했다. 전자에게 조선이 중화 세계의 그럴싸한 동반자이자 경쟁자였다면, 후자에게 조선은 황제의 사적인 기호를 채워줄 마르지 않는 샘물이었다. 고려·조선 시대 1,000년에 이르는 한중관계 전체를 조망해 보건대 전자, 즉 유교적 명분에 따르며 제도화된 공식 외교관계는 항상 존재하였다. 반대로 후자, 즉 황제 개인이 전면에 나서서 대외관계의 변수가 되었던 시기는 13세기 후반 고려-몽골 관계에서부터 시작되었다고 할 수 있다. 특히 몽골 황실과 고려 왕실이 통혼으로 맺어지고, 양국 조정의 유력자들이 개인적으로도 깊은 교분을 맺게 된 뒤로 외교는 교섭의 테이블 위에서뿐만 아니라, 오히려 그 아래에서 행해지는 부분이 더 컸다고 해도 과언이 아니다. 문서로 의지를 표명하는 것보다도 대면해서 나눈 대화가 더 직접적이고 유효한 수단이 되기도 하였다. 충렬왕 4년(1278), 충렬왕이 장인인 쿠빌라이의 궁정을 찾아가 눈물로 호소한 끝에 산적한 현안을 모두 처리한 일이 대표적인 사례일 것이다.[91] 원의 무종武宗 카이샨, 인종仁宗 아유르바르와다와 충선왕 사이의 매우 친절한 관계가 양국 관계의 향배를 가르는 변수가 되기도 했다. 순제順帝 토곤 테무르 때에는 황제가 직접 나서는 일은 잦아들었으나 기황후奇皇后의 입김이 크게 작용했던 것 역시 같은 맥락으로 이해할 수 있다.

외조가 주관하는 일상적인 외교 외에 황제가 주도하는 관계의 비중이 얼마나 컸는지는 개별 황제의 정무 처리 스타일, 혹은 조선에 대한 관심 정도에 따라 크게 차이가 있었다. 영락제 주체는 적어도 대외관계에서만큼은 아버지 못지않게 만기친람의 태도를 보였으며, 조선에 대해서도 굉장한 흥미를 갖고 있었다. 그의 손자이자 그를 닮고 싶어했다고 전해지는 선덕제 주첨기朱瞻基 역시 특히 조선 출신 여성을 비롯해서 조선의 물산에 호기심이 많았다. 그의 욕구를 채워주기 위해 환관들은 바쁘게 북경과 서울 사이를 오갔다.

이 층위의 관계가 갑자기 냉랭해지게 된 것은 정통제가 7세의 나이로 즉위하면서부터였다. 그 이후로 명나라 말까지 제위에 오른 황제들은 대체로 정무에 적극적이지 않았다고 평가되는데, 특히 조선에 대해서는 큰 관심을 기울이지 않았던 것 같다. 영락~선덕 연간 전성기를 누렸던 조선 출신 환관들도 점차 활동 반경이 좁아졌고, 세대가 단절됨에 따라 자연

도태되었다. 조선-명 관계는 전에 비해 훨씬 의례적이고 예측 가능한 이슈를 중심으로 전개되었다. 개설서에서 일반적으로 조선-명 관계가 조선 세종 대 중반 이후 '안정화'되었다는 식의 서술을 종종 찾아볼 수 있는데, 이는 양국 모두 건국 초기의 정열이 식어서일 수도 있겠으나, 더 직접적으로는 명 황제들이 조선에 품은 관심이 줄었기 때문이라고 해야 할 것이다.

영락제에게 조선이란

영락제는 조선에 유교적 예치의 원리를 보편적으로 구현하고, 이를 통해 천하 군주로서 자신의 위신을 세우며, 나아가 명을 중심으로 하는 국제질서를 구축하고 무역을 통해 이익을 최대화하는, 거시적이고 이념적인 데에도 물론 관심이 있었을 것이다. 그러나 그에 못지않게 이국적 자색을 갖춘 미녀, 수족처럼 부릴 똘똘한 심부름꾼, 심지어 자신의 입맛에 맞는 맛있는 음식과 그것을 조리할 줄 아는 요리사 등등을 조선에 기대했다. 그에게는 무엇이 더 중했을까. 수치를 따져 비교할 수는 없으니 판단은 유보하기로 한다.

　다만 영락제가 세상을 뜨기 불과 두 달 전,[92] 몽골 친정 중에 조선의 사신 원민생을 만난 장면을 인용하는 것으로 이 장을 마무리한다. 원민생은 이때 영락제를 적어도 아홉 번째 만나는 것이었다. 그리고 이때 영락제의 곁에는 이미 일곱 번이나 사신으로 조선을 찾아와 조야에 물의를 일으켰던 해수가 있었다.

황제가 원민생에게 말하였다. "(중략) 짐이 늙어서 입맛이 없으니 밴댕이 젓이나 곤쟁이젓, 문어 같은 것을 좀 가지고 와라. 권비權妃가 살아 있을 때에는 반찬 올리는 것이 마음에 들었는데, 죽은 뒤로는 반찬 올리는 것이나 술을 빚는 것, 빨래하는 것 등이 모두 마음에 들지 않는다."

내관 해수가 황제 곁에 서있다가 원민생에게 말하였다. "처녀 두 명을 바치라."

황제가 기뻐하면서 크게 웃으며 말하였다. "아울러 스무 살 이상 서른 살 이하로 음식 잘하고 술 잘 빚는 시비 대여섯도 뽑아서 보내라."[93]

3장

선덕제의 말을
명나라 기록은
어떻게 조작했을까

1
성군? 아니면 암군?

명나라의 전성시대

'인선지치仁宣之治'. 명나라 초 인종仁宗 홍희제洪熙帝 주고치朱高熾(1378
~1425, 재위 1424~1425)와 선종宣宗 선덕제宣德帝 주첨기朱瞻基(1399~ 1435,
재위 1425~1435)의 재위 기간의 정치를 상징하는 말이다. 이 기간은 명나
라가 본격적으로 수성기에 접어든 시점이자 전성기를 구가했던 시대로
이해되고 있다. 홍무제의 건국과 그의 재위 기간 내내 이어졌던 정치적 격
동, 그리고 정난의 변을 거쳐 즉위한 후 정화의 해외 원정과 안남 정복 등
으로 상징되는 영락 연간의 대외 팽창은 역사 속에 강렬한 인상을 남겼다.
그리고 그 뒤를 이어서는 토목의 변(1449)으로 오이라트의 포로가 되었다
가, 1년 만에 풀려난 뒤에는 유폐되었고, 탈문奪門의 변(1457)으로 재차 즉
위하는 희대의 드라마를 썼던 영종英宗의 임팩트 역시 못지않다.

　현대 중국에서 가장 널리 읽히는 명·청 시대 역사서, 맹삼孟森(1868~

1938)의《명청사강의明淸史講義》에서 명대 정치사 부분의 제목을 훑어보면, 제1장은 〈개국〉으로 홍무 연간을, 제2장은 〈정난〉으로 영락 연간을 주로 다루며, 제3장은 〈탈문〉으로 정통正統 연간(1436~1449), 경태景泰 연간(1450~1456), 천순天順 연간(1457~1465)과 그 이후를 다룬다. '정난'에서 '탈문' 사이인 홍희−선덕 연간은 앞뒤의 격변과 대비되는 태평한 기간이다. 맹삼은 그 시기를 일컬어 "주나라의 성왕成王과 강왕康王, 한나라의 문제文帝와 경제景帝 시기와 같은 태평극성의 시대"라고 평하기도 하였다.[1] 주나라를 개국한 무왕의 아들이자 제2대 왕이었던 성왕, 그의 아들이자 제3대 왕이었던 강왕 시대는 중국 고전 속에서 태평성대의 대표적인 시기로 손꼽힌다. 한나라의 문제와 경제는 시조인 고조高祖의 아들과 손자로, 제5대와 제6대 황제이다. 이들의 재위 기간(기원전 180~141)은 고조의 천하통일과 개국, 곧바로 이어진 여태후呂太后 시기의 전횡이 휩쓸고 간 뒷수습에 열중한 시기로 중국이 휴식을 취하여, 그 덕에 뒤이은 무제武帝 시기(기원전 141~87)에는 대대적인 정벌 사업이 가능했다고 평가받는다. 주 무왕−한 고조−명 태조와 태종을 하나로 보고, 그에 뒤이은 주 성왕과 강왕−한 문제와 경제−명 인종과 선종을 공통적으로 묶는 서사인 것이다.

명나라 역사에 관한 가장 권위 있고, 또 가장 널리 읽히는 역사서는 누가 뭐래도《명사明史》이다. 이 책의 찬자는 선덕제의 재위 기간을 서술한 후 그에 대한 총평을 다음과 같이 남겼다.

인종이 태자가 되었을 때 성조成祖(영락제)에게서 사랑을 잃었으나, 그 위기가 다시 가라앉을 수 있었던 데에는 태손太孫(선덕제)의 힘이 컸다. 즉위한 이후로는 관리들이 그 직무를 잘하였고 정치는 평안했으며, 기

선덕제　명나라 제5대 황제 선덕제 주첨기.

강이 바르게 서고 창고는 넉넉해졌으며, 여염집들도 본업을 즐기고 한 해도 재해를 입지 않았다. 대개 명나라가 일어서고 이때까지 60년을 지나면서 백성들의 기력이 점차 펴지고 김이 피어나듯 치평治平의 형상이 있었다. 강한 번왕이 갑자기 일어났으나 그 즉시 평정한 것이며, 변방의 먼지를 소탕하여 교활한 도적 떼들이 놀라고 두려워한 것을 보면 황제의 영명한 자태와 밝은 계략이 거의 조부의 무재武才를 이은 것이 아니겠는가.[2]

이 평가에 따르면 선덕제에게서 결점이라고는 찾아볼 수 없다. 전 왕조 황제들에 대해 칭찬에 인색한 역사학자의 평론치고는 최고의 극찬이라고 하지 않을 수 없다.

이러한 인식에는 청나라 초의 역사학자 곡응태谷應泰가 지은 《명사기사본말明史紀事本末》이 결정적인 영향을 끼친 것 같다. 이 책은 주원장의 기병起兵부터 명 왕조의 멸망까지를 다룬 기사본말체의 역사서로, 한 권에 하나씩 총 80개의 주제를 서술하여 명나라의 주요 사건을 직관적으로 이해할 수 있게 하였다. 그러나 기사본말체의 특성상 스토리텔링이 가능한 사건, 장면을 중심으로 서술하다 보니, '무사한' 시기는 획획 건너뛰어 버리곤 하였다. 곡응태는 권1에서 권14까지를 홍무제, 권15에서 권26까지를 건문·영락제에게 할애하였는데, 홍희제와 선덕제에게 할애된 책은 겨우 두 권에 지나지 않는다. 그나마 권27은 선덕제 등극 직후에 있었던 한왕漢王 주고후朱高煦의 반란 사건을 다루었고, 나머지 10년 남짓의 기간은 권28 한 권에서 모두 다루었다. 그리고 그 권의 제목이 '인선치치仁宣致治'였다.

곡응태는 이 시기가 태평성대일 수 있었던 배경이자 그 증거로, 어진

신하들이 대거 출현하여 정치를 주도했다는 점을 대서특필했다. "삼양三
楊이 재상 역할을 하고 하夏·건蹇이 함께 조정에 있었다. (중략) 인종·선종
시대에는 교화와 치리治理가 크게 일어났으며, 또한 어진 이를 등용하고
불초한 자를 물리칠 수 있었다."[3] 삼양, 즉 양사기楊士奇·양영楊榮·양부楊
溥는 이 기간 내내 내각에서 황제에게 현명한 조언을 아끼지 않았다. 이
부상서吏部尙書 건의蹇義, 호부상서戶部尙書 하원길夏原吉 또한 중국 역사상
손꼽히는 명재상들이다. 조선 세종의 치세에 황희黃喜나 맹사성孟思誠 같
은 정승들이 봉사했던 것과 시대도 겹치고 그들의 역할에 대한 평가도 비
슷하다.

명나라 초의 문서제도 연구

이 평가는 현대의 연구자들에게도 대체로 받아들여졌다. 유교 사관이 춘
추필법, 즉 인물의 잘잘못을 논하는 데 힘썼다면, 근대 역사학은 제도와
구조에 초점을 맞추었다. 이 시기에 관해서라면 특히 정치제도, 문서제
도 연구가 축적되어, 선배들의 후한 평가를 더욱 탄탄하게 뒷받침하였
다. 홍무~영락 연간 약 60년을 거치면서 형성되었던 강력한 황제의 독재
권한은 선덕 연간을 거치면서 문신 관료제에 의해 보완, 조정되며 성숙한
것으로 이해된다. 이 시기에는 내각內閣의 권위가 강화, 정착된 데다 유능
한 관료들이 그 자리를 지키면서 조정의 현명한 의사가 정치 운영에 합리
적으로 반영된 시기였다고 평가받는다.[4] 특히 선덕제는 중요한 정책 결
정을 내릴 때마다 각 아문의 장관들과 협의를 거치는 과정을 중시했다고
한다.[5]

한편 황제와 내각 사이의 의사소통은 환관들이 보좌했는데, 그들의 역할은 사례감司禮監이라는 조직의 정비와 더불어 안착되었다. 즉 사례감의 태감들이 내각을 거친 상주문을 황제에게 올리고, 황제의 비답을 받아 다시 내각, 혹은 담당 부서에 그 명령을 전달하는 역할을 맡았다. 이른바 내각-사례감 연합 보정輔政 시스템을 완비하였던 것이다.[6] 과거 홍무제는 환관들이 정치에 개입할까 우려하여 그들이 문자를 배우는 것을 금지하기도 했다. 그러나 정식으로 황제의 정무를 보좌하는 임무를 맡게 되어서는 환관들도 나랏일이 어떻게 돌아가는지 알아야 했다. 이에 내서당內書堂을 설립하여 본격적으로 환관을 교육하기도 하였으며, 자연히 환관의 정치 활동이 활발해지게 되었다.[7]

외정外廷의 내각과 내정內廷의 사례감이라는 두 축을 활용한 정치 운영은 황제의 명령이 어떻게 공표되는지, 그 절차를 통해 잘 드러난다. 선덕 연간, 정상적인 절차에 따르면 황제에게 올라온 상주문은 먼저 내각의 검토를 받게 된다. 내각에서는 황제가 어떤 답변을 내리면 좋을지, 모범답안을 작은 쪽지에 적어 상주문에 붙여서 황제에게 올린다. 이를 표의票擬라고 한다. 그러면 황제는 표의의 내용을 참조해서 붉은색 먹으로 상주문의 여백에 답변을 적는데, 이를 비답批答이라 한다. 붉은 먹으로 썼다고 하여 주비硃批라고도 한다. 다만 황제가 직접 붓을 잡고 주비를 쓰는 것은 아니었다. 대개 황제의 구두 명령에 근거하여 환관이 이를 대신 썼으니, 황제의 답변을 받아 적는 임무를 맡은 환관을 병필태감秉筆太監, 그리고 문서에 최종 날인을 하는 환관을 장인태감掌印太監이라 하였다. 황제의 명령을 다루는 그들의 정치적 역할이 매우 중요했음은 말할 것도 없다.[8] 그러나 실제 정치 운영에서는 환관들이 내각에서 올린 표의를 멋대로 고치는 일이 없지 않았다.[9] 이에 선덕제는 환관들의 농간을 방지하기 위한 제도적 장치를 마련했다. 육과六科의 급사중給事中이라는 관직으로 하여금 자신이 내린 명령을 받아 적었다가 자신에게 재차 올려 확인, 승인을 받은 후에 각 아문에 전달하도록 규정한 것이다. 환관들이 자신의 명령을 받아 담당자들에게 전달할 때 속이는 일이 없도록 크로스체크 하는 절차였다.[10] 이처럼 정교한 문서 행정 시스템을 통해 선덕 연간에는 합리적으로 정치가 운영되었다고 평가된다.[11]

선덕제는 때때로 중요한 사항에 대해 조정의 정식 논의 없이 독단적으로 결정을 내린 뒤 직접 명령 문서를 내리기도 했는데, 이를 중지中旨라고 하였다. 신료들은 이러한 절차에 문제를 제기했다고 한다.[12] 홍무제나 영락제였다면 누구도 시비를 걸지 못했을 방식에 토를 달았다는 것 자체가 선덕 연간의 의사 결정 시스템이 잘 정비되어 있었음을 역설한다.

선덕 연간의 대외정책

선덕제 시기에는 대외관계 역시 매우 안정적이었다. 폭발적인 대외 팽창을 주도했던 영락제는 다섯 번째 몽골 친정을 마치고 돌아오는 길에 객사하였다. 홍희제는 즉위조서에서부터 대외관계 면에서의 '철수'를 공식화하였다.[13] 당장 영락제가 야심차게 시행했던 정화의 해외 원정이 중단되었고, 부황의 숙원 사업이었던 북경 천도 역시 원점으로 돌려 남경을 다시 제국의 수도로 삼았다.[14]

이러한 기조는 선덕 연간에도 유지되었다. 할아버지가 애써 점령해 놓은 안남에서 서둘러 발을 뺐으며,[15] 주변국 조공 사절의 규모를 축소하고 이들에 대한 접대 또한 대폭 축소하기로 하였다.[16] 이로써 영락 연간에

고조되었던 대외 교류는 선덕 연간에 이르러 절충 국면, 혹은 쇠퇴 국면으로 접어들었다.[17]

선덕 연간은 조선 세종의 재위 기간(1418~1450) 중 전반에 해당한다. 이 무렵 조선-명 관계도 마찬가지로 평온한 상태였다는 것이 대체적인 평가이다. 홍무 연간에 매우 심각한 마찰을 빚었던 고려-명, 조선-명 관계는 건문 연간에 조정기를 거쳐 영락 연간에 접어들면서 갈등 국면에서 벗어났다. 그러나 양국의 태종은 여전히 일정한 긴장 속에서 상대의 동태를 살피기를 게을리하지 않았다. 조선 태종은 시종 낮은 자세로 일관하면서 영락제의 심기를 건드리지 않으려 했다. 약 20년 동안의 노력 끝에 조선과 명 사이에 남아있던 앙금은 대부분 해소되었다. 세종 대에 들어서는 양국 관계가 훨씬 안정되었음은 분명하다.[18]

선덕제에 대한 세종의 평가

선덕제는 후대 중국의 역사학자들로부터 성군으로 칭송받는다. 그러나 같은 시대를 살았던 조선의 평가는 이와 판이하다. 물론 세종 역시 명과의 관계가 안정기에 접어들었음을 느끼고 있었다. 그는 "전조前朝(고려)의 대신들이 누차 거짓된 짓을 하여 태조 고황제(홍무제)께서 견책하시며 용서하지 않으셨으나, 개국 이후로 솔선해서 귀부하여 섬기기를 매우 부지런히 하였더니 황제께서 후하게 대우하셨다. 태종 황제에 이르러서는 우리 태종께서 공경히 섬기기를 매우 두텁게 하시었다. 전하여 내 몸에 이르러서는 지성으로써 신하로서 섬기었더니 여러 번 포상하고 장려하는 은혜를 입었다. 근래에는 칙서가 정녕丁寧하고 지극히 간절함이 전후에

없던 바이다"라고 평하기도 하였다.[19]

　그러나 세종과 신료들의 속마음은 이와 달랐던 듯하다. 세종은 "지금 칙서의 말이 고아를 놀리는 것 같다. 언제 황제가 이렇게까지 한 적이 있었는가!"라며 분개하기도 하고,[20] 이례적으로 선덕제를 가리켜 '멍청한 임금[不明之君]'이라고 욕하는가 하면, 당시 명의 정치 상황을 두고 환관들이 득세하고 있다며 비난하기도 했다.[21] 신하들도 명에서 해청海靑을 잡아 바치라는 요구가 빗발치자, "듣건대 대금大金이 파천한 것이 실로 매 때문이라고 합니다"라며 저주 섞인 비난을 퍼붓기도 하였다.[22] 1153년에 금이 수도를 상경上京, 즉 지금의 헤이룽장성 하얼빈에서 중도中都, 즉 지금의 베이징으로 옮긴 배경에 해청 공납에 부담을 호소했던 여진, 거란인들의 불만이 있었다는 분석이다.[23] 지성사대至誠事大를 내세웠던 세종의

사냥하는 선덕제　　선덕제는 융복戎服 차림으로 사냥터에 나서는 것을 좋아했다. 그의 사냥에는 조선에서 구해온 매와 사냥개 등이 필수품이었다. 베이징의 고궁박물원 소장 〈명선종사렵도축明宣宗射獵圖軸〉.

조정 내에서 명나라 사신으로 온 환관들, 나아가 그들을 보낸 황제를 성토하는 목소리가 심심치 않게 터져나왔다. 어째서 이렇게 극단적으로 평가가 갈리는 것일까?

선덕제에게는 말과 글 중 어느 쪽이 중요했을까

선덕 연간에 파견되어 온 사신들은 거의 대부분 환관이었다. 그들이 가지고 온 칙서에 어떤 이야기가 담겨있었는지와는 별개로, 거기에는 실리지 않은, 혹은 실을 수 없는 황제의 은밀한 심부름을 수행하느라, 그들 환관 사신들은 길게는 반년씩 조선에 머무르며 온갖 행패를 부렸다. 조선 조정은 그들의 비행에 이를 갈면서도 비위를 맞추느라 진땀을 흘렸다. 선덕제에 대한 부정적인 평가는 여기서 비롯되었다.

　이 장에서는 선덕 연간에 있었던 일들을 살펴보겠다. 특히 조선에 전달된 황제의 명령을 문서에 담긴 것과 문서에 담기지 않은 것으로 나누고, 그 각각의 내용과 특징을, 그리고 그 저간의 사정을 검토해 보도록 하겠다. 그다음으로 명측과 조선 측이 선덕제에 대해 정반대의 평가를 남기고 있는 이유를 기록의 문제, 남겨진 자료의 차이에서 비롯된 것임을 확인해 볼 것이다.

2
홍희제의 말과 글

영락제의 죽음과 홍희제의 등극

본격적으로 선덕제의 속내를 알아보기에 앞서, 영락제와 선덕제의 막간에 약 10개월 정도 짧게 제위에 있었던 홍희제 시기를 간단히 훑어보자.

다섯 번째로 몽골 친정에 나섰던 영락제는 북경으로 돌아오던 중 영락 22년(1424) 7월 18일, 유목천榆木川이란 곳에서 죽음을 맞았다.[24] 황태자가 그의 죽음을 공식적으로 선포한 것은 8월 10일의 일이고,[25] 그 이튿날 황제의 운구 행렬이 북경에 도착했다. 그리고 8월 15일 새로운 황제가 등극했으니, 그가 영락제의 큰아들이자 선덕제의 아버지인 홍희제였다.

영락제의 부고가 한양에 처음 전해진 것은 그해 9월 1일의 일이었다. 귀국하는 명의 사신을 호송하기 위해 조선에서 요동까지 파견되었던 관원이 황태자의 공식 선언을 베껴옴으로써 알려진 것이다.[26] 연이어 9월 15일에는 홍희제의 즉위조서도 요동에서 베껴왔다.[27] 조선 조정은 9월

10일에 영락제의 조문 사절을, 9월 19일에 홍희제 등극을 축하하는 사절을 연달아 파견하였다. 그러나 이들은 9월 29일 요동의 탕참湯站에서 조선으로 향하던 명나라의 사신단을 만났는데, 명 사신은 조정의 공식 통보도 없는 와중에 섣불리 먼저 사신을 파견하는 것은 예에 어긋난다고 지적하였다. 결국 사절단은 의주의 압록강 건너편에 있는 파사부婆娑府까지 물러나 대기하였다.[28]

명의 고부사告訃使 일행은 10월 11일에 서울에 도착하였다. 이들이 전한 문서는 "황제칙유조선국왕皇帝勅諭朝鮮國王"으로 시작하는 칙서였는데, 그 내용은 두 달 전인 8월 10일에 "천하의 문무 관원과 군인·민인들"에게 내린 황태자 명의의 성명, 즉 영유令諭와 완전히 동일했다.[29] 그리고 나흘 뒤인 10월 15일에는 등극사登極使 일행이 와서 홍희제의 즉위조서를 선포하였다. 이 문서는 "봉천승운황제조왈奉天承運皇帝詔曰"로 시작하여 "널리 천하에 알리니 모두 듣고서 알지어다[敷告天下, 咸使聞知]"로 맺는 것으로, 그 내용은 역시 두 달 전인 8월 15일에 반포한 그것과 일치했다.[30] 다만 10월 11일에 도착한 칙서가 조선 국왕만을 수신자로 하여, 명 국내에 반포된 것과는 별개로 작성된 것이었다면, 즉위조서는 천하에 반포한 것을 그대로 한 부 조선에 전달했다는 점에서 차이가 있다.

사실 조선 정부는 두 통의 문서의 내용을 이미 알고 있었다. 각각 한 달여 전인 9월 1일과 9월 15일에 요동을 통해 확보했던 것이다. 앞서 명측의 공식 통보가 없는 상황에서 사신을 파견하는 것이 적절한지가 문제가 되었는데, 이제 명나라 사신을 통해 정식으로 소식을 접수했으므로 대기하던 사신은 곧바로 발길을 이어갔다.

홍희제가 조선에 전한 유일한 말

홍희제는 재위 기간 중 두 차례 더 조선에 사신을 보내왔다. 한 번은 홍희 원년(1425) 2월, "황제칙유조선국왕이도[皇帝勅諭朝鮮國王李裪]"로 시작하는 칙서와 함께 국왕에게 각종 비단을 하사하기 위해서였고,[31] 다른 한 번은 같은 해 5월, 영락제의 후궁이었던 권비의 아버지 권영균權永鈞이 사망하자 그의 제사를 지내주기 위해서였다. 후자의 사신은 조선 국왕에게 보내는 문서는 가지고 있지 않았던 것 같은데, 다만 그는 국왕에게 보낸 선위에서 등잔석燈盞石 다섯 덩이를 달라고 하였다고 한다.[32]

그 밖에 홍희 연간에는 황제가 천하의 문무 군신에게 직책에 충실할 것을 당부하며 내린 칙유나 조정의 운영 방침을 천명하는 조서,[33] 형벌을 관대하게 할 것을 천명하는 조서,[34] 그리고 유조遺詔에 이르기까지[35] 황제가 내릴 수 있는 최고 권위의 조서가 여러 차례 조선에 전달되었다. 모두 조선의 사신이 베껴온 것이었다. 거기에는 당연히 유교의 이념에 충실히 근거하여 국가를 운영해 나갈 큰 뜻이 담겨있었다. 다만 홍희제가 재위 10개월 사이에 세종에게 전한 말은 등잔석 5개를 달라는 것이 유일했다.

3
선덕제의 글: 칙서에 담긴 공적인 외교

선덕제가 조선에 보낸 사신들

이제 본격적으로 주인공 선덕제의 재위 기간에 대해 살펴보자. 논의의 편의를 위해 우선 선덕 연간 조선에 파견되었던 명측 사신, 그들이 가지고 온 문서의 내용과 그들이 전달한 구두 메시지의 주요 내용을 정리해 보겠다(〈표 1〉 참조).

선덕제는 10년간 재위하면서 조선에 총 17차례의 사신단을 보냈다. 연평균 1.7회 꼴이니, 그의 할아버지 때와 거의 비슷한 수준이었으며, 명대 전체 연평균 0.6회보다는 훨씬 잦았다. 이 가운데 4회(5, 14, 16, 17)는 요동에서 온 것이었으니, 북경에서 온 사신만 따지면 13회였는데, 그중단 두 차례, 그러니까 선덕제의 등극 조서를 가지고 온 사례(2)와 훗날 정통제가 될 황자의 탄생을 알리는 조서를 전달한 사례(6)만 제외하고는 환관이 정사를 맡았다는 점을 우선 기억해 두자. 위 두 사례에서 사신들은

<표 1> 선덕제 재위 기간의 명 사신 목록 및 전달 메시지의 내용

연번	사신	입경 일시 출경 일시	체류 기간	글[詔書勅書]의 내용 말[宣諭]의 내용	비고
1	내관 제현內官 齊賢 행인 유호行人 劉浩	세종 7. 윤7. 19. 세종 7. 8. 2.	13일	홍희제의 유조遺詔	
2	예부낭중 초순禮部郎中 焦循 홍려시소경 노진鴻臚寺少卿 盧進	세종 7. 윤7. 22. 세종 7. 8. 2.	10일	선덕제의 등극조登極詔	
3	소감 윤봉小監 尹鳳 내사 백언內使 白彦	세종 8. 3. 12. 세종 8. 6. 26.	76일	왕과 왕비에게 비단 하사 처녀, 요리사, 화자火者를 선발해서 보내라 요구	
4	태감 창성, 윤봉太監 昌盛, 尹鳳 내사 백언內史 白彦	세종 9. 4. 21. 세종 9. 7. 20.	89일	말 5,000필 교역 요구, 백은 1,000냥 하사 처녀, 집찬비執饌婢, 화자 등 요구	윤봉·백언은 고향에, 창성은 금강산에 다녀옴
5	지휘 범영指揮 范榮 백호 유정百戶 劉順	세종 9. 10. 25. 세종 9. 11. 3.	9일	세자 입조 중단	
6	홍려시소경 조천鴻臚寺少卿 趙泉 병부원외랑 이약兵部員外郎 李約	세종 10. 4. 8. 세종 10. 4. 18.	11일	황태자 탄생 조서詔書	
7	태감 창성, 윤봉太監 昌盛, 尹鳳 내사 이상內使 李相	세종 10. 7. 19. 세종 10. 10. 4.	74일	국왕에게 자기磁器 등 하사 처녀 한씨韓氏 보내라 요구	8. 16.~9. 18. 창성, 요동 왕래
8	내사 김만內使 金滿	세종 10. 12. 26. 세종 11. 2. 1.	35일	석등잔石燈盞, 개 등 요구	최득비崔得霏 제사
9	태감 창성, 윤봉太監 昌盛, 尹鳳 내사 이상內使 李相	세종 11. 5. 2. 세종 11. 7. 21.	79일	왕에게 백금 300냥 등 하사 화자, 집찬비 및 각종 식재료, 석등잔, 사냥개, 매 등 요구	
10	내사 김만內使 金滿	세종 11. 11. 2. 세종 12. 1. 11.	69일	자기 하사, 매와 개 요구	
11	태감 창성, 윤봉 太監 昌盛, 尹鳳	세종 12. 7. 17. 세종 12. 12. 15.	147일	국왕에 은 500냥 등 하사, 어물魚物·토표土豹·매·개 등 요구, 표류민 송환	8. 24.~9. 27. 함경도행
12	태감 창성, 윤봉 太監 昌盛, 尹鳳 내감 장동아, 장정안 內官 張童兒, 張定安	세종 13. 8. 19. 세종 13. 12. 15.	116일	매·토표를 잡으러 가는 관군에 공궤供饋 요구 -	9. 6.~12. 2. 함경도행
13	창성, 윤봉, 장정안 昌盛, 尹鳳, 張定安	세종 14. 5. 29. 세종 14. 12. 6.	186일	소 1만 마리 교역 요구, 해청海靑·토표 잡으러 가는 관군에 공궤 요구 -	8. 6.~11. 16. 함경도행
14	지휘 맹날가래指揮 孟捏哥來 백호 최진百戶 崔眞	세종 15. 윤8. 10. 세종 15. 윤8. 22.	13일	여진과 서로 침범하지 말라고 효유	
15	태감 창성太監 昌盛 내관 이상, 장봉內官 李祥, 張奉	세종 15. 10. 13. 세종 15. 11. 16.	34일	국왕에 비단 등 하사, 집찬비 요구	
16	백호 왕흠百戶 王欽 사인 왕무舍人 王武	세종 15. 11. 10. 세종 15. 12. 6.	27일	(피로被虜되었던 조선인을 송환하라는 칙서를 여진에 전달)	
17	지휘 맹날가래指揮 孟捏哥來 백호 왕흠百戶 王欽 사인 왕무舍人 王武	세종 16. 10. 12. 세종 16. 11. 13.	32일	여진에 피로됐던 중국인 송환 요구	

각각 10일, 11일 동안 서울에 머물렀다.[36] 그러나 나머지 11회에 달하는 환관 사신들은 짧아도 한 달 남짓, 길게는 6개월 이상 조선의 접대를 받고서야 귀국길에 올랐다는 점도 눈에 띈다.

따뜻한 내용의 칙서

칙서의 내용을 구체적으로 살펴보자. 칙서에는 대체로 조선, 그리고 세종의 지성사대를 칭찬, 장려하고 양국의 우호를 증진시켜 나가자는, 원론적인 내용과 따뜻한 표현이 자주 등장한다. 예컨대 홍희제의 유조(1)와 선덕제의 등극조(2) 이후, 조선에 처음 온 사신은 윤봉(3)이었다. 조선에서 위문 사절단과 등극 축하 사절단을 보내준 데 대한 고마움을 표하기 위함이었다. 그가 가지고 온 칙서의 내용은 다음과 같았다. 아래의 칙서와 함께 윤봉은 국왕과 왕비에게 보내는 비단 70필을 전달하였다.

> 황제는 조선 국왕 이휘李諱에게 칙유한다. 짐은 삼가 천명에 부응하여 보위를 이어받았다. 왕은 여러 번 사신을 보내 표문과 방물을 받들고 와서 조근朝覲하였으니, 그 지성스러운 마음을 잘 알겠다. 이에 내관 윤봉 등을 보내 왕과 왕비에게 채폐綵幣를 하사하니, 왕은 짐의 지극한 마음을 받들기 바란다. 이에 이른다.[37]

또 다른 예로 세종 12년(1430)에 선덕제는 태감 창성昌盛과 윤봉尹鳳 등을 보내 전달한 칙서(11)에서 "왕이 사대하는 마음이 정성스럽고 공경함에 착실하여 해가 거듭되어도 해이해지지 않고 더욱 융숭하게 하니, 왕의 어짊을 돌아보며 더욱 아름답고 기쁘게 여긴다"라고 하며, 자신이 친히 차던 보검을 하사하기도 하였다.[38]

칙서는 반드시 명의 사신이 직접 가지고 오는 것만은 아니었다. 조선에서 파견한 사신이 귀환하는 길에 부치기도 하였는데, 이런 칙서에도 조선의 지성사대를 칭찬하는 내용을 담으며 아울러 국왕에게 각종 물자를 선사하기도 하였다. 예컨대 세종 8년(1426)에는 적호피赤狐皮 1,000장을 진헌하러 갔던 사신 김시우金時遇가 귀환하는 길에 국왕에게《오경대전五經大全》,《사서대전四書大全》,《성리대전性理大全》,《통감강목通鑑綱目》등을 하사한다는 내용의 칙서를 보냈다.[39] 이 밖에도 선덕제는 조선 사신단이 중도에 강도를 당한 일에 대해 위문하며 빼앗겼던 물건을 되찾아 돌려보낸다는, 돋보이는 배려를 칙서에 담아 보내기도 하였다.[40]

또한 선덕제는 칙서를 내려, 금은 공납을 면제해 달라는 조선의 요청을 받아들이기도 하였다. 국초 이래로 조선에서는 매년 명에 바치는 조공의 품목에 포함된 금과 은을 마련하느라 꽤 고심하고 있었다. 이에 태종 때부터 금과 은을 대신해서 다른 물품으로 바칠 수 있도록 해달라는 청원을 여러 차례 올렸으나 이런저런 이유로 번번이 뜻을 이루지 못했다가, 세종 11년(1429)에 이르러 세 번째 청원을 넣었다.[41] 이에 선덕제는 "금과 은은 조선에서 산출되는 물건이 아니니, 앞으로는 다만 토산물을 바침으로써 성의를 표하라"며 흔쾌하게 조선의 숙원을 해결해 주었다.[42]

선덕 연간 내내 조선에 전달된 칙서에서 위와 같은 우호적인 표현을 찾아보기란 어렵지 않다. 첫머리에서 언급한, "근래에는 칙서가 정녕하고 지극히 간절함이 전후에 없던 바이다"라는 세종의 발언은[43] 이런 분위기 속에서 나온 것이었다.

한편 대개의 칙서가 그렇듯, 선덕제가 보낸 칙서 가운데에는 국가적 사안에 관한 내용도 많이 담겨있었다. 말이나 소를 무역할 것을 제의한다든지,[44] 여진에 잡혀갔다 도망쳐 온 중국인들을 돌려보내 달라는 등의 내용도 담겨있었다.[45] 선덕 연간에 양국 사이에 가장 첨예하고 민감한 현안은 요동의 여진 집단에 대해 누가 더 강한 영향력을 행사할 것인가 하는 문제였다. 갈등을 빚던 조선과 여진 양쪽이 모두 명나라에 호소하며 자기편을 들어달라고 주장하는 상황에서 선덕제는 양쪽 모두에게 화해할 것을 권유하는 점잖은 내용의 문서를 보내기도 하였다.[46] 황제 명의의 문서를 통해 명측의 입장을 명백하게 전달하였던 것이다.

황제의 글에 담긴 사적 부탁

그런데 선덕 연간 중반, 대략 1430년부터는 칙서에 국가적 사안만이 아니라 황제 개인의 요구사항이 언급되기 시작하였다. 뒤에서 더 자세히 살펴보겠으나, 그 이전까지는 환관 사신이 구두로 전달하던 황제의 지시가 이제 지면 위에 직접 등장한 것이다. 예를 들어 선덕 5년(1430) 7월에, 자신이 차던 보검을 하사하며 파견한(11) 사신 창성과 윤봉이 가지고 온 칙서에는 다음과 같은 내용이 담겨있었다.

> 왕국에서 나는 여러 가지 맛 좋은 해산물과 물고기, 스라소니와 큰 개, 해청, 좋은 매와 흰 매, 누런 매를 가져오라.[47]

황제가 칙서에 매와 개 등을 요구한 일은 선덕 4년(1429)부터 시작되었다. 영락 연간에도 칙서에 동불銅佛이나 부처의 사리를 보내라는 지시를 담은 일이 있었고,[48] 또 예부의 자문에 화자를 보내라는 황제의 말을 인용한 일도 없었던 것은 아니다.[49] 다만 이런 노골적인 요구는 문서에 옮기지 않고 사신 편에 구두 메시지로 전달하는 것이 훨씬 일반적이었다. 그러나 선덕제는 거침이 없었다. 게다가 황제의 요구사항은 갈수록 구체화되었다. 이후에도 해청을 보내라는 요구를 담은 칙서가 여러 통 세종에게 전해졌다.[50] 뿐만 아니라 요리를 잘하는 여자를 뽑아서 보내달라고도 했는데,[51] 심지어는 그녀들에게 두부 만드는 법을 익히게 하라는, 아주 자질구레한 요청을 담기도 했다.[52]

조선을 가장 곤란하게 만들었던 것은 명측에서 직접 군대를 파견해서 해청이나 스라소니 등을 잡게 할 테니 그들이 쓸 물건을 지급하라는 내용의 칙서였다. 세종 13년(1431)에는 명나라 관군 150명이 모련위毛憐衛에

조선의 해청　　　　몽골제국의 황제들이 그랬듯, 영락제와 선덕제, 그리고 훗날의 천순제天順帝 등도 조선의 매, 그중에서도 보라매를 가장 선호하였다고 한다. 위 그림은 조선 초의 화가 이암李巖이 그린 〈가응도架鷹圖〉이다. 개인 소장.

서 사냥을 할 것이니 그들의 양식과 의복, 심지어 해청과 스라소니에게 먹일 고기까지 마련해서 지급할 것을 요구하였다.[53] 앞서 언급한, 세종이 자신을 고아 놀리는 듯하다고 분개했던 것은 이 칙서를 보고 난 뒤의 반응이었다. 이들은 넉 달 이상 조선에 머물며 조야를 들썩이게 만들었다. 그러고는 다섯 달 만에 다시 와서, 이번에는 무려 반년이 넘게 서울과 평안도·함경도 일대를 들쑤시고 다녔다. 이때는 그 수효가 400명으로 더 늘어나 있었다. 선덕제는 칙서에서 "소홀하거나 빠뜨림이 없게 하라"고 단단히 일러두기도 하였다.[54]

요컨대 선덕제는 칙서에 대체로 조선의 지성사대를 칭찬하며 우호적인 관계를 유지해 갈 것을 강조하는 내용을 담았으나, 때로는 자신의 사적 요구사항을 담아 전하기도 하였다. 두 내용이 상반되거나 충돌하는 것은 아니다. 그렇다면 실제 선덕제의 속마음은 어느 쪽을 더 중요하게 생각하고 있었을까? 그리고 그것은 어떻게 엿볼 수 있을까?

4
선덕제의 말:
구두 메시지에 담긴 사적 외교

환관 사신들이 전한 밀지

《명사》 편찬자가 칭송한 것처럼 선덕제는 할아버지 영락제의 무재武才만을 이어받은 것은 아니었다. 그는 할아버지의 입맛, 취미 생활, 심지어 여성 취향까지 물려받았던 모양이다. 어느 하나 조선을 들볶지 않고서는 채워지지 않는 것들이었다. 그런 선덕제가 자기 속마음을 가감 없이 드러낼 수 있었던 사람은 누구였을까? 역시 할아버지로부터 물려받은 조정의 원로대신들은 아니었을 것이다.

선덕제는 1399년생으로, 즉위한 1425년 당시 만 26세였는데, 조정의 대신 건의는 1364년, 양사기는 1365년, 하원길은 1367년, 양영은 1371년, 양부는 1372년생으로 황제보다 30년 안팎 연상이었다.[55] 이들 가운데 여럿은 이미 증조할아버지 때부터 30년 이상 정치를 해온 이들이었으니, 제아무리 황제라도 함부로 속내를 드러내기 껄끄럽지 않았을까? 대신 젊은 선덕제에게는 다른 친구들이 있었다. 어려서부터 황궁에서 친구처럼 지내왔던 이들,[56] 환관들이다.

앞에서도 언급한 바 있는, 선덕 원년(1426, 세종 8) 3월에 서울에 온 사신 윤봉은 조선에서 자신의 즉위 이후 여러 번 사신을 보내온 데 대해 고마움을 표하는 선덕제의 칙서를 전달하기 위한 명목을 띠고 있었다(3). 그러나 칙서 전달을 마친 직후 윤봉은 새 황제의 첫 번째 성지를 전하였다. "너는 조선국에 가서 왕에게 말해 나이 어린 여자를 뽑아다가 내년 봄에 데리고 오라고 하라", "밥을 잘 짓는 여종을 가려 뽑아서 진헌하라"는 것이었다.[57]

선덕제가 군이 '내년 봄'이라고, 1년이나 기한을 미뤄둔 것은 왜일까? 그것은 이때가 아직 아버지 홍희제는 물론 할아버지 영락제의 상기喪期도 마치기 전이었기 때문이다. 상복도 벗기 전에 새 황제가 조선의 공녀를 탐하다니, 명 조정 내에서 비판의 목소리가 비등할 법도 했으나 그럴 걱정은 없었다. 황제의 명령은 밖으로 새나갈 일 없는 '밀지密旨'였다. 이에 대해 세종은 처녀를 진헌하는 내용의 주본을 써서 보내겠다고 답했다. 그러자 윤봉은 군이 자신이 직접 그 주본을 가지고 가겠다고 나섰다.[58] 그 주본이 내각에, 잔소리가 심한 원로대신들의 손에 들어가서는 안 되기 때문이었다. 실제로 이듬해인 세종 9년(1427) 봄에 서울을 다시 찾은 윤봉 등은 세종이 뽑아놓은 공녀 5명 가운데 3명과 다시 4명을 추가로 선발하여 총 7명, 그리고 그녀들을 시종할 여종 16명, 요리사와 화자 각 10명을 이끌고 북경으로 돌아갔다(4).[59]

선덕 원년(1426)과 2년(1427)에 이어, 공녀를 데리러 오는 사신의 행차는 3년(1428)에도 이어졌다. 앞서 선발해 둔 공녀 가운데 한씨는 병이 들어 출발하지 못했는데, 그녀를 데리러 전년에 왔던 창성과 윤봉이 또 왔던 것이다.[60] 물론 칙서에는 그런 말이 없었다. 칙서에는 다만 국왕에게 자기磁器 등을 하사한다는 내용만이 적혀있었다.[61] 윤봉이 전한 황제의 요구사항에는, 염주와 사슴 가죽, 그리고 화자 등도 포함되어 있었다(7).[62] 다시 그다음 해, 선덕 4년에도 창성과 윤봉이 와서 역시 두 달 반가량 머물렀다. 그들의 귀환길에는 화자 6명과 요리를 잘하는 여종 12명, 노래를 잘하는 여종 8명 등이 동행했다(9).[63] 이때 사신 창성이 제시한 요구 목록에는 어린 화자 8명, 가무를 할 줄 아는 여자아이 5명, 디저트를 만들 줄 아는 성인 여자 20명 외에도 소주, 잣술[松子酒], 석등잔, 큰 개 50마리, 각종 매에다 여러 종류의 해물과 젓갈 등이 포함되어 있었다.[64]

황제의 문서를 조선 사신이 받들고 돌아오는 일이 있었듯, 선덕제의 말 역시 북경에 와있던 조선 사신 편에 전달되기도 했다. 다만 홍무제나 영락제처럼 황제가 조선 사신을 불러다가 직접 대화를 나눈 일은 거의 없었던 것 같다.[65] 자연히 메신저가 중간에 있었는데, 역시 환관들이었다. 그들은 조선 사신이 머무는 회동관으로 찾아와 황제의 말씀을 전하였다. 세종 9년(1427)에는 윤봉이 조선의 사신 한상덕韓尙德에게 와서 말 5,000필을 교역하고자 한다는 성지가 있으며, 조만간 칙서가 내려질 것이라고 알렸다. 실제로 한상덕이 귀국한 지 두 달 뒤 윤봉 자신이 칙서를 가지고 조선에 찾아왔다(4).[66] 이 밖에도 매를 요구한다든지, 큰 개를 보내라고 요구하는[67] 등의 성지를 조선 사신이 있는 곳으로 찾아와 환관들이 전하기도 하였다.

자질구레한 요구사항에 고통받는 조선

황제의 요구는 점점 더 자질구레해졌다. 즉위조서를 반포한 후 처음 보낸 사신의 요구가 나이 어린 여자를 뽑아서 보내라는 것이었다는 점은 앞서 언급했지만, 두부를 만들 줄 아는 요리사를 보내라는 둥, 춤과 노래를 가르쳐서 보내라는 둥 요구는 세세해졌다. 어린 화자를 보내라는 것은 홍무제 때 이래로 단골 주문이었다. 목록은 점점 더 늘어갔다. 연어알 젓갈을 비롯한 각종 해산물을 자주 찾았는데, 그에 응해 예컨대 세종 11년 7월에 서울에서 보낸 물자의 목록은 다음과 같다.

> 준치眞魚 1,830마리, 민어 550마리, 상어沙魚 90마리, 망어芒魚 380마리, 홍어 200마리, 농어蘆魚 100마리, 연어年魚 500마리, 대구大口魚 1,000마리, 잉어 200마리, 숭어 440마리, 문어 200마리, 조기石首魚 1,000마리, 청어 500근, 송어蘇魚 500근, 붕어鯽魚 500근, 복어鰒魚 700근, 고등어古道魚 200근, 오징어烏鰂魚 200근, 대하大蝦 200근, 황어젓黃魚鮓 6통桶, 잉어젓 1통, 토화젓土花鮓 9병[壜], 굴젓石花醢 3병, 생합젓生蛤鮓 4병, 송어젓 3병, 백하젓白蝦鮓 7병, 자하젓紫蝦鮓 4병, 조기새끼젓石首魚子鮓 4병, 홍합젓紅蛤鮓 2병, 조해채早海菜 500근, 해채海菜 1,000근, 사해채絲海菜 300근, 해채이海菜耳 300근, 곤포昆布 400근, 해의海衣 100근, 감태甘苔 200근, 해화海花 200근, 황각黃角 300근, 잣松子 1,000근, 황주黃酒 5병, 소주 5병.[68]

선덕제는 문신들이 남긴 사료에서 묘사된 것처럼 정사에만 열중했던 것은 아닌 듯하다. 〈명선종사렵도明宣宗射獵圖〉라는 그림에 잘 묘사되어 있듯 그는 말을 몰고 사냥터 누비기를 좋아했다고 한다.[69] 사냥에는 매와 사냥개가 필수인데, 당시 최고급 매로 손꼽힌 보라매, 해동청은 한반도 북쪽에 주로 서식했다. 선덕제 재위 기간 내내 평안도와 함경도 백성들은 생업을 제쳐두고 매잡이에 열중하지 않을 수 없었다.

선덕제의 요구사항을 이행하느라 조선 조야가 겪은 고통은 형언할 수 없었다. 우선 다른 시기에 비해 훨씬 잦은, 그리고 훨씬 큰 규모의 사행단 왕래에 접대를 책임져야 했던 평안도와 황해도의 부담이 상당하였다. 또 세종 12년(1430)부터 연달아 3년 동안 명의 환관들, 그리고 그들이 이끈 명군 수백 명이 함경도 일대에서 매와 스라소니 등을 잡으러 다녔으니 함경도 주민들이 감내해야 했던 수난도 말로 다 할 수 없었다. 세종 13년(1431) 연말에는 평안도와 함경도의 민생이 피폐해졌다는 이유로 각 호마다 환자곡 2석씩을 감해주는 조치를 취하기도 하였다.[70]

서울에서 국왕과 신료들이 명 사신들에게 겪어야 했던 수모도 만만치 않았다. 선덕제의 첫 번째 공녀 요구에 응하기 위해 세종은 세종 8년 12월부터 이듬해 2월까지 기록에 남은 것만으로도 총 16차례에 걸쳐 편전便殿 등에서 직접 처녀를 간택하였다. 선덕 연간에만 각각 일곱 번씩 사신으로 왔던 창성과 윤봉을 비롯하여 환관들은 사리사욕을 채우는 데 염치를 따지지 않았으며, 그들의 요구를 들어주지 않을 경우 온갖 행패를 서슴지 않았다.[71]

세종의 의심과 반격

선덕제의 자질구레하고 또 무리한 요청은 갈수록 심해졌다. 거기에 일일이 응하기 힘겨워지자 조선 측에서는 그 말의 진위를 의심하기도 하였다. 황제가 진짜 한 말인지, 아니면 그것을 전하는 환관 사신들이 지어낸 말인지 알 수 없다는 것이다. 의심을 받을 법한 상황임이 명확한데도 굳이 글로 쓰고 인장을 찍어 문서로 보내지 않고 말로만 전한 이유는 무엇이었을까? 세종이 옮긴 창성의 말에서 그 실마리를 찾을 수 있다.

> 선유하는 일이 칙서에 없으나, 궁금宮禁에 관련된 일이라면 장차 삼가 따라야 할 것인가? (중략) 창성이 항상 말하기를, "처녀에 대한 일이라면 문서에 쓸 수 없어서 이에 선유로 하는 것입니다"라고 하였다. 창성의 말이 꼭 틀린 것은 아니다. 지금 선유하는 일이 혹여 처녀에 대한 일이라면 이는 궁금에 관련된 일이니 선유라고 해서 사양할 수 없다. 만약 궁금에 관련된 일이라고 하여 그 선유를 따른다면 결국에는 훗날의 전례가 될 것이니, 어떻게 처리해야 하겠는가?[72]

창성이 세종에게 "처녀에 대한 일은 문서에 쓸 수 없어 선유로 하는 것"이라고 하였고, 세종 역시 이 말에 어느 정도 수긍하였다는 것이다. 궁금, 즉 궁중의 비밀스러운 일이니 문서로 남기지 않고, 그래서 외정의 관료들이 알지 못하게 하겠다는 것이다. 실제로 이로부터 거의 반세기가 지난 성종 9년(1478), 경연 자리에서 강희맹姜希孟은 회고하기를 "선덕제가 처녀를 뽑아간 일은 조정에서는 알지 못하였는데, 조정에서만 알지 못하였을 뿐 아니라 궁중에서도 알지 못하였습니다"라고 하였다.[73]

선덕제 사후 어린 새 황제를 대신해서 그의 할머니인 태황태후太皇太后가 조선 출신 여종 9명, 창가비唱歌婢 7명, 집찬비執饌婢 37명 등을 모두 돌려보낸 일이 있었다. 이때 돌아온 김흑金黑이라는 여인의 증언에 따르면,

자신이 태황태후에게 조선인들을 돌려보내 줄 것을 간청하자 태황태후는 "애초에 여기에 있는지 몰랐다"고 대답했다고 한다.[74] 알았다 한들 선덕제의 어머니가 아들의 은밀한 궁중 생활에 개입하기란 여의치 않았을 수도 있겠으나, 몰랐다는 말이 사실일 수도 있다. 이처럼 선덕제는 문서에 남기고 싶지 않은 이야기, 외정의 원로들은 물론 내정의 어른들에게도 들키고 싶지 않은 요구사항들을 기록이 남지 않는 말을 통해서만 전달했다. 그리고 메신저로는 어려서부터 함께한 측근의 환관들을 동원했다.

이쯤 되니 조선 조정에서도 황제의 처사에 대해 불만스러운 목소리가 나오기 시작하였다. 매의 알과 젓갈을 가져오라는 황제의 명이 전달되고, 조선 사신을 귀환시키지 않고 붙잡아두기에 이르렀다는 소식이 전해지자 세종은, "예부와 내관이 서로 시기하고, 또한 우리 사신들끼리 서로 시기하고 있으니, 이 일은 사소한 것이 아니다. 끝내 어떤 일이 일어날지 알지 못하겠다"라며 우려하였다.[75]

나아가 환관 사신들이 전달하는 황제의 요구가 과연 황제의 명이 맞는지 자체에 대해 의심을 품기 시작했다. 세종 11년(1429)에는 사신으로 온 조선 출신 환관 김만金滿이 석등잔을 요구한 데 대해 세종은 "사신이 황제의 명이라 하여 석등잔을 요구하는 것이 너무 심하다. 만약 진짜 황제의 명이라면 따르지 않을 수 없을 것이다"라고 하며 처음으로 의문을 제기하였다.[76] 며칠 뒤에는 다음과 같이 말하였다.

> 지금 온 사신이 성지라고 칭하면서 옥등玉燈과 개를 구하고 있는데, 개를 구하는 것은 사실인 것 같으나 옥등은 사실이 아닌 것 같다. 사신이 진헌하는 옥등을 가지고 갈 것이라는 내용의 주본을 사은사로 입조하는 최득비崔得霏의 사위에게 부치면 어떻겠는가? 이러한 뜻으로 사신

을 떠보도록 하라.[77]

구두 메시지에 응해 일단 옥등을 보내기는 하지만, 그것을 보낸다는 사실을 황제에게 보내는 문서에, 예컨대 "선덕 4년 모월 모일, 사신 김만이 전한 선유성지를 받들었는데, 옥등을 보내라고 하신 것이었습니다"라고 적고, 사신 편에 그 물건을 보낸다고 명기한다면 사신이 거짓말을 할수 없으리라는 판단이었다. 이러한 세종의 아이디어에 허조許稠는 "이렇게 하면 그 진위를 알 수 있을 것입니다"라며 동조했다고 한다.

과거에 황엄이 태종에게 영락제가 처녀를 보내라는 사실을 전하면서, 이 일은 조관들 모르게 이루어지고 있음을 넌지시 알린 바 있다.[78] 조선에서도 당연히 황제의 요구가 명 조정의 공식적인 논의를 거친 것이 아니라 환관들의 부추김에 의해서 내려지고 있다는 것을 알고 있었고, 이를 저지할 만한 방법을 찾는 데 고심하였다.

> 임금이 말씀하시기를, "(중략) 옛날에 판부사 변계량卞季良이 나에게 말
> 하기를, '지금 이후로 비록 내관이 구두로 전하는 말이 있어도 모두 성
> 지라고 한다면 (명) 조정에서 매와 개, 처녀 등을 구하는 일을 반드시
> 공공연하게 하지는 못할 것입니다'라고 하였는데, 그 말이 이치에 맞
> 는 것 같다"라고 하시었다.[79]

세종은 해청과 개를 보내면서 함께 올리는 주본에 "선유에 근거한 것 [據宣諭]"이라고 밝히는 것이 과연 적절한지를 물었다. 과거 변계량이 내놓은 계책은 좀 더 공격적인 것이었는데, 그는 내관들이 구두로 전한 말에 따라 매와 개, 처녀 등을 바칠 때에도 문서상에는 모두 성지에 따른 것이

라고 적시한다면 이러한 요구를 공공연하게 하지는 못할 것이라고 하였다. 조선에서 보낸 문서에서 황제의 명령이 이처럼 사적이고 자질구레한, 상국의 위신을 떨어뜨릴 만한 것임을 가감 없이 드러내면, 그것이 명조정에 전달되고 거기서 공론화되는 과정에 황제도 부담을 느끼게 될 것이라는 판단이었다.

선덕제의 뻔뻔함

실제로 위와 같은 주본을 보냈는지 여부는 확인되지 않는다. 다만 조선이 의구심을 품고 있다는 점은 선덕제 역시 어느 정도 눈치채고 있었던 것 같다. 세종 11년(1429) 연말, 선덕제는 다음과 같은 칙서를 내려 조선 조정의 의심과 불만을 풀어주는 조치를 취하였다.

> 지금 이후로 조정에서 파견되는 내관·내사內史 등이 왕국에 이르면 왕
> 은 다만 예로써 대우하고 물품을 주지 말라. 조정에서 요구하는 모든
> 물건은 반드시 어보御寶를 찍은 칙서에 근거해서만 지급하라. 만약 짐
> 의 말을 구두로 전하여 요구하거나 이치에 맞지 않게 요구하는 것은
> 모두 듣지 말라.[80]

조선의 의심을 정확히 이해하며, 앞으로는 모든 요구사항을 황제 명의의 문서로만 전달하겠다는 약속이었다. 위 칙서와 함께 선덕제는 조선에서 해마다 조공으로 바쳐오던 금과 은을 더는 보내지 않아도 좋다는 통큰 선물을 안기기도 했다. 두 가지 모두 조선의 숙원사항이었다. 세종과

158

신하들이 크게 기뻐했음은 말할 것도 없다.

그러나 환관 사신들이 토색질을 하는 기세는 쉽사리 누그러들지 않았다. 위의 칙서가 발령된 이후 처음 서울을 찾은 사신은 또 창성과 윤봉이었다. 그들은 명목상 세종의 사대를 치하하며 이에 자신이 차고 있던 허리띠 등을 선물로 하사한다는 선덕제의 칙서를 가지고 있었다. 그리고 다른 한 통의 칙서에는 다음과 같이 적혀있었다. "왕국에서 나는 여러 해산물과 맛 좋은 물고기, 그리고 표범, 큰 개, 해청, 좋은 매, 흰 매와 누런 매 등을 구해다가 가져오라."[81] 그의 약속대로 문서에 직접 요구사항을 써서 보내온 것이다.

창성과 윤봉은 버릇대로 이런저런 물자를 내어줄 것을 요구했다. 그러나 조선 측 접대 담당자들은 앞서 받은 칙서를 들이밀며, 문서에 적혀있지 않은 물자는 줄 수 없다고 버텼다.[82] 창성과 윤봉은 성을 내며 온갖 패악질을 부렸다. 이에 세종은 그가 하는 말을 하나하나 모두 기록해 두도록 지시하기도 하였다.[83]

황제의 요구사항도 점점 많아졌다. 이전과 같이 구두로 전달하는 선유를 통한 요구가 이어졌는지는 확인되지 않지만, 이제는 자신이 말한 것처럼 '어보를 찍은 칙서'에 요구하는 물품을 직접 언급하였다. 또한 명의 관원과 군인을 직접 파견하니, 조선에서 그들을 위해 각종 물품을 지급하라는 명을 내리기도 하였다. 문제는 칙서에 구체적인 항목과 수량을 지목하지 않고 다만 광범하게 "필요한[所用, 合用]" 물품을 "적당히[從宜]" 마련해 주라고만 언급했던 데 있었다. 150명에 달하는 명의 관군이 조선 땅을 거쳐 여진인들이 살던 모련위를 왕복하는 데에 소요되는 비용을 모두 지급하는 데 조선 조정은 상당한 곤욕을 치르지 않을 수 없었다.[84]

《세종실록》의 찬자는 이 무렵 조선 조정을 쉼 없이 괴롭히던 윤봉에 대한 평가를 남기면서, "황제를 기만하여 해청, 스라소니, 검은 여우 등을 잡는다는 일로 매년 우리나라에 와서 한없이 요구하여 사리사욕을 채웠다. (중략) 옛날부터 천하 국가가 어지러워지는 것은 환시宦侍로부터 말미암았는데, 사명을 받고 오는 자가 모두 이러한 무리이니 상국의 정사도 알 만하다"라고 준엄하게 꾸짖었다.[85] 또 창성에 대해서는 세종이 직접 태종 때의 황엄보다도 더 탐욕스럽다고 비난하기도 했다.[86] 세종이 선덕제를 가리켜 '멍청한 임금[不明之君]'이라고 한 것도 이런 이유 때문이었다.

사냥터의 선덕제　　사서에서 묘사한 이미지와 달리 선덕제는 사냥을 무척 즐겼던 듯하다. 그림을 자세히 보면, 그의 사냥을 수행한 이들은 모두 수염이 없다. 베이징의 고궁박물관 소장 〈상희명선종행락도축商喜明宣宗行樂圖軸〉.

5
서울과 북경에 남아있는 정반대의 기록

같은 말, 다른 글

훗날의 중국 역사가들이 인선지치를 구가했다고 높게 평가한 선덕제를 당대의 세종은 '멍청한 임금'이라고 비난하였다. 이러한 차이는 어디에서 온 것일까. 결론부터 말하자면 양측에 남겨진 기록의 차이에서 비롯되었다고 생각한다.

앞서 황제의 요구사항이 칙서에 언급된 것이 선덕 4년(1429)부터였다고 했는데, 그 첫 번째 문서는 그해 11월에 서울에 온 사신 환관 김만이 전달한 것이었다.

① 생각하건대 왕은 총명함이 특출하고 조정을 공경히 섬긴다. 앞서 사람을 보내 진헌한 해청과 매와 개는 왕의 지성을 보이기에 족하여 짐이 매우 가상히 여기고 기쁘다. 이에 내관 김만을 파견하여 칙서를

가지고 가서 왕에게 이르게 하며, 특별히 백자기 15탁卓을 하사한다. 왕국에 좋은 해청 및 농황응籠黃鷹과 큰 개가 있거든 이를 찾아서 바쳐 왕의 아름다운 뜻을 더욱 보이도록 하라. 이에 칙서로 유시하니 마땅히 나의 지극한 마음을 체득하라.[87]

이때의 칙서는 명측의 사료에도 등장한다. 그런데 대단히 흥미롭게도 그쪽에는 선덕제의 말이 반대로 기록되어 있다.《명선종실록明宣宗實錄》의 같은 해 9월 28일의 기사이다.

② 조선 국왕 이도李祹에게 칙하여 말하기를, "왕은 매년 사신을 파견하여 해청과 개를 바쳐오고 있으니 왕의 성의를 족히 볼 수 있다. 사신이 돌아감에 왕에게 자기 15탁을 하사하니 이르거든 수령하라. 왕국에 진기한 짐승이 많다고는 하나 짐이 바라는 것은 이런 것이 아니니 앞으로는 바치지 말라"라고 하였다.[88]

왕이 해청과 개를 바쳤다는 언급이나, 그에 대한 보답 차원에서 자기 15세트를 하사하였다는 점 등에서 둘은 일치한다. 시점을 두고 보아도, 선덕 4년(1429) 9월 28일에 북경에서 선덕제가 내린 명령이(②) 같은 해 11월 2일에 서울의 세종에게 전달되었다는 점(①)에서 딱 들어맞는다. 즉 두 기사는 하나의 상황을 전하는 것이다. 그러나 밑줄 친 부분, 메시지의 핵심은 정반대이다. 조선에 전달된 칙서 ①에서는 좋은 매와 개를 찾아서 가지고 오라고 하였는데, 명측에서 편찬한 실록의 기록 ②에서는 "앞으로는 바치지 말라"고 하였다.

어째서 이렇게 극명한 차이가 발생했는지는 잠시 미뤄두고, 결과적으로 어떻게 되었는지 살펴보자. 위의 칙서 ①을 접수하고 며칠 후, 조선은 이듬해 정월 초하루를 축하하러 가는 사신과 함께 자기를 하사한 데 대한 사은사를 파견하며 백황응 1마리와 농황응 7마리를 보냈다.[89] 또 조선 조정에서는 "해청은 본래 우리나라에서 나지 않는데도 황제의 요구가 한도가 없다"는 한탄이 터져나왔다. 그리고 세종은 "잡는 대로 즉시 바치라고 하는 것이 또 성지에도 있지 않았는가"라며 체념하는 듯 말했다.[90] 즉 "바치지 말라"는 황제의 지시 ②는 명측 기록에만 남아있을 뿐, 서울에는 전해지지 않았던 것이다. 게다가 사신 김만의 입을 통해 "잡는 대로 즉시 바치라"는 추가적인 메시지가 전달되었던 것이다.

기록이 상반된 데 대해 가능한 이유를 생각해 보자. 첫째, 두 통의 칙서가 있었는데, 서울과 북경에서 각각 다른 하나만 기록에 남겼을 가능성. 만약 ②의 칙서가 과연 실재했다면, 거기서 언급한 "돌아가는 사신"이란 그해 11월에 귀환한 진헌사進獻使 권도權蹈 이외에는 없다. 그는 창성·윤봉 등이 전한 황제의 구두 메시지에 응하여 앞서 열거한 준치 1,830마리 등을 배달하기 위한 사절로 파견되었다가 11월 12일에 귀환하였다.[91] 이 무렵 귀환하는 사신이 칙서를 받들어 가지고 온다면 명 사신이 올 때와 똑같이 국왕이 직접 모화관까지 나가 맞이하곤 하였다. 예컨대 바로 다음 달인 12월에도, 이듬해 4월에도 그랬다.[92] 그러나 그가 귀환한 날 국왕 등이 칙서를 맞이했다는 기록은 전혀 찾아볼 수 없다. 즉 권도는 빈손으로 돌아왔던 것이며, ②의 칙서는 존재했다손 치더라도 서울에 전해지지 않았다.

둘째, 선덕제가 처음에는 ②의 지시, 그러니까 매나 개 등은 보내지 말라는 지시를 내렸다가 얼마 못 가서 마음이 바뀌어 ①과 같이 수정한 것일까? 완전히 부정할 수는 없지만, 아무래도 그럴 가능성은 무척 작다.

그렇다면 남은 가능성은 한 가지이다. 황제의 명령은 애초부터 둘 중 하나밖에 없었는데, 조선과 명 가운데 한쪽이 거짓말을 하는 것이다. 일단 조선 측에는 거짓말을 할 동기가 없다. 게다가 앞서 보았듯 조선 조정은 실제로 곧바로 매를 바쳤으니, 조선은 용의선상에서 배제되어야 마땅하다. 범인은 명나라 쪽이다. 《명선종실록》의 위 기사는 조작되었다.

반복, 재생산된 조작

더 정확하게 이러한 조작이 과연 어느 단계에서 이뤄진 것인지, 그러니까 《명선종실록》을 편찬하는 시점에서인지, 아니면 실록의 편찬자들이 참고했을 원자료에서 이미 그렇게 고쳤는지는 현재로서는 알 수 없다. 그러나 이렇게 해서 조작된 기록은 훗날 중요한 자료에 거듭 인용되었다.

《수역주자록殊域周咨錄》은 명나라 만력萬曆 11년(1583)에 엄종간嚴從簡이란 인물이 편찬, 완성한 책이다. 그는 행인사行人司라는, 명나라의 외교 관련 실무 관청의 관리로서 외교 현장에서 오랫동안 직접 활동했던 이였다. 이 책에는 총 38개 국가 내지 종족의 역사를 간략히 개관하고, 명 건국 이래 그들과의 관계에서 있었던 주요 사건을 연대기순으로 정리해 놓았는데, 권1의 〈조선〉에는 선덕 연간의 일로는 아래의 딱 한 건만 언급하였다. 《명선종실록》의 선덕 4년을 5년으로 기록한 점에만 차이가 있을 뿐, 칙유의 내용은 완전히 동일하다.

5년(1430), 이도李祹가 사신을 파견하여 해청과 매를 진헌하였다. 사신이 돌아감에, 황상께서 왕에게 자기를 하사하시고, 이도에게 칙유하시기를, "왕국에 진기한 짐승이 많다고는 하나 짐이 바라는 것은 이런 것이 아니니 앞으로는 바치지 말라" 하시었다.[93]

명나라 말기에서 청나라 초기를 살았던 역사학자 담천談遷이 쓴《국각國権》은 역대 실록 등을 참조해서 작성한 명 일대의 편년체 사서로 당시는 물론 현재까지 널리 읽히고 있다. 그 내용은 훗날《명사》편찬에도 중요한 참고자료가 되었다고 한다. 여기서는 선덕 4년에 있었던 위의 황제의 명령을 다음과 같이 옮겼다.

왕이 근자에 그 성의를 다하여 해청과 매와 개 등으로써 원유苑囿를 채우지 않고 사신을 파견해서 가지고 와서 바쳤다. 사신이 돌아감에 왕에게 도기陶器 15세트를 답으로 보낸다. 왕국에는 괴이한 짐승이 매우 많으나, 그것들은 짐이 기르는 것이 아니다. 앞으로 (진헌을) 그만두었으면 좋겠다.[94]

구체적인 자구에는 약간의 차이가 있지만,《명선종실록》에 실린 황제의 명령과 취지는 동일하다.《명선종실록》찬자의 조작이 효과를 발휘한 것이다.

이런 식의 반복, 재생산의 결정판은《명사》조선전朝鮮傳이다.《명사》조선전에는 선덕 연간의 중요 사건으로 딱 세 건만 남기고 있다. 선덕 2년(1427)에 말 5,000필을 진헌하게 한 일, 선덕 8년(1433)에 세종이 자제를 태학에 입학하게 해줄 것을 요청했으나 이를 불허하고, 대신 성리학 서적을 하사했다는 일. 그리고 한 건이 바로 위의 명령에 관한 것이다. 선덕 4년(1429)에 세종에게 문서를 보내, "진기한 짐승은 짐이 귀하게 여기는 것이 아니니 바치지 말라"고 했다는 것이다.[95] 《명사》 조선전, 혹은 이 책의 기초가 되었을 어떤 자료를 작성한 역사가의 눈에 이 칙서가 당시의 양국 관계에서 그만큼 중요한 의미를 가진 것으로 보였던 모양이다. 그리고 이러한 취사선택, 그리고 그 이전의 조작이야말로 선덕제를 너그러운 황제로 기억하게 만드는 데 큰 공을 세웠음은 말할 것도 없다.

명의 기록 조작을 눈치챈 조선

태창泰昌 원년(1620)에 편찬된, 명 대 예부의 관할 업무 전반과 역대 사례를 총정리해 둔 《예부지고禮部志稿》라는 책이 있다. 이 책의 권90, 조공과 관련된 역대 황제의 언급을 모아놓은 부분에는 〈진기한 동물은 진헌하지 말라고 경계하다戒珍禽奇獸勿貢〉라는 제목 아래 선덕 7년의 일로 다음과 같은 일화를 전한다.

선덕 7년(1432) 11월, 조선 국왕 이도가 배신 조전趙琠·김옥진金玉振 등을 파견하여 절인 송이버섯과 매를 공물로 바쳤다. 황상이 행재예부行在禮部의 신하에게 일러 말하기를, "조선의 공헌이 번다하고 잦은데, 이는 짐이 바라는 바가 아니다. 이번에는 송이버섯과 매를 진헌하였는데, 버섯이야 먹는 물건이지만 매는 어디에 쓰겠는가. 진기한 동물은 옛사람들이 경계하던 것이다. 그 사신에게 일러 앞으로 공물은 다만 옷이나 음식, 그릇 따위의 물건으로 하고 매나 개 등의 무리는 다시는 진헌하지 말라고 하라."[96]

선덕제가 위와 같이 말했다고 하는 선덕 7년 11월이면 그가 해청과 스라소니土豹를 잡아오라고 창성·윤봉 등에게 딸려 보낸 명군 400명이 여전히 함경도 일대를 헤집고 다녀 그 일대 조선 백성들이 온갖 고초를 겪고 있던 때였다. 선덕제가 불과 반년 만에 마음을 바꾼 것일까? 아니면 속으로는 다른 생각을 품고 겉으로만 위와 같은 명령을 내렸던 것일까? 그것도 아니라면 명측의 기록자들이 없는 말을 지어낸 것은 아닐까?

흥미롭게도 위에 인용한 선덕제의 일화는 약 반세기 후에 조선에서 진위를 의심받았다. 위 일이 있었다고 하는 시점으로부터 20여 년 후인 경태 4년(1453), 경태제景泰帝는 중국 역사상 위대한 황제들의 언행 가운데 귀감으로 삼을 것과 타산지석으로 삼을 것을 모아 《역대군감歷代君鑑》이라는 책을 지었다. 여기서 경태제는 자신의 아버지 선덕제의 본받을 만한 말씀으로 위에 인용한 내용, 즉 진기한 동물은 공물로 바치지 말라는 성지를 기록해두었다. 이 책은 편찬 직후 조선에도 반포되었고, 조선 조정에서도 이 책을 새로 간행하였다고 한다.[97]

그런데 성종 대에 이 책의 교정을 보던 성숙成俶이라는 인물은 해당 기사를 발견하고서 성종에게 다음과 같이 보고하였다. "선덕제는 우리나라에 요구한 것이 대단히 번잡해서 여인을 구하고 금을 구하며 거의 빠지는 해가 없었는데, 특별히 매와 개를 면해주었다는 것은 결코 사실이 아닐 것입니다. 그런데 그때의 사관이 사실에 근거하여 직서直書하지 않았으니 어찌 후세에 경계가 되겠습니까." 그러면서 그는 조선에서 이 책을 간행할 때에는 위 기사를 삭제하자고 건의하였다.[98] 성종은 이 건의를 받아들였다고 한다.[99]

6
서울과 북경에서 바라본
선덕제의 두 얼굴

선덕제의 상반된 이미지

선덕제에 대한 후대 중국 역사가들의 평가와 동시대를 살았던 조선 조정의 평가는 판이하다. 이는 그들 각각이 선덕제의 어떠한 발언을 듣고, 선덕제의 어떤 얼굴을 보았는지에 달려있었다. 곡응태谷應泰를 비롯해서 후대의 연구자들은 선덕제의 정제된 발언, 한림원의 문사들이 초를 잡고 내각의 원로들의 조언을 얻은 후 작성되어 후대에 전해지도록 남겨놓은 문서들, 그리고 그것을 소재로 편찬된 실록을 비롯한 사서들을 토대로 그의 시대를 바라보았다. 《명선종실록》에는 놀라울 정도로 조선과의 관계에 대한 언급이 매우 단편적으로만 전해지는데, 이는 외정의 문관들이 황제가 조선에 대해 내리는 주접스러운 요구사항들에 대해 알지 못했거나, 아니면 알고 있었더라도 굳이 눈을 감아버렸기 때문은 아닐까 하는 의심을 품게 한다.

반면 조선에서는 문서 이면의 선덕제의 모습도 기록하고 또 기억하고 있었다. 조선 조정은 환관들이 구두로 전달한, 문서에 담지 않은, 아니 문서에 담지 못할 선덕제의 속마음과 즉각 시행하지 않으면 안 되는 명령들을 접하고 시행하였다. 거기에서 엿보이는 선덕제의 모습이 후대의 그것과 같을 수는 없었다. 어차피 조선의 실록은 일반인에게, 혹은 명측의 사람들에게 공개될 예정이 전혀 없었다. 그러니《세종실록》의 편찬자가 붓을 잡고 주저할 필요는 없었을 것이다. 아마도 선덕제는 조선이 표문만 잘 짓는 것이 아니라, 자신의 발언을 꼼꼼히 기록해 두고 그것을 후세에 고스란히 전할 것이라고는 생각하지 못했을 것이다.

조선 역시 명에 보내는 문서에는 좋은 이야기만 남겼다. 세종이 훙서한 후 의정부에서는 명 예부에 신문申文이라는 문서를 보냈다. 세종의 시호를 요구하기 위해 그동안의 양국 관계를 설명한 글이었다. 거기서는 앞서 살펴본 우호적인 언급들, 즉 세종의 지성사대를 칭찬하는 선덕제의 칙서를 아홉 건이나 인용하였다.[100] 이 부분만 읽어본다면 세종과 선덕제는 그 어떤 시대에도 다시 없을 대단히 친밀하고 우호적인 사이였다고 할 것이다. 공교롭게도 이 기사는 총 127권에 달하는《세종실록》편년 부분 가운데 맨 마지막에서 두 번째로 실려 있다. 맨 마지막 기사는 세종에게 시호와 묘호廟號를 올렸다는 내용인데, 그 애사哀嗣에서도, "해마다 사대하는 일을 지극히 정성껏 하였으니 천자가 돌보아주기를 매우 융숭하게 하였다. 윤음綸音으로 포장襃奬하기를 살뜰하고 친절하게 하였고 하사하여 보낸 것이 훌륭하고 두터웠다"라고 평하였다.[101]

선덕제에 대한 대표적인 평전에서는 그의 시대에 명과 조선의 관계를 서술하는 절의 제목을 '화평·수축收縮의 외교 정책, 조선 등 국가와의 우호적인 왕래'라고 하였다.[102] 아울러 평전의 필자는 선덕제가 조선을 매

우 높이 평가하고 있었다고 하며, 선덕제가 직접 지었다고 하는 다음의
시를 인용하였다.

해동의 번국은 옛 고려로,	海東蕃國古高麗,
문물과 의관이 사이四夷를 뛰어넘네.	文物衣冠邁四夷.
먼 길을 찾아와 자주 사신을 보내며,	遠道會同頻遣使,
궐정闕庭을 채우는 광주리 또한 많기도 하다.	充庭筐筐亦多儀.
또 듣자니 기자箕子의 유풍이 있어,	還聞箕子遺風在,
부여夫餘의 옛 습속도 지웠다고 하는구나.	已覺夫餘舊俗移.
후히 보내고 박하게 받는 것은 내가 힘쓰는 바,	厚往薄來吾所務,
마땅히 평양으로 하여금 함께 기쁨을 누리게 하리.	當令平壤共看熙.[103]

선덕제가 직접 지은 시, 그리고 그의 현명한 조언자들이 남긴 기록만
보아서는 이와 같은 평가에 이의를 제기하기 쉽지 않을 것이다. 그러나
조선 측이 남긴 기록은 전혀 다른 이야기를 전하고 있다.

최근에 번역, 출판된《명나라 후궁 비사》라는 책에서는《태종실록》과
《세종실록》을 꼼꼼히 활용하여 전혀 다른 황실의 모습, 조선-명 관계의
실상을 전하고 있다.[104] 대개 '비사'라고 하면 일단 의심을 품기 마련이지
만, 적어도 필자의 눈에는 이 책이 묘사한 상황이 사실에 훨씬 부합했으
리라 보인다. 이 밖에도《조선왕조실록》에 기록된 선덕제의 말과 글, 그
리고 그를 수행하러 왔던 환관 사신들의 행적을 검토한 논고들이 내린 선
덕제에 대한 평가는 전통적인 평가와는 결을 달리한다.[105]

삼양의 역할은?

맨 처음의 문제로 돌아가 보자. 곡응태는 선덕제가 삼양 덕분에 성군이
되었다고 하였다. 그 삼양은 선덕제 사후에도 조정에 남아 그의 '유지'를
계승하는 데 힘썼는데, 동시에 선덕제와 자신들이 행한 정사를 정리하는
작업에도 참여하였다. 《명선종실록》의 편찬을 책임졌던 것이다.[106] 앞서
인용한, 매와 개 등을 바치라는 지시를《명선종실록》에서는 정반대로 조
작한 범인이 그들이다.

선덕제는 삼양 덕분에 성군이 되었다. 삼양의 현명한 조언과 충실한
보좌 덕분이 아니라, 삼양의 꼼꼼한 조작 덕분이 아닐까?

삼양의 보좌　　　선덕제가 성군聖君으로 칭송받는 데에는 삼양三楊을 비롯한 어진 신하들
의 도움을 얻었다는 것이 근거가 된다. 왼쪽부터 양영楊榮, 양사기楊士奇, 왕직王直. 뉴욕의 The
Metropolitan Museum of Art 소장 〈행원아집도杏園雅集圖〉 중 부분.

4장

정통제의
등극과 반전

1
조선-명 관계는 언제 안정되었나?

명 영종 주기진

삼국부터 조선까지, 한국에서 명멸했던 왕조의 수많은 왕 가운데 왕위에 두 번 오른 이가 몇몇 있었으니 충렬왕과 충선왕, 충숙왕과 충혜왕이 그들이다. 한국에서보다 훨씬 많은 왕조가 등장하고, 제위에 오른 인물도 훨씬 많았던 중국사에도 황제를 두 번 한 인물들이 간혹 있었다. 몽골제국의 문종文宗 톡 테무르는 천력天曆 원년(1328) 11월에 제위에 올랐으나 3개월 만인 이듬해 정월에 친형 코실라에게 양위하고 자신은 황태자가 되었다가, 다시 같은 해 8월에 형의 갑작스런 죽음으로 재차 등극하여 3년간 더 황제 노릇을 했다.[1] 굳이 따지자면 청나라의 마지막 황제 선통제宣統帝(재위 1908~1912) 푸이溥儀도 1934년부터 1945년까지 만주국의 황제 칭호를 쓰고 있었으니, 두 번 황제를 했다고 할 수 있다. 톡 테무르가 권신 엘 테무르의, 그리고 만주국의 강덕제康德帝가 일본의 꼭두각시였다면, 그보다 훨씬 강렬한 인상을 남기며 두 번 재위한 황제로 명 영종英宗 주기진朱祁鎭(1427~1464, 재위 1435~ 1449; 1457~1464)을 꼽을 수 있다.

중국 역사에서는 새 황제가 즉위하거나 국가적 경사가 있을 때, 혹은 분위기를 일신할 필요가 있을 때 연호를 고치곤 했다. 따라서 한 황제의 재위 기간에도 여러 개의 연호가 쓰이기도 했다. 예컨대《수호지》의 시대 적 배경이 되는 송나라 휘종은 1100년부터 1125년까지 재위 기간 동안 건중정국建中靖國부터 선화宣和까지 6개의 연호를 썼다. 그러다가 명나라 때부터는 일세일원一世一元, 즉 한 명의 황제 재위 중에 하나의 연호만 쓰 는 것이 정착되었다. 이 책에서 명 태조를 홍무제, 태종을 영락제, 선종을 선덕제 등으로 칭한 것도 그들의 재위 기간 연호를 따서 부르는 관행에 따 른 것이다. 명·청 540여 년의 역사 가운데 이렇게 부르기에 적합하지 않 은 황제가 딱 한 명 있으니, 두 번의 재위 기간에 각각 정통正統(1436~ 1449) 과 천순天順(1457~1464) 두 개의 연호를 썼던 영종이 그다. 그래서 역사에서는 그를 가리켜 정통제, 천순제라고 부르기보다는 일반적으로 영종이라 하곤 한다. 다만 이 책에서는 그의 두 번째 재위 기간, 천순 연간 에 대해서는 다루지 않을 것이므로, 일단 정통제라고 부르겠다.

그의 인생은 두 개의 변變으로 대변된다. 첫째는 저 유명한 토목보土木 堡의 변. 정통 14년(1449), 황제가 친히 군사를 이끌고 원정에 나섰다가 적군에 생포되는, 저 장구한 중국 역사에서도 유례를 찾기 힘든 일대 사 건으로 그의 첫 번째 재위는 막을 내렸다. 딱 1년 만에 북경에 돌아온 그 의 자리는 봉천전奉天殿이 아니라 남궁南宮이었다. 자리를 비운 사이에 제 위에 오른 그의 이복동생 경태제景泰帝가 돌아온 전임 황제에게 태상황제 라는 칭호를 올리고서는 남궁에 가둬버렸다. 유폐 생활은 약 6년간 이어 졌다. 경태 8년(1457) 정월 17일, 일군의 관료들이 남궁의 문을 부수고 갇

정통제 명의 제6대 황제 영종 주기진.

혀있던 그를 탈출시켜 제위에 앉히는 쿠데타를 감행했으니, 이를 '탈문奪門의 변'이라고 부른다. 그는 그해의 남은 340여 일을 동생이 정한 연호로 부르고 싶지 않았는지 곧바로 연호를 천순으로 바꾸었다. 천순 연호는 명 영종이 38세의 나이로 사망하는 1464년까지 8년 동안 사용되었다.

이런 드라마틱한, 그러나 결코 유쾌하지 않은 삶을 살았던 탓에 영종은 중국 역사상 손꼽히는 암군으로 지목되었고, 수많은 역사학자들은 그에 대한 조롱을 아끼지 않았다. 그렇다면 그와 같은 시기를 살았던 조선에서는 그를 어떻게 보았을까? 정통제의 재위 기간은 조선 세종의 치세 후반에 해당하는데, 세종은 그에게 어떤 감정을 품고 있었을까?

14세기 후반~15세기 초반의 우여곡절

조선-명 관계에 대해서는 두 가지 명제가 고정관념처럼 굳게 자리 잡고 있다. 하나는 통시적으로 보았을 때 조선-명 관계가 한중관계 사상 가장 전형적인 조공관계였다는 것, 다른 하나는 공시적으로 보았을 때 조선-명 관계가 당시 동아시아 국제관계에서 가장 이상적인 모델이었다는 것이다.[2] 전형적이고 안정적이라는 양국 관계의 인상은, 그러나 명나라 건국 초기이자 고려 말에서 조선 초에 걸친 14세기 후반부터 15세기 초반까지의 상황과는 전혀 들어맞지 않는다.

이 시기의 양국 관계를 서술하는 데에는 '우여곡절'이라는 수사가 가장 적절하다.[3] 한 세기 이상 지속되었던 몽골제국의 패권이 무너지면서 터져나온 각종 현안이 정리되지 않은 채 양쪽 모두 왕조가 교체되면서 한중관계는 상당한 진통을 겪어야 했다.[4] 공교롭게도 1398년에 두 태조가 거의 동시에 권좌에서 내려오면서 양국 관계는 전환을 맞이했다. 건문建文 연간(1399~1402)의 조정 기간을 거쳐 역시 비슷한 시기에 양쪽 모두 태종이 즉위하면서 양국은 일단 노골적인 적대 행위는 멈추었다. 아버지 대의 분쟁과 불안은 말끔히 해결되었다기보다는 적당히 봉합되었다.

그러나 갈등의 불씨는 여전히 남아있었다. 영락제가 일으킨 쿠데타 와중에 수만 명에 달하는 명나라의 패잔병들이 압록강을 건너 조선으로 들어오는 바람에 그들의 송환을 두고 10년 가까이 줄다리기가 이어졌다. 여진에 대해서는 명과 조선 모두 군침은 흘리면서도 완전히 자기편으로 묶어놓지 못한 채였던 탓에, 양쪽은 서로에게 쉼 없이 견제구를 던지고 있었다. 이런 문제가 잠복해 있었지만, 어쨌거나 양국은 서로를 직접 위협하지는 않았다. 대체로 조선 측이 저자세 전략으로 일관하면서 명과의 관계를 온건하게 유지하고자 애썼고, 명측도 요동 일대로 진출을 시도하면서 그 배후의 조선과는 안정을 유지하는 것을 우선의 과제로 삼았다. 그리고 그때부터 명이 퇴장하는 17세기 중반까지는 양국 사이에 큰일이 없었다. 안정적이고 전형적인 관계가 비로소 시작되었다고 해도 좋다.

조선-명 사신 왕래의 빈도

꽤 긴 우여곡절 끝에 15세기의 어느 시점에 이르면 양국 관계가 안정되었다는 것은 통설적인 이해이다. 그렇다면 그 시점은 정확히 언제일까?

지금까지의 연구에서는 조선-명 관계가 15세기를 거치면서 안정되었다는 데에 대체로 일치된 견해를 보이고 있다.[5] 그러나 조선과 명 두 나라가 공존했던 기간이 약 250년 정도였음을 염두에 둔다면, 그 가운데 한 세기를 '거치면서' 양국 관계가 안정되었다는 평가는 지나치게 무디다. 조금 더 구체적으로는 조선 태종 대,[6] 혹은 세종 대를 변화의 기점으로 평가하기도 하고,[7] 또 어떤 연구에서는 성종 대를 그 기점으로 잡기도 한 다.[8] 조선 태조 대에 군사적 대치까지 치달았던 갈등이 태종 대까지 긴장 상태로 이어지다가, 세종 대에 이르러 조선이 지성사대의 태도를 보이면 서 명의 선진 문물 수용을 위한 문화 교류에 집중하게 되었고, 성종 대 이 후가 되면 국초의 긴박했던 난제가 모두 해결되면서 양국 관계가 완전히 안정화되었다고 파악한 것이다.

이와 같은 평가는 조선 세종, 그리고 성종 재위 기간에 대한 긍정적인 평가와 맞물려 폭넓은 지지를 얻고 있다. 그리고 이러한 이해는 양국의 사신 왕래 빈도를 보여주는 다음과 같은 자료를 중요한 근거로 제시하곤 하였다.[9]

〈표 1〉을 보면 태종 대부터 세조 대까지는 매년 대략 7회 정도의 사신

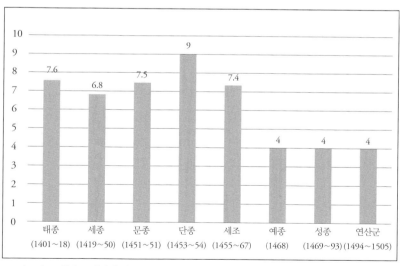

〈표 1〉 15세기 조선에서 명에 파견한 사신의 연간 평균 횟수(조선 국왕 재위 기간 기준)

을 명나라에 보내다가 예종 대(1468) 이후로는 4회로 급감하는 현상을 읽을 수 있다. 15세기 조선-명 관계는 태종 대(1402~1418)부터 세조 대(1455~1468)까지의 초중반과 예종 즉위 이후의 후반이 나뉘는 것이다. 건국 초에는 수많은 현안을 둘러싸고 빈번하게 사신을 파견하다가, 시간이 가면서 문제들이 점차 해소되자 15세기 후반에는 매년 세 차례의 정기적 사신 이외에 비정기적 사절은 거의 사라지게 되었다는 서사를 구성할 수 있다.

〈표 1〉은 가로축을 조선 국왕의 재위 기간으로 설정하였다. 그런데 같은 데이터를 명 황제의 재위 기간별로 바꾸어 보면 〈표 2〉와 같다. 여기에서 확인되는바, 조선 사신 파견의 빈도는 영락, 홍희 연간과 선덕 연간이 다른 시기에 비해 월등히 높았다. 홍희 연간이라고 해봐야 한 해에 지나지 않으며, 그해에는 홍희제가 붕어하고 선덕제가 즉위하는 일이 있어, 그와 관련된 사신이 많이 파견되었던 까닭에 예외로 치더라도, 영락 연간 20여 년과 선덕 연간 10년 동안 각각 7.6회와 9회의 사신이 남경, 혹은 북경을 찾았으니, 매우 빈번했다고 할 수 있다. 그러다가 정통 연간

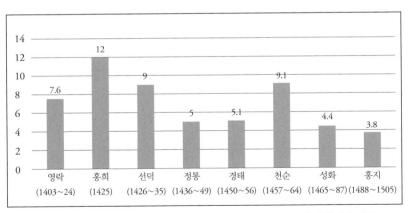

〈표 2〉 15세기 조선에서 명에 파견한 사신의 연간 평균 횟수(명 황제 재위 기간 기준)

에 들어서 그 횟수는 급격히 줄어들었다. 천순 연간의 짧은 예외를 제외하고는 15세기의 후반에는 매년 5회, 혹은 그 이하의 사신만이 파견되었으니, 초반과 비교하면 크게 줄어든 셈이다. 즉 조선-명 관계 전체 가운데서 영락~선덕 연간이 매우 이례적이다.

사신 왕래의 빈도를 두고 변화를 논한다면, 변화의 분기점은 분명히 정통제가 즉위한 시점이라고 볼 수 있다. 이와 같은 변화는 명측에서 조선에 사신을 파견한 빈도를 살펴보면 더욱 극적으로 드러난다. 〈표 3〉을 보자. 여기서도 명확히 드러나듯이 영락~선덕 연간에는 명의 사신이 연평균 2회에 가까울 정도로 자주 서울을 드나들다가 정통 연간 이후로는 0.5회 안팎으로 확연히 줄어드는 경향이 보인다. 역시 정통제 때부터 분명한 변화가 감지된다.

이러한 현상은 《세종실록》을 통독했을 때 읽어낼 수 있는 변화상과도 일치한다. 선덕제 재위 10년 사이에 명에서는 총 17차례나 사신을 파견하여 조선 조정에 젊은 여성들을 비롯해서 많은 사람과 동물, 음식물 등을 요구하였다. 그들은 한 번 오면 서너 달은 기본이고, 길게는 반년 이상

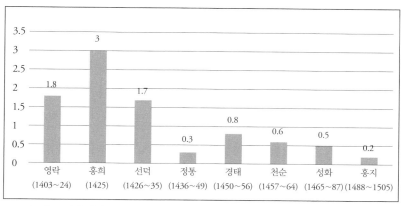

〈표 3〉 15세기 명에서 조선에 파견한 사신의 연간 평균 횟수(명 황제 재위 기간 기준)

서울에 머물면서 각종 물자를 뜯어냈다. 명측의 요청에 응하기 위해 조선 측에서도 연평균 9회씩이나 사신을 파견해야 했다. 따라서 세종 17년 (1435)까지의 《세종실록》 기사 가운데에는 대명관계 기록이 매우 자주, 그리고 상당히 길게 등장한다.

반면 정통제 재위 14년 동안에는 명의 사신이 단 4차례 서울을 방문하는 데에 그쳤다. 그중에서도 정통제 즉위년에 두 차례, 마지막 해에 한 차례가 있었으니, 중간의 10여 년 동안에는 딱 한 차례밖에 칙사가 오지 않았다.[10] 세종은 재위 전반기에 자신을 괴롭혔던 명 사신 접대 문제를 후반기에는 거의 고민하지 않았다고 해도 무방하다. 당연히 조선 사신의 파견 횟수도 격감하여 연평균 5회로, 거의 반으로 줄었다. 사신단은 대부분 정기적이고 의례적인 목적을 띠고 있었을 뿐이었다. 선덕제 때와 같이 명측의 구체적인 요구에 응해 매나 사냥개, 각종 해산물, 그리고 공녀나 화자를 보내야 하는 일은 더는 없었다.

황제의 개인 성향과 조선-명 관계

여기서 다시 조선과 명의 관계가 안정된 시점은 언제였나 하는 문제로 돌아가보자. 만약 안정이라는 말의 의미를 적대관계가 아니라 서로 우호적인 상황을 연출하였던 것으로 이해한다면, 그러한 안정은 15세기와 함께 시작되었다고 할 수 있다.[11] 그런데 안정을 별다른 문제 없이 현재 상태를 유지하며 평온하게 지내는 것으로 정의한다면, 그 시점은 세종 대 중반이 될 것이다. 더 정확히는 1435년, 명에서 정통제가 즉위한 시점이 분기점이 됨은 위의 〈표 2〉와 〈표 3〉이 분명하게 보여준다. 즉 15세기 전체

를 놓고 보면 앞의 3분의 1과 뒤의 3분의 2가 뚜렷한 대비를 이룬다.[12]

　이 장에서는 1435년에 조선–명 관계가 급격히 전환된 전후의 상황을 살피며, 명의 황제가 선덕제에서 정통제로 바뀐 사실이 거기에 결정적인 영향을 끼쳤음을 논증할 것이다. 나아가 조선–명 관계에서 황제 개인의 성향이 중요한, 나아가 때로는 가장 결정적인 변수였음을 밝힐 것이다. 고려와의 관계를 직접 손아귀에 장악하려 했던 홍무제, 요동으로의 확장을 꿈꾸었던 영락제, 조선의 여성과 음식에 흠뻑 빠져있던 선덕제와 달리, 9세의 나이로 즉위한 정통제는 조선에 큰 관심을 두지 않았다. 이것이 양국 관계가 무사하게 전개되는 데에 직접적이고 거의 결정적인 이유가 되었다는 것이다.

2
외교의 전면에 선 황제와 환관들

국가적 현안에 관한 황제의 무신경함

영락제와 선덕제는 모두 조선의 사람과 물자에 관심이 많았다. 영락 연간 중반, 정확히는 태종 9년(1409) 5월에 처음으로 처녀를 보내라는 요구가 있은 이후로,[13] 한동안 조선과 명 사이에서 주된 현안의 대부분은 황제의 사적인 요구사항의 실현에 관련된 것이었다. 이후 조선은 영락제에게 3 번, 선덕제에게 2번에 걸쳐 총 16명의 처녀를 보냈다.[14] 그때마다 길게는 서너 달에 걸쳐 전국에 금혼령이 내려지고, 국왕이 직접 처녀 간택에 나서기도 하였다. 영락제와 선덕제 모두 처녀와 함께 조선 출신의 화자를 보낼 것을 여러 번 요구하였다.[15] 결국 조선에서는 총 15차례에 걸쳐 200 여 명의 화자를 명에 보내야 했다.[16] 영락제와 선덕제는 조선 식재료와 조리법, 춤과 노래를 좋아했던지, 자신의 입맛에 맞는 해산물을 바칠 것을 빈번하게 요구했으며, 조선인 요리사를 보내라고 지시하기도 하였고,

가무를 할 줄 아는 여자아이를 찾기도 하였다.[17] 흥미롭게도 영락제와 선덕제 모두 죽기 전에 조선에 마지막으로 내린 명령은 조선 음식을 만들 줄 아는 요리사를 보내라는 것이었다.[18] 이에 못지않게 명과의 관계에서 조선이 곤란을 겪었던 것은 매나 사냥개, 스라소니와 같은 동물을 보내라는 것이었다. 특히 선덕제는 재위 기간 내내 거의 매해 조선에 사신을 보내 해청을 비롯한 각종 매를 보내라고 종용하였다. 이에 응하느라 조선 조야가 겪은 고통은 형언하기 힘들 정도였다.

물론 영락~선덕 연간, 즉 15세기 초반 동안 조선과 명의 관계가 이 일로만 점철되었던 것은 아니었다. 양국 사이의 최대 현안은 요동의 향배를 둘러싼 것이었다. 몽골제국의 붕괴와 함께 요동 일대는 힘의 공백 지대가 되었는데, 조선과 명 양쪽 모두 여기에 영향력을 행사하고 싶어했고, 그럴 만한 이유가 있었다. 철령위 설치 문제, 만산군 송환 문제, 여진 집단에 대한 관할권 문제 등이 모두 이와 얽혀있었다. 결과적으로는 명의 패권이 발휘되기는 하였으나, 조선도 손을 놓고 있지만은 않았다. 특히 선덕 연간 후반에는 건주여진 문제로 양국 국경 사이가 시끌시끌했다. 당시 조선 측은 선도적으로 여진 집단을 공격했는데, 상대가 되었던 여진의 수장들이 이미 명 정부로부터 군직을 받았던 상황이었으므로, 이 군사 행동은 양국 사이에 갈등으로 이어질 소지가 다분했다.[19] 거의 같은 시기에 조선은 4군 6진으로 대표되는 북방 경계 개척을 추진하였는데, 이 역시 명과의 갈등을 예고할 만한 사안이었다.

그러나 이와 같은 '국가적'인 것으로 보이는 사안에 대해 의외로 선덕제는 민감하게 반응하지 않았다. 이 문제를 처리하기 위해 선덕제는 재위 말년에 세 차례의 칙사를 보냈으며, 황제의 지시에 조선 측은 대체로 순응하는 태도를 취했다. 그러나 조선 조정이 지레 우려했던 만큼의 심각한 질책은 없었으며, 상황이 갈등 국면으로 이어지지도 않았다. 이 무렵 선덕제는 여전히 조선에 두부를 만들 줄 아는 요리사를 보내라는 지시를 내리고 있었다.

황제의 복심, 환관들

정리하면 영락~선덕 연간에는 여진 문제 등 큰 갈등으로 이어질 수 있는 국가적 현안이 없지 않았으나 적어도 사신을 주고받으며 양국 조정이 본격적으로 논의한 사안은 이에 대한 것이 아니었다. 황제의 사적인 취미 활동, 개인적인 기호를 맞추는 일이 더 중요한 현안이었다고 해도 과언이 아니다. 그리고 이를 수행한 것은 거의 언제나 황제의 복심으로 활동하던 환관들이었다. 영락~선덕 연간에 조선-명 관계는 그들이 주도하고 있었다.

명측 사신단의 구성만 보아도 그것을 알 수 있다. 영락 연간 22년 동안 명에서 조선에 사신을 파견한 것은 총 40회였는데, 그 가운데 요동에서 파견되어 온 3차례를 제외하면 중앙 조정에서 파견된 것은 37회였다. 여기서 다시 여진 지역을 향해 가다가 서울에 잠시 들른 한 사례를 제외하면 전체 36회의 사신단 가운데 단 한 사례만을 제외하고는 모두 환관이 포함되어 있었다. 중앙정부의 조관만으로 구성된 사신단은 세종 2년(1420)에 정종定宗의 제사를 지내주기 위해 파견된 사신이 유일했다.

선덕 연간에도 다르지 않다. 선덕제 재위 10년 동안 17차례의 사신단이 서울을 방문했는데, 이 중 북경에서 출발한 사신단은 13회였고, 나머지 4회는 요동의 군관이 급한 연락을 위해 파견된 것이었다. 이들 13회 가운데 조관만으로 구성된 사신단은 단 2회에 지나지 않는다. 영락~선덕 연간을 종합하면 중앙정부에서 서울에 파견된 사신 49회 가운데 46회, 94퍼센트의 사신단에 환관이 구성원으로 참여하고 있었다.

《태종실록》과 《세종실록》을 한번 훑어보면, 조선의 조야가 명에서 온 환관 칙사들을 대접하고 그들의 요구조건을 맞춰주느라 얼마나 고심에 고심을 거듭하고, 또 수모를 겪었는지를 쉽게 느낄 수 있다.[20] 《세종실록》에서는 사평史評을 통해 선덕 연간에 자주 서울을 찾았던 조선 출신의 명 환관 윤봉을 언급하며, "옛날부터 천하 국가가 어지러워지는 것은 환시宦侍로부터 말미암았는데, 사명을 받고 오는 자가 모두 이러한 무리이니 상국의 정사도 알 만하다"라고 비난하였다.[21]

환관들에 둘러싸인 선덕제　　　　선덕제가 궁중에서 놀이하는 모습을 그린 〈명선종행락도明宣宗行樂圖〉 중 일부분이다. 그는 여가 시간의 많은 부분을 환관들과 어울려 놀이하는 데 쏟았던 듯하다. 베이징의 고궁박물원 소장.

북경에서 환관의 외교적 역할

영락~선덕 연간의 조선-명 관계에서 명 환관들은 서울뿐만 아니라 북경
에서도 맹활약했다. 조선에서 사신이 파견되면 거의 항상 환관들을 만나
보았다. 환관들은 조선 사신의 편에 서한을 부쳐 황제의 은밀한 요구사항
을 전달하기도 하였다. 예컨대 세종 8년(1426)에는 그에 앞서 윤봉이 전
한 황제의 말에 따라 공녀를 선발해 둔 상황이었는데, 다시 윤봉이 보낸
서한에 따라 새로 처녀 간택을 시작하였다.[22] 정부의 공식 문서를 보내기
에 앞서 황제의 뜻을 먼저 전달하는 일도 있었다. 세종 9년 2월, 역시 윤
봉은 말 5,000필을 교역하고자 한다는 선덕제의 성지를 조선 사신 편에
전달하면서, 칙서는 곧 도착할 것이라고 알렸다. 그의 말대로 실제 칙서
가 전달된 것은 그로부터 두 달 뒤의 일이었다.[23]

환관들은 조선의 최고 관심사에도 깊이 개입하였다. 예컨대 국가적 대
사였던 세자의 명나라 방문 문제도 그러했다. 영락제 때 태종은 세자, 훗
날의 양녕대군讓寧大君을 남경에 보내 황제에게 선보인 일이 있었는데, 당
시 조선과의 외교에 깊숙이 개입하고 있었던 황엄은 그 일을 총괄하다시
피 하였다.[24]

선덕제 때도 마찬가지였다. 세종 9년, 세종은 당시 사신으로 서울에 와
있었던 윤봉과 세자의 북경 방문 문제를 처음 의논하기 시작했다. 황제가
조만간 남경으로 순행을 떠난다는 소문이 있는데, 세자는 언제 보내는 것
이 좋겠냐고 물었던 것이다. 윤봉은 이듬해 정월 초하루 무렵에 오면 좋
겠노라고 날짜를 점지해 주었다.[25] 북경으로 돌아간 윤봉은 선덕제에게
이 사실을 보고하였고, 그와 별개로 서울에서는 세자 조현朝見 준비가 한
창이었다. 결국 이 사안은 황제가 오지 말라는 명을 내림으로써 중단되기

는 했으나,[26] 이 일화를 통해 당시 양국 관계에서 최대의 이벤트가 되었을 세자 조현을 윤봉이 책임지고 관장하고 있었음을 알 수 있다.

훗날의 일이지만 세조 2년(1456)에도 세자 입조 논의가 한창 진행되어 출발 준비를 마쳤다가 역시 황제의 명으로 중단된 바 있다. 이 논의가 시작된 시점 역시 윤봉이 사신으로 와서 세조의 고명誥命을 전달하고 돌아간 직후였다.[27] 명확한 언급은 없으나 윤봉의 은근한 권유가 있었던 것은 아닐까 의심해 볼 만한 장면이다. 당시 황제 경태제는 보고를 받은 즉시 예부에 그 가부를 논하게 하였다. 당시의 예부상서 호영胡濙은 불가하다고 건의하였고 황제는 이를 그대로 승인하여 조선 측에 전달, 결국 입조 계획은 무산되었다.[28] 경태제의 조정에서는 조선 문제를 처리함에 환관의 입김보다 예부, 내정의 비공식 경로보다 외정 관료들의 공식적인 의견이 더 크게 작용하게 되었던 상황을 엿볼 수 있다. 이때 예부상서 호영은 선덕 원년(1426)부터 30년째 줄곧 예부의 책임자를 맡고 있었는데, 선덕제 후기인 세종 14년(1432)에는 "황제께서 여러 신하의 말을 듣지 않는다"고 투덜대었다는 일화가 전한다.[29] 대조선 외교를 환관들이 독점하고 있던 상황과 그렇지 않은 때에 달라진 예부상서의 위상을 실감하게 하는 장면이다.

로비스트 환관

선덕 연간에 환관들이 대조선 업무를 전반적으로 장악했음을 보여주는 조금 더 구체적인 사례로 세종 13년(1430)부터 이듬해까지 있었던 조선과 명 사이의 소 무역 논의를 살펴보자. 명은 몽골제국 붕괴 시기의 혼란을 딛고 요동을 차지한 후 이 일대를 착실히 개발하고 인구를 안착시키고자 하였다. 그러기 위해 그 일대에서 둔전을 실시하고 농업을 장려하였는데, 그러자니 자연 소가 많이 필요했다. 조선 건국 직후부터 명측에서 소 무역을 요구하려는 움직임이 있었는데, 조선 측에서 응하지 않아 유야무야된 일이 있었다.[30] 그로부터 10여 년 뒤, 태종 4년(1404)에는 영락제의 요구에 따라 조선 측에서 두 달 만에 소 1만 마리를 요동으로 보낸 적도 있었다.[31]

선덕제 때인 세종 13년(1430, 선덕 5) 정월, 요동 측에서 소 무역을 건의하였고, 황제도 이를 승인하였다는 소식이 서울에 전해졌다.[32] 당시 조선에도 농사지을 소는 넉넉하지 않았으므로 조선 군신들은 이 소식을 결코 달가워하지 않았다. 그러나 황제가 한번 결정을 내린 이상 아예 할 수 없다고 버티기란 어려운 노릇이었으니, 어떻게 하면 그 수효를 줄일 수 있을지를 궁리하였다. 그런데 요동의 건의가 곧바로 시행되지는 않았는지, 그해 연말까지는 조선에 소 무역을 요청하는 어떠한 공식적인 언급도 전달되지 않았다.

이에 세종은 그해 10월, 당시 서울에 와있던 사신 윤봉에게, 조선에 소가 적다는 말을 황제에게 전해달라고 부탁했다. 당시 명 조정에서 한창 추진 중이던 소 무역을 중단시켜 달라는 조선의 청원을 윤봉의 입을 빌려 황제에게 전하려고 했던 것이다. 물론 공짜는 아니었다. 세종이 "무엇으로써 그를 달래야겠는가?"라고 물은 데 대해 황희가 답한 대로, 윤봉에게 은밀히 마포 70필을 건넸다.[33] 윤봉은 자신이 돌아가서 조선에 소가 나지 않는다고 힘주어 말해보겠노라고 큰소리를 쳤다. 조선 조정의 청탁을 받은 윤봉은 기다렸다는 듯이 청구서를 내밀었다. 자신이 늙어서 본국으로 돌아와 살고자 하니 자신을 위한 전원田園을 마련해 달라는 것이었다. 세종은 직접 사신 창성과 윤봉에게 요동의 요구를 잘 무마해 줄 것을 부탁하였다. 창성은 과거 조선에서 매년 금과 은을 조공으로 바치던 것을 면제해 준 일도 자신이 대신 아뢰어 황제가 승인해 준 것이었다고 공치사를 하며, 이번 문제에 대해서도 걱정하지 말라고 호언장담했다.[34]

　이듬해 4월, 윤봉은 북경에 사신으로 왔던 자기의 친족을 불러다가, 자신이 황제께 조선의 어려움을 아뢰어 소 무역 추진을 중단시켰노라고 은밀하게 떠벌렸다.[35] 그러나 윤봉의 말, 혹은 윤봉의 기대와는 달리 선덕제는 결국 요동의 주청을 받아들여, 조선에 소 교역을 요청했다. 그런데 이때 전해진 칙서는 두 통이었다. 하나는 요동의 주청을 그대로 인용하여 교역 규모를 1만 필로 못박는 내용이었다. 그러나 다른 한 통의 칙서에서는 곧바로 요구조건을 정정했다. 거기서는 "지금 왕이 아뢴 말을 들어보고 나라에 (소의) 생산이 많지 않다는 것을 짐이 잘 알았다. 현재 있는 것만 보내서 교역하고 나머지는 그만두어라"라고 하였다.[36] "국왕이 아뢴 말을 들어보고[得王奏]"라고 하였는데, 소 무역을 공식적으로 지시한 것이 이때가 처음이었던 만큼 조선 측에서도 정식으로 주본을 올려 그 어려움을 호소한 적은 여태 없었다. 즉 선덕제가 '들은' 국왕의 상주라 함은 역시 창성·윤봉의 입을 통해서 전달된 것이다.

　어쨌든 걱정하지 말라고 큰소리를 쳤다가 머쓱해진 창성과 윤봉은 궁색한 변명을 하기도 했다. 자신이 황제에게 상주하여 중단을 허락받았으나, 그 뒤에 마침 자신이 없을 때 결정이 나는 바람에 손쓰지 못하였다고 말이다.[37] 이 사안은 선덕제가 처음 요구한 1만 마리에는 다 미치지 못하는 6,000마리를 보내는 것으로 결론이 났다.[38] 결국 창성과 윤봉의 말처럼 소 무역 요구를 완전히 중단시키지는 못했지만, 그들의 입을 빌려 조선의 입장을 전달하려 했던 시도 자체는 어느 정도 성공을 거두었다. 환관들의 로비 활동이 통할 수 있었던 것은 그들이 명의 대조선 업무를 전반적으로 장악하고 있었기 때문이었다.

조선의 민원 창구

조선 조정은 명과의 관계에서 오랜 숙원을 해결하는 데 환관들의 입김을 활용하기도 했다. 대표적인 것이 금은 세공歲貢을 면제받는 일이었다. 이념적으로 조공이란 제후가 자신의 재량에 따라 품목과 액수를 정해 보내는 것이었다. 그러나 과거 고려 우왕 때에는 홍무제가 고려를 강력히 압박하며 대량의 물자를 세공이라는 명목으로 뜯어낸 일이 있었다.[39] 그것이 중단된 이후로도 고려와 조선은 명과 외교관계를 맺기 시작한 이래 지속했던 1년에 세 차례, 즉 새해 첫날, 그리고 황제와 황태자의 생일에 맞추어 축하 사신을 파견했다. 문제는 그때마다 명에 보내는 선물에 금과 은으로 만든 각종 기물器物이 포함되어 있다는 점이었다. 정확히 언제부터 시작되었는지는 알 수 없으나, 조선과 명의 관계에서는 금은 그릇 선물이 어느 정도 고정되었던 것 같다. 《태종실록》에 따르면 태종 17년(1417)에 보낸 양은 금 150냥, 은 700냥이었다. 그 가치를 당시 가격으로 환산하면 정포正布 21,300필, 쌀로는 5,680석에 해당하는 것으로 조선 측에 매우 큰 부담이 되었다.[40]

이에 조선에서는 금은 공납을 면제해 줄 것을 명에 요청하였다. 첫 번째 시도는 태종 9년(1409)에 있었는데, 이때 조선은 이 청원의 상대로 예부상서 조공趙羾을 택했다. 그러나 외조의 조관을 교섭 상대로 택한 것은 조선의 실책이었다. 그의 답변은 매우 쌀쌀맞았다.

설미수가 경사京師에 이르러 예부에 가서 금은을 면제해 줄 것을 요청하는 자문을 제출하였다. 며칠 후 상서 조공이 설미수를 보고는 성을 내며 마구 욕하고 또 말하기를, "너희 나라는 황제의 은혜를 특별히 두텁게 받고 있으니 이런 청을 할 수는 없다"라고 하였다. 결국 비문批文을 설미수에게 보여주며 말하기를, "나는 현재 황제의 명령을 받아 산서山西 등으로 가서 공무를 처리하려는 참이다. 네가 문서를 보내와서는 너희 나라에 금은이 나지 않는다며 다른 물건으로 대신 조공하고자 한다고 한다. 이는 홍무 연간의 옛 제도에 어긋나는 바가 있으니 나는 감히 너와 함께 상주할 수 없다. 네가 상주하고 싶거든 내일 아침에 스스로 상주하라. 우리 예부는 너희의 심부름이나 해주는 곳이 아니다"라고 하였다.[41]

예부상서 조공은 조선을 위해 대신 황제에게 주청해 줄 의사가 없음을 분명히 밝혔다. 예부는 조선의 '심부름이나 해주는 곳借儁的'이 아니라고 쏘아붙였다. 이렇게 첫 번째 시도는 물거품으로 돌아갔다.

세종 2년(1420)의 두 번째 시도 때는 좀 더 필사적이었다. 이 임무를 맡은 것은 영락제의 후궁이 된 조선 출신 공녀 한씨의 오라비인 한확韓確이었다. 당시 조선이 꺼낼 수 있는 최고의 외교 카드를 내민 것이었다. 그런데 이때에는 함께 올린, 종이를 진헌한다는 내용의 주본에 날짜를 써넣지 않는 어이없는 실수를 저질렀다. 이 일은 황제의 진노를 샀고, 결국 금은 세공 면제 요청은 꺼내보지도 못했다.[42]

세 번째 시도는 세종 11년(1429)에 있었다. 이때는 환관 창성과 윤봉이 각각 세 번째와 네 번째로 해마다 서울에 와서 처녀뿐만 아니라 노래를 잘하는 여인, 요리를 잘하는 여인, 화자 등을 대거 요구하고 있을 때였다.

세종은 선덕제의 요구를 한 번도 거스르지 않았고, 창성과 윤봉은 매번 사명을 완수하고 있었다. 그뿐인가. 수수료도 넉넉하게 챙기고 있었다. 이제 조선은 '심부름을 해줄' 이를 찾았다. 사신단이 돌아갈 무렵, 정부에서는 본격적으로 금은 공납 면제 요청 문제를 논의하기 시작하였다. 주청사로 선발된 것은 태종의 서자인 공녕군恭寧君 인祖과, 이미 스무 번 가까이 명에 사신으로 다녀오면서 영락제와 선덕제의 총애를 받은 바 있던 원민생元閔生이었다.[43]

사신단이 파견되고서 석 달쯤 흐른 뒤 황제가 이를 승인했다는 소식이 전해졌다. 조선의 건의를 접수한 선덕제는 6부로 하여금 이를 논의하게 하였다. 당시 외정의 최고위직인 이부상서 건의蹇義는 이것은 홍무제가 만들어놓은 법이므로 개정할 수 없다는 의견을 개진하였다. 그러나 황제는 조선이 지성으로 사대하고 있음을 들어 이를 허락하였다고 한다.[44] 황제가 언급한 조선의 지성사대란, 외정의 신료들은 잘 알지 못했을 조선 출신의 여성들, 그리고 조선의 정갈한 음식들을 통해 드러났을 것이다. 그리고 이는 환관들의 손에 의해 북경에 전달되었고, 그들의 입을 통해 황제의 귀에 들어갔을 것이다. 실제로 윤봉과 창성은 금은 세공 면제 과정에서 자신들이 힘을 써주었음을 힘주어 말하였고, 조선 정부도 이를 부인하지 않았다. 물론 말로만 공치사를 한 것으로 그치지는 않았다. 둘 모두에게 상당한 양의 물품을 선사했음은 말할 것도 없다.[45]

민감한 정보의 교환 루트

한편 환관들은 서울과 북경의 궁정을 비교적 자유롭게 드나들며 보고 들은 내용을 가감 없이 전달하기도 했다. 예컨대 태종 6년(1406)에 주문사奏聞使로 파견되었던 이현李玄은 북경에서 조선 출신의 환관 정승鄭昇을 만났는데, 그는 조선의 동북면에 태조의 사위가 살고 있다는 풍문에 관해 물었다고 한다.[46] 조선의 승려 두 사람이 와서 전한 말에 따른 것이었는데, 이는 조금 확대 해석하자면 잠재적인 왕위 계승자의 존재를 물은 것이다. 태종은 이 소식을 듣고 고려 말의 윤이尹彛·이초李初 사건을 떠올릴 정도로 긴장했다고 한다. 윤이·이초는 몰래 명으로 넘어가서 홍무제를 만나 공양왕과 이성계를 모함한 자들이었다. 국왕의 주본과 황제의 칙서, 국왕과 예부 사이의 자문과 같은 공식적인 문서에서는 결코 담을 수 없는 민감하고 미묘한 사안을 환관이 거론하였던 점이 인상적이다.

비슷한 상황은 사실 반대 방면에서도 연출되었다. 세종 10년(1428), 사신으로 왔던 윤봉은 세종, 그리고 자신을 접대하러 온 지신사知申事 정흠지鄭欽之를 접견한 자리에서 "홍희 황제와 지금의 황제는 모두 노는 것을 좋아합니다", "홍희는 주색에 빠져 정사를 보는 것이 때가 없어 백관들이 아침저녁을 가리지 못하였으며, 지금 황제는 궁중에서 잔치를 벌이고 늘 잡스러운 장난을 일삼습니다"라고 털어놓았다고 한다.[47] 또 한번은 세종에게 선덕제의 흉을 보기를, "황제가 유희를 좋아하여 열흘이 지나도록 황태후를 뵙지 않고, 또 후궁들이 질투하여 궁인이 낳은 아이를 몰래 서로 죽였습니다. 황태자도 경솔하고 방정맞습니다"라고 털어놓기도 하였다.[48] 조관들은 잘 알지도 못했고, 알아도 절대 입에 담을 수 없는 이야기였다. 당연히 명측 사서에서도 찾아볼 수 없는 인물평이다. 황제를 바로 곁에서 모시던 환관만이 알 수 있고, 또 조선 출신이었기 때문에 통역 없이 전할 수 있는 이야기였다.

윤봉이 이런 말을 했다는 사실을 자금성에서 알았다면 그는 결코 목숨

선덕제의 놀이　　　조선 출신 환관 윤봉은 선덕제가 "늘 잡스러운 장난을 일삼는다"고 했다. 명나라 궁정 화가 상희商喜가 그린 이 그림에서 선덕제는 환관들과 함께 투호, 골프, 폴로, 족구, 활쏘기 등 '잡스러운' 놀이를 하고 있다. 베이징의 고궁박물원 소장 〈명선종행락도明宗行樂圖〉.

197

을 부지할 수 없었을 것이다. 이런 내밀한 발언을 담은 《세종실록》은 윤봉이 천수를 누리고서도 400여 년이 지난 후에야 빛을 보게 되었으니, 그의 입장에서라면 다행이라 하겠다. 일찍이 홍무제는 "내가 사람을 보낼 때는 한아인漢兒人을 보내지 않고 모두 너희 나라 사람으로 하였다. 너희가 우리 사정과 동태를 묻는다면 그가 감히 너에게 말하지 않을 수 없을 것이다"라고 한 바 있는데, 그의 말이 과연 틀리지 않았던 것이다.[49]

영락~선덕 연간에 환관들은 자신이 황제 가까운 곳에 있으며, 따라서 자신들이 나서야지만 일이 성사될 것임을 드러내놓고 과시하였다. 예컨대 황엄은 "다른 사람은 황제 앞에서 모두 아뢸 수 없지만 나는 그렇지 않습니다"라고 한 바 있고,[50] 창성은 "나는 어려서부터 자라기까지 천정天庭을 가까이서 모셨다"고 거들먹거리기도 하였다.[51] 이들의 말이 과장이 아님은 조선 측에서도 잘 알고 있었다. 세종 대의 허조許稠는 "지금 (명) 조정의 정령政令이 조관을 거치지 않고 모두 사례감司禮監에서 나오고 있습니다"며 환관 사신들의 비위를 거스르지 말 것을 건의하였고,[52] 김종서 등도 "중국에서 환시宦寺를 임용하고 엄인들이 권력을 휘둘러, 우리나라가 오직 이들을 통해서만 성의를 전달하고 있습니다"라고 했으며,[53] 맹사성 등도 "우리나라의 사대지성이 반드시 이들을 통해서만 황제에게 전달되고 있습니다"라고 했다.[54] 또 세종 자신도 "우리나라에 관한 일을 (명) 조정에서는 창성에게 전담시키고 있다"며 개탄하기도 했다.[55]

이처럼 영락제와 선덕제가 조선과의 관계를 통해 실현하고자 했던 가장 중요 현안이 대부분 자신의 개인적 기호를 맞추는 일이었다. 그리고 이 임무를 가장 적극적이고 노골적으로 수행하던 것이 환관들이었고, 자연히 그들은 명측에서 대조선 업무 전반을 관장하였다. 조선 측에서는 이들의 후안무치한 행태에 치를 떨기도 하였지만, 한편으로는 이들을 적극 활용하여 외교를 '원활하게' 수행할 수 있었다. 그러나 이런 현상이 전적으로 황제의 개인 특징에서 비롯되었던 만큼, 새로운 황제가 즉위하면 상황은 급변할 수 있었다. 1435년에 실제로 그렇게 되었다.

3
외교 현장에서 황제의 퇴장

황제의 급격한 교체, 그러나 더딘 세대교체

선덕 10년(1435) 정월 3일, 35세의 황제가 갑자기 사망하였다. 그의 뒤를 이은 것은 7세가 된 지 얼마 지나지 않은 황태자, 즉 정통제였다. 불과 10년 남짓한 사이에 용좌의 주인이 세 차례나 바뀌면서, 천하의 주인은 홍무제의 아들에서 현손으로 세 세대나 건너뛰게 되었다. 그러나 황실의 여성들은 세대교체가 더뎠다. 정통제가 즉위하자 황실의 최고 어른이었던 태황태후 장씨張氏, 즉 홍희제의 황후, 선덕제의 어머니이자 정통제의 할머니가 영향력을 발휘하였다.

태황태후는 공식적으로는 수렴청정을 하지 않았으나, 그녀의 강력한 권위 아래에서 선대 이래의 조정 원로 삼양三楊, 즉 양사기楊士奇(1365~1440), 양영楊榮(1371~1440), 양부楊溥(1372~1446)가 내각에서 국무를 처리하였고, 이전부터 권력을 키워오던 왕진王振 등의 환관들이 그를 보좌하면서 정권을 유지하였다.[56] 이때부터 황제가 신료들과 대면하여 정사를 논하는 일, 즉 면의面議가 폐지되었다. 정통제 이후 황제가 조정에 등장하지 않고 군신과 접촉하는 일이 적어지게 된 것이다. 큰일이 있을 때마다 대신들이 모여 회의를 거친 후 황제의 결정을 청하는 제도였던 정의廷議는 정통 연간부터 해당 부서의 담당자가 주관하도록 조정되었다. 대신의 인사도 황제가 일방적으로 임명하던 기존 방식에서 조정에서 회의를 거쳐 추천하는 절차로 바뀌게 되었다.[57] 전반적으로 황제 주도의 정치가 사라진 것이다. 일단은 나이 어린 황제의 등극 때문이었다고 보지 않을 수 없다.

황제가 바뀌었다고 해서 조선과 명 사이에 첨예한 이해가 달려있던 여진 문제 등이 하루아침에 풀리거나 잦아들지는 않았다. 이 방면에서의 양국 교섭은 군주 명의로 주고받는 문서, 즉 칙서와 주본 등을 통해 끊임없이 이어졌다. 그리고 그 처리는 삼양을 비롯한 내각의 경험 많은 현자들이 도맡아 하였다.[58] 황제의 글을 담당하는 것이 그들의 역할이었고, 이는 영락제·선덕제뿐만 아니라 정통제 때도 마찬가지였다. 되짚어 보면 영락제가 등극한 이후로는 제위 교체 과정에서 이례적인 정치적 격변은 없었다. 홍희제, 선덕제, 정통제 모두 전 황제의 큰아들이자 황태자였다. 따라서 문무백관들은 비교적 무난하게 자신의 커리어를 이어갔다.[59] 따라서 그들이 추진, 혹은 관여하던 각종 정책도 비교적 연속성을 가지고 지속될 수 있었다.

환관들의 물갈이

그러나 황제 개인, 그의 개인적인 성향은 바뀌었다. 그리고 아무리 부드럽게 제위가 교체됐다 하더라도 조관과 달리 환관들은 대폭 물갈이되지 않을 수 없었다. 황제가 바뀜과 동시에 황제의 기호를 맞추거나 혹은 그것을 부채질하는 측근의 환관들 역시 대거 교체되었다.

영락 연간에는 황엄이 대조선 외교에서 황제의 관심사를 실현하는 역할을 맡았다. 그는 11차례나 서울에 사신으로 와서 처녀를 선발해 간다거나 영락제의 입맛에 맞는 음식을 조달해 가기도 했다.[60] 그런데 그는 영락제 말년에 영락제의 3남이었던 조왕趙王 주고수朱高燧에게 줄을 서서 황제에게 황태자, 즉 훗날의 홍희제에 대한 험담을 늘어놓기도 하고, 심지어 황제를 독약으로 시해하려 했다는 의심을 사기도 했다.[61] 그가 정확히 언제 사망했는지는 현전하는 사료 속에서는 찾을 수 없다. 그러나 훗날 윤봉과 함께 조선에 파견되었던 명의 인사는 "황엄이 죽은 후에 부관참시를 당하였고, 처와 노비는 공노비로 몰입되었다"고 그의 운명을 전하였다.[62]

황엄과 함께 영락 연간에 7차례나 조선을 찾아 역시 비슷한 역할을 하였던 조선 출신의 환관으로 해수라는 인물이 있다.[63] 그는 영락 22년(1424) 영락제가 몽골 친정에 나섰다가 귀환하던 도중 붕어했을 때에도 황제를 곁에서 모시고 있다가, 그의 유명遺命을 북경에 있던 황태자에게 전달했을 정도로 영락제의 신임을 받던 인물이었다.[64] 그러나 선덕 연간에는 조선에 한 번도 사신으로 파견된 일이 없었다. 이후 사료에서 확인되는 바로는 해수는 선덕 연간에 영하寧夏의 진수태감鎭守太監으로 활동했다고 한다.[65] 황엄처럼 줄을 잘못 섰다가 비참한 말로를 걷지는 않았지만, 적어도 선덕제로부터는 영락제 때와 같은 신임과 권한을 부여받지 못한 채 북경에서 멀리 떠나 있었고, 자연히 대조선 업무에서도 배제되었던 것이다.

영락제에게 황엄과 해수가 있었다면 선덕제의 심부름꾼으로는 창성과 윤봉이 있었다. 이들은 선덕제 재위 중 각각 7차례씩 서울을 방문하였다. 윤봉이 영락 연간에 황엄과 해수를 따라 온 딱 한 사례(태종 9년 5월)를 제외하고는 영락 연간과 선덕 연간에 조선에 사신으로 온 인물은 한 명도 겹치지 않는다. 말하자면 두 조정에서 대조선 외교를 담당했던 환관들이 완전히 물갈이되었던 것이다.

창성의 묘지명에 따르면, 그는 정통 3년(1438)에 사망하였는데 부고를 들은 황제가 측은히 여기며 매우 융숭하게 장례를 지내주었다고 한다.[66] 그가 말년에 어떻게 경력을 이어갔는지, 당시 떠오르던 환관 왕진과는 어떠한 관계에 있었는지 등 궁금한 점은 많으나 그 이상은 알 수 없다. 그러나 적어도 정통제는 조선에서 여성과 음식 등을 공수해 오게 하는 촉수 역할을 창성에게 맡기지는 않았다.

윤봉 역시 마찬가지였다. 세종 20년(1438) 정통제 즉위 후 3년 정도 시간이 지난 시점에서 세종은 "앞으로 경사에 가는 통사通事들은 윤봉이 궐내에서 불러 만나자고 해도 가서 보지 말라. 만약 억지로 부르거든 '조정의 명령이 무서워 감히 할 수 없다'고 답하라"는 지시를 내렸다.[67] 이 조치는 정통제의 조정에서 윤봉이 대조선 관계에 더는 개입하지 못하고 있었음을, 그리고 이를 조선 조정에서도 파악하고 있었음을 잘 보여준다. 과거 선덕 연간에 윤봉이 조선의 청원을 들으면 국왕에게 걱정하지 말라고 큰소리치던 것과 극명히 대비되는 장면이다.

조정에서는 윤봉뿐만 아니라 조선 출신 환관들을 만나더라도 함부로 사적인 대화를 나누지 못하게 하였다.[68] 실제로 이듬해에는 북경에 다녀왔던 사신이, 윤봉 덕에 조선에서 중추원부사의 관직을 받았던 그의 동생 윤중부尹重富가 형에게 보낸 편지를 몰래 전달했다가 예부에 발각된 일로

장 80의 중형을 받기도 하였다.[69]

정통제의 조선에 대한 무관심

조선에서 인물을 불러모으느라 바빴던 선덕제와 달리, 정통제는 조선에 관심을 두지 않았다. 혹은 그러지 못했다. 선덕 연간에 누구를 사신으로 보낼지 결정하는 것부터 시작해서 조선과의 관계에 가장 적극적으로 의견을 개진하고 이를 추진한 것은 선덕제 자신이었다. 그러다가 나이 어린 황제가 즉위하게 되자 양국 외교관계의 분위기가 일신되었다. 조선에는 맛있는 음식과 아름다운 여성이 있으니 자신을 파견해 주면 가서 가지고, 데리고 오겠노라고 부채질할 환관들은 선덕제의 급작스러운 죽음과 함께 황제의 곁에서 멀어졌다. 그리고 새롭게 정통제의 곁을 맴돈 환관들은 조선에 뚜렷한 연결고리를 갖지 못하였다. 더구나 태황태후가 섭정에 나서고, 삼양과 같은 원로들이 정사에서 목소리를 키우면서 선덕제 때와 같은 일은 더 이상 상상하기 어렵게 되었다.

정통제는 즉위 조서와 함께 내린 칙서에서 과거 부황이 사람과 물건을 요구했던 것을 일체 중지한다고 선언하였다.[70] 아울러 그다음 달에는 과거 조선에서 보냈던 여종 9명, 창가비唱歌婢 7명, 집찬비執饌婢 37명 등을 모두 돌려보냈다.[71] 이들을 데리고 온 사신은 정통제 즉위를 알리기 위해 왔던 사신들 이후 처음으로 서울을 방문한 환관들이었다. 세종은 전대와 마찬가지로 사신들이 황제의 말을 전달하여 무리한 요구를 해올까 미리 걱정을 하였다.[72] 앞서 선덕제 스스로가, 문서화된 칙유가 아니면 사신이 전달하는 선유宣諭, 즉 구두 메시지는 믿지 말라고 밝힌 바 있었는데,[73] 이제 정권이 바뀌었으니 그대로 대응해도 좋겠는가 하는 우려였다. 실제로 이때 사신들이 칙서에 이어 구두 메시지를 전달했다고는 하지만, 그 내용이 무엇이었는지는 실록에 기록되어 있지 않다. 그 메시지에 대해서 조선 조정이 어떻게 대응했는지도 언급이 없는 것을 보면, 이때 사신들이 아마도 특별히 무리한 요구를 한 것 같지는 않다. 오히려 칙서에서 새 황제는 국왕에게 사신들을 곧바로 돌려보낼 것을 명백히 지시하였다.[74]

뜸해진 명 사신의 방문

실제로 정통 연간에 이르러서는 조선과 명의 외교관계가 갑자기 뜸해지게 된다. 선덕 연간 내내 양국 사이를 줄지어 오가던 사신 왕래가 확연히 줄어든 것이 이를 대변한다. 정통 연간에 명에서 조선에 사신을 파견하는 일 자체가 거의 없었다는 점은 앞서 언급한 바와 같다. 실제로 어떤 사신들이 왔는지 〈표 1〉로 확인해 보겠다.

〈표 1〉 정통제 재위 기간 명 사신 목록

연번	사신	입경 일시 출경 일시	체류 기간	내용
1	예부낭중 이약 禮部郎中 李約 호부원외랑 이의 戶部員外郎 李儀	세종 17. 3. 18. 세종 17. 4. 3.	13일	정통제 등극 조서 반포
2	내관 이충·김각·김복 內官 李忠·金角·金福	세종 17. 4. 26. 세종 17. 7. 25.	87일	종비從婢 9명, 창가비唱歌婢 7명, 집찬비執饌婢 37명 등 송환
3	금의위지휘첨사 오량 錦衣衛指揮僉事 吳良 요동백호 왕흠 遼東百戶 王欽	세종 23. 12. 26. 세종 24. 2. 26.	59일	조선과 여진의 갈등 중재. 조선 거주 여진인 현황 파악
4	요동지휘 왕무 遼東指揮 王武	세종 31. 9. 9. 세종 31. 9. 19.	10일	에센 토벌에 파병 요청

정통제의 재위 14년 동안에 명의 사신이 서울을 방문한 것은 겨우 네 차례밖에 없었다.[75] 그중에서도 앞의 두 번은 정통제 즉위 직후, 정확히는 선덕 10년(1435)의 일이었고, 마지막 한 번은 정통제 재위 마지막 해의 일이었으며, 그마저도 북경에서가 아니라 요동에서 군관이 온 것이었다. 영락~선덕 연간에 사신의 대부분을 차지했던 환관은 두 번째 사례 단 한 번뿐이었다.

이 기간에 명 사신들이 조선에 와서 황제의 성지를 구두로 전달했다는 흔적은 전혀 보이지 않는다. 또한 조선 사신이 명 황제를 접견하여 성지를 들은 사례도 거의 확인되지 않는다. 세종 23년(1441) 정월 초하루에 복명한 절일사節日使 윤형尹炯이 받아온 것으로, 정통제는 "너희가 매년 와서 조공을 진헌하니 내가 너희의 성심을 알겠다. 지금 천하가 태평하고 사람들이 그 녹을 받으면서 하늘의 도를 공경하며 따르고 백성들도 쾌활하다. 너희 국왕에게 말하여 알려주고, 너희 두목들에게도 말하여 알려주어라"라고 한 사례가 확인된다.[76] 청자를 '너[恁]'라고 한 것이나 "너희 국왕에게 말하여 알려주어라[說與恁王知道]"라는 백화 투의 문체를 보면 이때 윤형은 정통제를 만나 그의 말을 직접 들었던 것 같다. 그러나 이것이 조선의 사신이 정통제를 만나 듣고 와서 전달한 말로는 유일한 것이었다.

그렇다고 해서 양국 사이에 소통이 이루어지지 않은 것은 아니었다. 조선 측에서의 사신 파견은 여전했다. 다만 선덕 연간에 각종 물자를 배송하느라 바빴던 진헌사進獻使가 거의 없어져서, 정기·비정기 사절을 아울러 연평균 5회 정도에 지나지 않았다. 선덕 연간에 비해 절반 정도로 줄어든 것이다. 그러나 이 정도면 한 해의 거의 절반 가까이 조선 사신이 북경에 머물고 있었던 셈이다. 명측은 조선에 전할 문서가 있으면 조선 사신이 귀환하는 편에 부치곤 하였다. 없는 이유를 만들어가면서까지 굳이 사신을 파견하던 영락~선덕 연간의 상황과는 확연히 달라진 모습이다.

북경에 와있는 조선 사신이 없는 시점에 급히 전달할 메시지가 있는 경우도 있었다. 이 무렵 가장 큰 현안은 여전히 여진 문제였는데, 이들의 동향을 서로 알리고 그들에게 어떤 식으로 영향력을 행사할지를 두고 조선과 명은 협력과 경쟁 사이에서 아슬아슬한 줄타기를 하고 있었다. 이 경우 요동도사遼東都司의 군관이 의주에 와서 칙서를 전달하고, 의주의 관원이 서울에 이를 가지고 오기도 했다.[77] 여진에 포로가 되었다가 탈출해 온 조선 사람을 되돌려보낼 때는 북경에 갔던 조선 사신이 귀환하기를 기다려 딸려보내기도 했다.

명은 이러한 절차를 택한 이유를 "사람을 시켜 보내면 (조선 측이) 번거로울까 봐"라고 설명하였다.[78] 실제로 명의 칙사가 오면 의주-안주-평양-황주-개성 순으로 선위사宣慰使를 파견하여 영접해야 했고, 그들이 돌아가는 길에는 반대 경로를 따라 배웅해야 했다. 그들이 서울에 머무는 동안에는 국왕과 각 관부가 번갈아가며 각종 연회를 베풀며 온갖 접대를 해야 했다. 정통제의 걱정대로 조선 조야가 겪는 번거로움은 이루 말할 수 없었다.[79] 어린 황제의 호의(?) 덕에 조선은 14년간 이 고통을 조금 덜 수 있었다.

전면에 나선 조관들

앞서 권세를 부리던 환관들이 외교의 현장에서 뒤로 밀리게 되면서, 조선 측에서는 새로운 교섭의 상대를 찾아야 했다. 그 대상은 우선 예부의 관원들이었다. 세종 19년(1437), 세종은 성절사를 파견하며 그에게 강사포

絳紗袍 제작의 비법을 알아오라는 임무를 부여하였다. 그러면서 세종은 우선 예부의 낭청郎廳, 즉 정5품의 낭중郎中이나 정6품의 원외랑員外郎 등 실무자들에게 접근하여 뇌물을 주고 기회를 보며, 조심스럽게 그들의 눈치를 살필 것을 당부하였다.[80]

세종 23년(1441)에는 하성절사로 파견되었던 고득종高得宗이 예부상서를 만나 여진 문제에 대해 멋대로 의견을 제시하기도 하고 또 편지를 보내기도 했다가 귀국 후에 탄핵을 당한 일이 있었다.[81] 이에 이듬해에는 북경으로 가는 사신들의 행동지침을 만들어주면서, 예부의 관원을 만났을 때 어떻게 행동해야 할 것인지를 꼼꼼히 지시하고, 그들에게 의견을 제출할 때에는 신중해야 한다는 점을 거듭 당부하였다. 그리고 이 지침을 사신들이 숙지하고 암송하게 하였다.[82] 모두 조선 사신들이 북경에 가서 교섭하게 될 상대가 환관들이 아닌 예부의 관원들이 되었던 상황을 반영한다.

한편 세종 28년(1446)에는 세자가 입을 면복冕服을 요청하는 일이 현안이 되었다. 이때 조정에서는 다음과 같은 논의가 있었다.

김하金河가 아뢰기를, "지금은 중국이 태평하며 호胡 상서가 성품이 본디 온화하고 고상하여 우리나라를 대접함이 심히 후하여 무릇 주청한 것은 마음을 다하여 해줍니다. 혹시 천하에 변고가 있고 호 상서에게 사고가 있어 그 기회를 한번 잃는다면 다시 얻을 수 없을 것입니다. 부디 이런 때에 주청하는 것이 편리하겠습니다."

주상이 말하기를, "김하의 의논이 옳다. 옛날 조趙 상서는 성품이 매우 시기하고 음험하며 우리나라를 외이外夷라고 여겨 무릇 주청하는 일은 모두 물리치고 받아들이지 않았다. 그 후에 여呂 상서 또한 그러했

다. 지금 호 상서는 무릇 우리나라의 청이라면 따라주지 않는 것이 없
다. 만약 조 상서와 같은 무리를 만난다면 무슨 일이 주청한 대로 되겠
는가."[83]

　당시의 예부상서 호영이 조선에 우호적이니 이때를 놓쳐서는 안 될 것
이라며, 과거의 예부상서 조공趙羾이나 여진呂震 때와 비교하였다. 실제로
조공은 영락 5년(1407)부터 9년(1411)까지, 여진은 영락 6년(1408)부터 선
덕 원년(1426)까지 예부상서의 직을 맡은 바 있는데,[84] 그들이 과연 세종
의 말처럼 "성품이 음험하고 조선을 외이로 여겨" 조선의 주청을 번번이
거절했는지는 알 수 없다.[85] 그러나 굳이 그들을 위해 변명을 해보자면,
당시 황엄이 황제의 총애를 등에 업고 조선과의 외교 업무를 장악하고 있
던 상황에서 외정의 신료가 마음대로 결정할 수 있는 일이 얼마나 있었을
지 의문이다. 그러다가 정통 연간, 황제가 조선에 관심을 기울이지 않고,
황엄이나 창성과 같은 내정의 인물들이 외교 영역에서 밀려난 상황에서,
바꿔 말하면 황제 개인의 관심사를 실현하는 일이 외교의 현안에서 사라
지면서 국가적 사안을 다루는 데 예부가 적극 나서게 되었던 것이다. 명
조정의 정치 운영에서 예부가 명실상부한 위치에 처하게 되었음을 뜻한
다고 할 수 있다.
　몇 차례 언급했듯이 정통 연간 조선과 명 사이에서 가장 큰 현안은 여
진 문제였는데, 명 조정 내에서 이 문제 처리에 가장 적극 나선 것은 왕식
王息이라는 인물이었다. 《세종실록》에 따르면 그는 본래 여진인으로, 당
시 금의위의 지휘指揮라는 관직에 있으면서 명 조정에서 야인野人의 일을
처리하는 데에 가장 큰 책임을 지고 있었다고 한다.[86] 따라서 조선 측에
서도 은밀히 그와 접촉하여 좋은 관계를 유지하려고 시도하였다.[87] 마침

그는 북경에 온 조선의 사신을 만나 자신의 친족이 조선에 살고 있으니 다음번 사신단에 포함시켜 만나게 해달라고 부탁하였다. 조선 측에서도 왕식의 청원에 따라 그들 가운데 몇 명을 수행단의 일원으로 북경에 들여 보내기도 하였고, 길주吉州에 사는 그의 친족들을 보살펴주는 조치를 취하기도 하였다.[88]

말에서 글로, 외교 업무 처리 방식의 변화

이처럼 정통 연간에 명 조정에서 환관이 아닌 조관들이 조선과의 외교 업무를 장악하게 되었다. 말로 통하는 시절이 가고 모든 사안을 글로 처리해야 하는 상황으로 바뀌면서 그다지 크지 않은 사안을 해결하는 방식에도 변화가 생겼다. 그 예로 서책 수입의 사례를 살펴보겠다.

영락 13년(1415) 명에서 《성리대전性理大全》과 《사서대전四書大全》, 《오경대전五經大全》 등을 편찬하자, 조선 조정은 이를 구해보기를 희망하였다. 세종 원년(1419), 완성된 지 4년 만에 영락제가 이 책 한 질을 조선에 하사한 일이 있었다.[89] 그러나 조선은 번각본飜刻本 제작을 위한 저본 한 부를 더 구하고자 하였고, 세종 8년(1426) 이 문제를 당시 사신으로 와있었던 윤봉에게 의뢰하였다. 이 책들은 윤봉과 함께 매를 바치기 위해 파견되었던 사신 김시우金時遇가 돌아오는 길에 받아왔다.[90] 서책을 구해보고자 한다는 요청을 담은 주본을 따로 바친 일은 없었다. 이 일은 전적으로 윤봉의 중재를 통해 말로 실현되었던 것이다.

비슷한 상황은 정통제 때도 있었다. 정통제 즉위를 전후한 세종 16년(1434)부터 18년(1436) 사이에 조선에서는 《자치통감資治通鑑》에 대한 주석 작업을 한창 진행하고 있었다.[91] 세종 17년(1435), 세종은 호삼성胡三省이 주석을 단 음주본音註本《자치통감》이 있다는 사실을 알게 되고서 국내에서 두루 구하였으나, 완질이 되지 않는다는 점을 확인했다.[92] 이에 명에 사신을 파견하는 김에 이 책을 구해오는 방법에 대해 논의하였다. 과거 선덕 연간이었다면 윤봉과 같이 중개역을 맡은 환관들을 통해 비교적 쉽게 뜻을 이룰 수 있었을지도 모른다. 그러나 그럴 수 없는 상황이 되어서인지 세종은 황제에게 직접 주본을 올려 여러 서책을 하사해 줄 것을 요청하였다. 아울러 사신단에게 거듭 당부하기를 예부에서 곤란해하거든 드러내놓고 구하지 말라고 하였다.[93] 새로 즉위한 황제, 일신된 명 조정의 분위기에서 이 문제는 조심스럽게 접근하지 않을 수 없었다.

이처럼 나이 어린 황제가 등극하고 그가 조선의 문물에 관심을 두지 않으면서, 그리고 그에 따라 황제의 명이라고 내세우며 조선에 강짜를 부릴 환관들도 사라지게 되면서 조선과 명의 관계는 갑자기 아무 일도 일어나지 않는 국면에 접어들었다. 조선 세종 대, 정확히는 세종 17년(1435), 정통제 즉위년은 조선-명 관계에서 큰 전환이 일어난 해로 기록할 만하다.

윤봉의 권토중래

다만 이러한 변화가 황제 개인의 성향에 따라 발생한 것인 만큼, 다른 이가 황제가 되면 상황은 또다시 급변할 수 있었다. 실제로 세종 31년(1449), 정통제가 몽골군에 포로가 되고 그의 동생이 다급히 제위에 올랐다. 이듬해에는 조선에서도 세종이 32년(1450)의 재위 끝에 훙서하고 문종이 즉위하였다. 그 직후인 문종 즉위년 8월, 문종의 고명을 가지고 서울을 찾은 사신은 윤봉이었다. 그 개인으로서는 무려 17년 만의 고향 방문이었다.[94] 정통 연간 내내 대조선 업무에서 완전히 배제되었던 그가 경태제의 등극과 함께 재기에 성공한 것이다. 그의 친족들에게 내렸던 한때의 영광을 모두 거두어들이고, 북경에 보낸 조선 사신들에게 그의 얼굴만 보아도 슬금슬금 뒷걸음질 치라고 일러두었던 조선 조정에서는 아연실색하지 않을 수 없었을 것이다.[95]

윤봉은 심지어 탈문의 변을 거쳐 영종이 다시 제위에 오른 후에도 밀려나지 않았던 듯하다.[96] 과거 일곱 살의 어린 나이에 한 번 등극했다가 스물한 살에 물러난 후, 스물아홉 살에 자리를 되찾은 천순제天順帝는, 이번에는 조선에 관심을 두기 시작했다. 그의 두 번째 재위 기간(1457~1464) 동안에는 한동안 중단되었던 진헌 사절들이 꼬리에 꼬리를 물고 서울과 북경 사이를 왕래하였다.

4
대조선 외교는 황제의 개인 비즈니스

정통제의 무관심으로 안정된 조명관계

정통제 하면 토목보의 변이 떠오르고, 그 배경 하면 환관 왕진의 농단이 바로 떠오르지만, 다행스럽게도 조선에는 그 둘의 관심이 미치지 않았다. 조선-명 관계는 갑자기 아무 일도 일어나지 않는, 말 그대로 안정적인 관계에 접어들었다. 대신 전처럼 말(과 뇌물)로 적당히 처리할 수 있는 상대가 사라지자, 이제 조선 사신들은 외교 사안이 있으면 반드시 문서를 작성하여 까다로운 예부의 관원들과 교섭에 나서야 했다.

이러한 변화는 결정적으로 황제가 바뀌었기 때문에 일어났다. 황제가 조선에 관심을 두고, 조선과의 외교를 통해 자신의 욕구를 충족시키려 하던 때와 그렇지 않은 때의 차이이다. 명 조정에 있어서 외교는 황제 개인의 비즈니스였다.

명 문인들의 침묵, 조작

한 가지 짚어둘 것은, 명측의 사료를 통해서는 이러한 변화를 전혀 감지할 수 없다는 점이다. 명측의 관찬 사서들, 예컨대 《명실록明實錄》은 여기서 다룬 사안들에 대해서 거의 아무런 증언을 남기지 않았다. 예컨대 황엄의 이름은 《명실록》 전체에서 여섯 번, 해수는 단 두 번, 창성은 다섯 번, 윤봉도 단 네 번만 등장한다. 조관들은 황제의 은밀한 사생활, 그에 얽힌 조선과의 외교에 대해 잘 몰랐을 것이고, 설사 알았다 한들 못 본 체하고 넘어갔을 것이다. 붓을 쥐고, 그래서 후대에 대한 발언력을 독점하고 있었던 사관들은 소극적으로 침묵할 뿐만 아니라 때로는 적극적으로 조작에 나서기도 했다. 앞서 《명선종실록》에 선덕제의 지시가 정반대로 기재된 사실을 언급한 바 있는데, 이런 조작은 황제의 거동에 대해서만 그치지 않았다.

본문에서 누차 언급한 창성이 죽자, 그의 동료들의 부탁을 받아 당시의 예부상서 호영이 그의 묘지명을 지어주었다. 그 가운데 다음과 같은 구절이 있다.

> 여러 번 조선에 사신으로 가서 항상 성화聖化를 널리 선포하니, 이인夷人들이 기쁘게 복종하였고, 조공하는 것이 길에 꼬리를 물었다. (중략) 조선과 교지交址에 사신으로 가라는 명령을 자주 받들었는데, 사람들이 그 덕에 감복하여 일이 반드시 성사되었다. 시종 막힘이 없으니 내외에 명성을 날렸다.[97]

이 글은 호영의 문집에 실려있지 않다. 그의 묘지명이 '발견'되면서 세상에 드러나게 되었다. 《명대환관사료장편明代宦官史料長篇》이라는 자료집을 편집하면서 이 자료를 소개한 후단胡丹은 그의 행적을 소개하면서 위 구절을 인용하며 특별히 주석을 달아 "가소롭다"라고 하였는데,[98] 필자의 마음도 꼭 이와 같다. 특히 호영이 "황제께서 여러 신하의 말을 듣지 않는다"고 투덜댔다는 일화를 생각하면,[99] 대체 누구에게 보여주려고 위와 같은 문장을 지은 것인지, 그의 붓놀림이 가히 가소롭다 하지 않을 수 없다.

맺음말

1368년 명나라를 건국한 이후, 홍무제는 처음부터 고려에 품은 의심을 죽을 때까지 거두지 않았다. 우연과 필연이 얽힌 다른 많은 이유가 있겠으나, 고려 왕조가 막을 내리게 된 것은 결국 명나라와의 관계가 삐걱거린 탓이 매우 크다. 긴장과 갈등은 왕조 교체 이후로도 계속되었다. 무력 충돌 일보 직전까지 갔던 조선과 명은 두 태조가 나란히 물러나면서 겨우 진정되었다. 잠시 숨을 고르고서 15세기의 시작과 함께 두 태종이 즉위한 후 비로소 노골적인 적대감은 숨겼다. 그로부터 33년 동안 제위를 지켰던 영락제와 선덕제는 조선의 물산에 관심이 많았다. 틈만 나면 사람을 보내 조선의 예쁜 여성, 맛 좋은 음식, 똑똑한 화자火者, 멋진 매와 사냥개를 훑어갔다. 황제의 비위를 맞추느라 고생하던 세종은 만 7세의 어린 황제가 즉위하고서야 한숨을 돌릴 수 있었다.

이런 역동적인 고려·조선과 명나라 사이의 관계는 한국, 중국은 물론 전 세계 연구자들의 흥미를 끌어왔다. 당장 《고려사》부터 《세종실록》까지 사료를 펼치면 명나라 관련 이야기가 **빼**곡히 적혀있으니 관심이 가지 않을 수 없다. 연구자들은 사료 속의 구체적인 내용을 최대한 추상화하려는 경향이 있었다. 이 시기 양국 관계를 명나라가 세우고자 했던 '전통적인' 동아시아 국제관계의 틀 속에서 이해하려 한다거나, 더 나아가 이른바 '조공 시스템', '책봉-조공 관계'의 설명 방식을 동원해서 분석하려 한 것이다. 단언컨대 그 당시로 돌아가 공민왕에게, 조선 태종에게, 혹은 홍무제나 영락제에게 물어본다면 그 무슨 뜬구름 잡는 이야기냐고 할 것이다.

이 책에서 다룬 1368년부터 1449년까지 80여 년 동안 중국에는 총 여섯 명의 황제가 있었다. 재위 4년의 건문제와 10개월의 홍희제를 제외하면 중요 등장인물은 홍무제, 영락제, 선덕제, 정통제 네 명이다. 다 같은 주씨朱氏 집안 사람들이지만 넷의 성품은 판이하게 달랐다. 만기친람, 노심초사의 대명사 홍무제, 영웅병에 자아도취된 영락제, 방탕하고 거리낌 없던 선덕제, 그리고 무신경, 무관심한 것처럼 보인 (어린) 정통제. 실제 이 네 사람의 성격에 따라 고려·조선-명 관계는 요동쳤다. 약간의 오해를 무릅쓰고 이야기하자면, 황제 개인의 성격이 양국 관계의 향배를 가른 '결정적인' 이유였다. 명과 조선의 정치사상, 사회경제적 배경, 국제교역 시스템, 나아가 당시의 기후와 환경 등도 당연히 영향을 미쳤겠지만, 황제 개인의 성격이 훨씬 직접적이고 분명한 이유였다.

홍무제가 사망한 1398년, 영락제가 사망한 1424년과 선덕제가 등극한 1425년, 정통제가 등극한 1435년 등은 그래서 조선-명 관계에서 가장 중요한 전기가 된다. 이때는 각각 조선 태조 7년과 세종 6년·7년, 그리고 17년이다. 1418년부터 1450년까지 32년간 재위한 세종은 영락제부터 경태제까지 다섯 명의 황제를 겪었다. 명나라에서는 한 명의 황제마다 한 질의

실록을 썼으니, 이 기간은 네 편의 실록에 나뉘어 기록되어 있다(건문 연간의 사실은《명태종실록》의 앞에 부록처럼 붙어있고, 경태 연간의 일은《명영종실록》의 가운데에 끼어 있음). 그러나 가장 가까운, 그리고 가장 꼼꼼한 관찰자이자 당사자였던 조선의 기록은《세종실록》에 모두 담겨있다.

《명실록》을 살펴서는 이러한 변화를 전혀 감지할 수 없다. 일단 명나라 조정 전체의 일 가운데 조선과의 관계가 차지하는 비중이 그 역방향에 비해 훨씬 작기 때문에, 관련 기록도 적게 남겼기 때문이라고 이해할 수도 있다. 그러나 실록의 편찬을 직접 담당한, 그리고 실록의 기초자료를 작성하고 실행하는 역할을 맡았던 명나라의 정통 관료들은 알지 못하는 일들이 황제와 내정의 환관들 사이에서 벌어지고 있었던 탓이 더 클 것이다. 황제가 애써 조관들에게 알리지 않으려 했던, 그래서 글로 남기지 않으려 했던 일들 말이다. 게다가 어쩌다가 조관들이 이를 알게 되었더라도, 이들은 그들에게 부여된 정당한 의무를 다하지 않았다. 자신이 모시는 황제에 대한 애정이 너무 컸던 탓일까, 아니면 그들 나름대로 부끄러움을 느꼈던 탓일까, 그들은 때때로 곡필을 서슴지 않았다. 그러나 그들은 알지 못했을 것이다. 조선에서 모두 기록으로 남기고 있었다는 점을. 그리고 그 기록을 600년쯤 지나서 어느 연구자가 놓치지 않을 것이라는 점을.

앞서 제3장에서 경태제가 편찬한《역대군감》에 선덕제의 발언을 거꾸로, 그러니까 조선에 매와 개를 어서 가져오라고 했던 말을 바치지 말라고 뒤바꾼 일이 있었고 얼마 후 조선 정부에서 그 사실을 알아차렸던 일이 있었음을 소개한 바 있다. 이 점을 눈치챈 조선 사관의 보고를 받은 성종은 다음과 같이 사관의 역할에 일침을 놓았다. 그의 말을 인용하는 것으로 책을 마무리한다.

사관의 직무는 무거운 것이다. 사실에 근거하여 한결같이 쓴다면 선악의 사실이 천 년 후에도 사라지지 않겠지만, 혹여 전해 들은 것만 가지고 사실대로 쓰지 않는다면 이는 믿을 만한 역사가 되지 못한다《성종실록》 권113, 11년(1480) 1월 18일(己亥)).

주

제1장 홍무제의 말은 어떻게 고려에 전달되었나

[1] 이 세 사람의 공통점을 꼽은 간략한 연구로는 小林一美, 〈朱元璋の恐怖政治—中華帝國の政治構成に寄せて〉, 《山根行夫教授退休記念明代史論叢》上, 東京: 汲古書院, 1990 참조.

[2] 《明太祖實錄》 권165, 홍무 17년(1384) 9월 24일(己未). "朕代天理物, 日總萬幾, 安敢憚勞."

[3] 全淳東, 〈明太祖의 御製大誥에 대한 일고〉, 《忠北史學》 2, 1989.

[4] 필자는 그동안 고려-명 관계에서의 외교제도를 분석하여, 그것이 과거 고려-원 관계의 그것을 대체로 계승하였음을 밝혀왔다. 鄭東勳, 〈高麗-明 外交文書 書式의 성립과 배경〉, 《韓國史論》 56, 2010; 정동훈, 〈명대의 예제질서에서 조선 국왕의 위상〉, 《역사와 현실》 84, 2012; 정동훈, 〈명초 국제질서의 재편과 고려의 위상〉, 《역사와 현실》 89, 2014; 정동훈, 〈고려시대 사신 영접 의례의 변동과 국가 위상〉, 《역사와 현실》 98, 2015 등 참조.

[5] 정동훈, 〈明과 주변국의 外交關係 수립 절차의 재구성—이른바 '明秩序' 논의에 대한 비판을 겸하여〉, 《明清史研究》 51, 2019; 정동훈, 〈명초 외교제도의 성립과 그 기원—고려-몽골 관계의 유산과 그 전유專有〉, 《역사와 현실》 113, 2019.

[6] 全海宗, 〈韓中朝貢關係槪觀〉, 《韓中關係史研究》, 一潮閣, 1970.

[7] 예컨대 명 조정이 주변국과의 외교관계에 적용한 각종 제도적 요소에 자국의 관료제적 운영 원리를 그대로 확대 적용했음에 대해서는 Jung Donghun, "From a Lord to a Bureaucrat—The Change of Koryŏ King's Status in the Korea-China Relations," *The Review of Korean Studies* 19-2, 2016 참조.

[8] 14세기 후반 고려-명 관계에 대한 연구는 대단히 방대한데, 대부분 형세적 추이에 대한 분석을 담고 있다. 전반적인 서술로 대표적으로는 末松保和, 〈麗末鮮初におけ

る對明關係〉,《青丘史草》1, 東京: 笠井出版印刷社, 1965; 박원호,〈고려 말 조선 초 대명 외교의 우여곡절〉,《한국사시민강좌》36, 2005; 김순자,《韓國 中世 韓中關係 史》, 혜안, 2007 등을 들 수 있다. 그 과정에서는 사신 왕래의 횟수와 경로 등이 중 요한 쟁점이 되기도 했는데, 이 점에 대해서는 丘凡眞·鄭東勳,〈홍무 5년(1372) 명 태조의 고려에 대한 의심과 '힐난 성지'〉,《明淸史硏究》55, 2021; 구범진·정동훈, 〈초기 고려−명 관계에서 사행로 문제─요동 사행로의 개통 과정〉,《한국문화》 96, 2021; 丘凡眞·鄭東勳,〈초기 고려−명 관계에서 사행 빈도 문제─'3년 1행'과 《명태조실록》의 기록 조작〉,《東洋史學硏究》157, 2021 등을 참조.

9 이 문제에 관해서는 정동훈,〈초기 고려−명 관계에서 제주 문제〉,《한국중세사연 구》51, 2017 참조.

10 이상 14세기 후반 고려−명 관계를 몽골제국 유산의 향배를 둘러싼 갈등으로 파악 한 데 대해서는 정동훈,〈몽골제국의 붕괴와 고려−명의 유산 상속분쟁〉,《역사비 평》121, 2017 참조.

11 池內宏,〈高麗末に於ける明及び北元との關係〉,《滿鮮史硏究》中世 第三册, 東京: 吉 川弘文館, 1963; 李新峰,〈恭愍王後期明高麗關係與明蒙戰局〉,《韓國學論文集》7, 1998; 特木勒,〈北元與高麗的外交: 1368∼1369〉,《中國邊疆史地硏究》36−2, 2000; 趙現海,〈洪武初年明·北元·高麗的地緣政治格局〉,《古代文名》4−1, 2010; 윤은숙, 〈고려의 北元칭호 사용과 동아시아 인식─고려의 양면 외교를 중심으로〉,《中央 아시아연구》15, 2011.

12 고려 우왕 대의 이른바 세공을 둘러싼 갈등에 대해서는 정동훈,〈말 100필인가, 1,000필인가─고려−명 관계에서 歲貢 문제〉,《한국중세사연구》68, 2022 참조.

13 재임 기간이 가장 긴 편에 속하는 이원명李原名의 경우에도 3년 남짓에 지나지 않았 고, 이윤李允의 경우에는 불과 한 달 만에 실각하기도 하였다.《國初列卿紀》권39, 〈國初禮部尚書年表〉;〈國初禮部尚書行實〉및 張德信,《明代職官年表》1, 合肥: 黃山 書社, 2009, 442∼461쪽 참조.

14 Charles O. Hucker, *The Ming Dynasty—Its Origins and Evolving Institutions*, Ann Arbor: University of Michigan Center for Chinese Studies, 1978; 小林一美, 앞의 논 문, 1990; 檀上寬,《明の太祖朱元璋》, 東京: 白帝社, 1994; 오함, 박원호 옮김,《주 원장전》, 지식산업사, 2003 등.

15 예컨대 전적으로 홍무제의 의심증 탓에 빚어진 문자옥文字獄의 연장선상에서 빚어진 이른바 표전문表箋文 사건이 조선 개국 초 조선과 명의 관계에서 큰 문제가 되었다. 朴元熇,〈明初 文字獄과 朝鮮表箋問題〉,《史學研究》 25, 1975 참조. 또한 홍무 19년(1386)부터 그의 재위 마지막까지 명과 일본의 관계가 단절되었던 데에는 홍무 13년의 '호유용胡惟庸의 옥獄'과 거기서 파생된 '임현林賢 사건'이 직접적 원인이 되었다. 이 사건 역시 홍무제의 의심에서 비롯된 것으로 알려진다. 이에 대해서는 檀上寬,〈明初の對日外交と林賢事件〉,《史窓》 57, 2000 참조.

16 전자에 대해서는 양진성,〈南朝時期의 文書行政에 관한 研究〉, 연세대학교 박사학위 논문, 2016, 후자에 대해서는 張帆,〈元朝詔勅制度研究〉,《國學研究》 10, 2002를 참조.

17 金暎綠,〈明代 公文制度와 行移體系〉,《明清史研究》 26, 2006; 萬明,〈明代詔令文書研究—以洪武朝爲中心的初步考察〉,《明史研究論叢》 8, 2010; 李福君,《明代皇帝文書研究》, 天津: 南開大學出版社, 2014 등.

18 홍무 연간의 조령 문서詔令文書의 전존 현황에 대해서는 萬明, 앞의 논문, 2010, 9~17쪽 참조.

19 예외적으로《황명조령皇明詔令》에는 백화체의 조령이 세 건 남아있는데, 이에 대해서는 매우 상세한 연구가 행해진 바 있다. 江藍生,〈《皇明詔令》裏的白話勅令〉,《語文研究》 1988年 第8期; 嚴璽,〈《皇明詔令》白話敕令詞彙語法研究〉, 四川師範大學 碩士學位論文, 2006.

20 《고려사》 등에 남아있는 홍무제의 백화문 성지는 이미 중국 연구자들의 관심을 끈 바 있었다. 다만 대체로 그 자체를 소개하거나 정확한 번역을 시도하는 정도에 그쳤을 뿐, 그것이 작성되기까지의 제도적 경위나 양국 관계에 미친 영향 등에 대해서는 충분히 다루어지지 않았다. 張全眞,〈朝鮮文獻中明初白話聖旨語言研究〉,《言語文化研究》 第26卷 第2號, 2006; 陳學霖,〈洪武朝朝鮮籍宦官史料考釋—《高麗史》·李朝《太祖實錄》摘抄〉,《明代人物與史料》, 香港: 中文大學出版社, 2001; 陳學霖,〈明太祖致高麗國王的白話聖旨〉,《明史研究論叢》 8, 2010; 汪維輝,〈《高麗史》和《李朝實錄》中的漢語研究資料〉,《漢語史學報》 9, 2010. 한편 첸가오화陳高華는 홍무제의 조령 문서를 집필 과정에 따라 그가 직접 집필한 것과 문신이 대필하고 그의 인가를 받은 것으로 나누어 파악한 바 있으나, 더 이상의 정밀한 분석은 행하지 않

았다. 陳高華,〈說朱元璋的詔令〉,《商鴻逵敎授逝世十周年紀念論文集》, 北京: 北京大學出版社, 1995.

[21] 萬明, 앞의 논문, 2010; 李福君, 앞의 책, 2014. 이 밖에도 명 대 황제의 즉위조와 유조 등 정치적으로 매우 큰 의미를 가지는 조서가 누구의 손에 의해 작성되었는지에 대해서도 연구된 바 있다. 趙軼峰,〈明前期皇帝的即位詔〉,《求是學刊》, 2011年 第1期; 馬維仁,〈明代皇帝遺詔與即位詔研究〉, 西北師範大學 碩士學位論文, 2013 등 참조.

[22] 《明太祖實錄》 권51, 홍무 3년(1370) 4월 1일(己未). 이때의 조서 내용은《皇明詔令》 권1에〈封諸王詔〉라는 제목으로 실려있다.

[23] 《明太祖實錄》 권51, 홍무 3년 4월 8일(丙寅).

[24] 《明太祖實錄》 권52, 홍무 3년 5월 11일(己亥).《皇明詔令》 권1,〈初設科舉條格詔〉는 이 조서의 발표 일자를 5월 1일로 기재하고 있다.

[25] 《高麗史》 권42, 공민왕 19년(1370) 6월 24일(辛巳).

[26] 《明太祖實錄》 권53, 홍무 3년 6월 6일(癸亥) 및 20일(丁丑). 이때의 문서는《皇明詔令》 권1에 각각〈初定山川并諸神祇封號詔〉,〈撫諭元主眷屬詔〉라는 제목으로 실려있다.《皇明詔令》에서는 전자는 6월 3일, 후자는 6월 15일에 발령된 것으로 기재하고 있다.

[27] 《高麗史》 권42, 공민왕 19년 7월 16일(壬寅) 및 19일(乙巳).

[28] 외국 산천에 대한 제사를 비롯해서, 명 조정이 예제의 실현을 매개로 중국 내외를 불문하고 천하를 동질적으로 대하고자 했던 지향에 대해서는 岩井茂樹,〈明代中國の禮制覇權主義と東アジア秩序〉,《東洋文化》 85, 2005, 135~136쪽 참조. 한편 외이外夷 산천 제사는 이념적이라기보다는 실은 매우 구체적인 정치 외교적인 목적을 띤 것이었다는 최근의 반론도 있다. 薛戈,〈홍무 초기(1368~1374) 명-고려 외교 관계의 연구〉, 서울대학교 박사학위 논문, 2021, 85~96쪽 참조.

[29] 원 대에 원 조정에서 발표된 주요 조령은 거의 빠짐없이 고려 조정에도 전달되었다. 명 초의 상황과는 달리, 외국에 반포하라는 특별한 지시가 없어도 그러했다. 이는 논리적으로는 당시 고려에 정동행성征東行省이 설치되어 있었기 때문이다. 일반적인 조령 반포의 절차에 따라 다른 행성行省의 사례에 준하여 정동행성에도 그것이 전달되었던 것이다.

[30] 《高麗史》 권43, 공민왕 21년(1372) 5월 17일(癸亥). "中書省移咨曰. '欽奉聖旨.〈那海

東高麗國王, 那裏自前年, 爲做立石碑, 祭祀山川, 飛報各處捷音, 及送法服, 使者重疊, 王好生被暑熱來. (중략) 我這裏, 勤勤的使臣往來呵, 似乎動勞王身體一般. 爲那般上頭, 我一年光景, 不曾敎人去〉'"

31 《고려사》 권65, 禮志7, 賓禮, 〈迎大明詔使儀〉. 이 문제에 관해서는 정동훈, 〈고려 시대 사신 영접 의례의 변동과 국가 위상〉, 《역사와 현실》 98, 2015 참조.

32 이재경, 〈명 대 고려·조선에 대한 詔書 반포와 그 추이─洪武 연간에서 임진왜란 이전까지〉, 《한국문화》 98, 2022, 192~193쪽. 심지어 홍무제가 붕어한 뒤에도 그의 유조遺詔를 조선에 보내지 않았다. 홍무제는 홍무 31년(1398) 윤5월 10일에 붕어 하였는데, 그 소식은 그해 12월 22일에야 예부의 자문을 통해 조선 조정에 정식으로 통보되었다. 《太祖實錄》 권15, 정종 즉위년(1398) 12월 22일(甲子).

33 완밍萬明은 명 초의 조서를 내용상 광의와 협의의 조서로 나누었는데, 협의의 조서란 천하에 포고하는 공고문의 성질을 가지는 것, 광의의 조서는 특정 지방이나 특정 기구, 혹은 개인이나 외국 등에 반포한 것을 가리킨다고 정의하였다. 萬明, 앞의 논문, 2010, 20쪽.

34 《고려사》 권42, 공민왕 19년(1370) 5월 26일(甲寅).

35 《고려사》 권135, 우왕 11년(1385) 9월.

36 《고려사》 권46, 공양왕 3년(1391) 12월 12일(甲子).

37 《태조실록》 권3, 2년(1393) 5월 23일(丁卯).

38 《皇明詔令》 권3, 〈賜封高麗國王詔〉.

39 《王忠文集》 권12, 〈封高麗國王詔〉.

40 《明太祖實錄》 권213, 홍무 24년(1391) 10월 1일(甲寅).

41 萬明, 앞의 논문, 2010, 13쪽.

42 역사 속에서 그 한 사례로, 북송 대에는 황제가 직접 짓고 쓴 문서를 특별한 공적을 세운 신료들에게 내려주어 그를 표창하거나 격려한 일이 있었다. 劉亞君, 〈北宋 手詔研究〉, 遼寧大學 碩士學位論文, 2013 참조. 북송 말년에는 휘종徽宗이 수조手詔를 보내 고려와의 외교적 연합을 도모한 일도 있었다. 정동훈, 《高麗時代 外交文書 研究》, 혜안, 2022, 132~133쪽 참조.

43 《고려사》 권135, 우왕 11년(1385) 12월. "今番開去的詔書呵, 不曾着秀才每做. 都我親自做來的."

[44] 李福君, 앞의 책, 2014, 122~127쪽.

[45] 《고려사》 권43, 공민왕 21년(1372) 4월 25일(壬寅); 29일(丙午).

[46] 《고려사》 권44, 공민왕 22년 12월 癸丑(17일).

[47] 홍무제에 대한 전기로서 가장 대표적인 오함의 《주원장전》에서는 이를 두고 홍무제가 "강렬한 자비감을 도리어 자존심으로 표현하였다"고 평가하였다. 오함 지음, 박원호 옮김, 앞의 책, 2003, 385쪽.

[48] 오함, 앞의 책, 424~425쪽.

[49] 홍무제의 《어제문집御製文集》 편찬 경위와 그 사료적 가치 등에 대해서는 郭嘉輝, 〈略論《大明太祖皇帝御製集》及其史料價值〉, 《中國文化研究所學報》 61, 2015 참조. 이 밖에도 홍무제가 친히 지은 글 가운데는 어법에 맞지 않는 부분이 매우 많은데, 이른 시기의 것일수록 더욱 그러하다. 예컨대 1361년에 유기劉基의 모친이 죽었을 때 그를 위로하기 위한 글은 "반은 뜻이 통하고 반은 통하지 않는다"는 평가를 받기도 하였다. 이 글은 그가 34세 때 지은 것이다. 羅炳綿, 〈明太祖的文字統治術〉, 吳智和 主編, 《明史研究論叢》 2, 臺中: 大立出版社, 1984, 7쪽.

[50] 예컨대 현재 타이완 국립중앙박물원에 소장되어 있는 《명태조어필明太祖御筆》에 보이는 그의 글은 모두 구어체로 작성되었다고 한다. 羅炳綿, 앞의 논문, 6~7쪽.

[51] 郭嘉輝, 앞의 논문, 183~185쪽.

[52] 嚴璽, 앞의 논문, 2쪽.

[53] 《고려사》 권134, 우왕 5년(1379) 3월.

[54] 末松保和, 앞의 논문, 351쪽. 우왕 대의 세공 문제의 전말에 대해서는 정동훈, 앞의 논문, 2022 및 정동훈, 〈3년 1공인가, 4년 1공인가―고려―명 관계에서 歲貢 빈도 문제와 《명태조실록》의 조작〉, 《韓國史學報》 86, 2022 참조.

[55] 비슷한 사례로 첸가오화陳高華는 홍무 30년(1387) 7월 13일에 홍무제가 국자감國子監의 관원과 생원 등에게 내린 훈화를 들고 있다. 원래는 학규學規가 문란해진 것에 대해 대노하면서 이를 어긴 자들을 모두 능지처사하겠다는 둥, 가족들은 모두 변방으로 유배 보내겠다는 둥 살기등등한 협박의 말을 쏟아내었지만, 실록에는 매우 온화한 방식으로 이를 옮겨 적었다고 한다. 陳高華, 앞의 논문, 43쪽 참조.

[56] 鄭東勳, 〈高麗―明 外交文書 書式의 성립과 배경〉, 《韓國史論》 56, 2010.

[57] 《國史唯疑》 권1, 洪武·建文. "皇爲文, 性或不喜書, 詔濂坐榻下操觚授詞. 食頃, 滾滾千

餘言, 出經入史."

58 《國史唯疑》 권1, 洪武·建文. "高皇帝睿思英發, 頃刻數百千言. 臣緢載筆從, 輒草書連幅不及停. 比進, 財点定數字而已."

59 주원장 정권에서 송렴과 그로 대표된 금화金華학파의 역할 및 위상에 대해서는 John W. Dardess, *Confucianism and Autocracy－Professional Elites in the Founding of the Ming Dynasty*, Berkely: University of California Press, 1983 참조.

60 《明史》 권147, 解縉. 홍무~영락 연간 그의 정치적 활동과 《명태조실록》 개찬 과정에 관해서는 Hok-Lam Chan, "Xie Jin (1369~1415) as Imperial Propagandist: His Role in the Revisions of the 'Ming Taizu Shilu'", *T'oung Pao* 91, 2005가 상세하다.

61 《翰林記》 권2, 傳旨條旨. "國朝始猶設中書省丞相, 政事由之而出納. 其後革去, 分任五軍·九卿衙門. 中外奏章, 皆上徹睿覽, 每斷大事, 決大疑, 臣下惟面奏取旨. 有所可否, 則命翰林儒臣, 折衷古今, 而後行之. 故洪武中, 批答與御前傳旨爲一事. 當筆者所書, 卽天語也."

62 호유용의 옥을 비롯한 홍무 연간의 정치 변동에 대해서는 檀上寬, 〈明王朝成立期の軌跡－洪武期の疑獄事件と京師問題をめぐって－〉, 《明朝專制支配の史的構造》, 東京: 汲古書院, 1995 참조. 중서성의 폐지와 거기에 얽힌 명 초 정치제도의 재편에 대해서는 山根幸夫, 〈明太祖政權の確立期について－制度史的側面よりみた〉, 《史論》 13, 1968 및 阪倉篤秀, 〈中書省の設置とその變遷〉, 《明王朝中央政治機構の研究》, 東京: 汲古書院, 2000 참조.

63 《翰林記》 권2, 傳旨條旨. "永樂·洪熙二朝, 每召內閣造膝密議, 人不得與聞. 雖倚毗之意甚專, 然批答出自御筆, 未嘗委之他人也. 宣廟時, 始令內閣楊士奇輩及尙書兼詹事蹇義·夏原吉, 於凡中外章奏, 許用小票墨書, 貼各疏面以進, 謂之條旨. 中易紅書批出, 上或親書或否."

64 《皇明祖訓》 愼國政. "大小官員, 并百工伎藝之人, 應有可言之事, 許直至御前聞奏. 其言當理, 卽付所司施行, 諸衙門毋得阻滯."

65 《고려사》 권44, 공민왕 22년(1373) 7월 13일(壬子). "你中書省, 將我的言語, 行文書與高麗國王說知."

66 《고려사》 권44, 공민왕 23년(1374) 4월 13일(戊申). "中書省差人, 將文書去, 與高麗國王說得知道."

67 《고려사》 권136, 우왕 13년(1387) 2월. "爾禮部, 移咨高麗國王, 必如朕命, 無疵矣."

68 자문의 일반적인 양식을 복원하는 데에는 《洪武禮制》의 〈平咨式〉, 그리고 《吏文》에 실린 외교문서의 실례를 참조하였다.

69 《고려사》 권133, 우왕 4년(1379) 8월. "周誼·柳藩還自京師. 禮部尙書朱夢炎錄帝旨, 以示我國人. 曰, '朕起寒微, 實膺天命, 代元治世, 君主中國. (중략) 其王精誠數年, 乃爲臣所弑, 今又幾年矣. 彼中人來, 請爲王顯諡號. 朕思, 限山隔海, 似難聲敎, 當聽彼自然, 不干名爵. 前者弑其君, 而詭殺行人, 今豈遵法律, 篤守憲章者乎. 好禮來者歸, 爾大臣勿與彼中事. 如勅施行.'"

70 《明太祖御製文集》 권6, 〈命中書諭高麗〉. "朕起寒微, 實膺天命, 代元治世, 君主中國. (중략) 好禮來者歸, 爾大臣, 勿與彼中事. 如勅施行."

71 《고려사》 권134, 우왕 5년(1379) 3월. "沈德符·金寶生回自京師. 帝賜手詔曰 (중략) 禮部尙書朱夢炎錄帝旨, 以示國人曰 (하략)."

72 《고려사》 권42, 공민왕 19년(1370) 5월 26일(甲寅). "成准得還自京師. 帝賜璽書曰. '近者, 使歸, 問國王之政. 言, 王惟務釋氏之道 (중략) 朕幼嘗爲僧, 禪講亦曾參究. 惟聞有佛而已. 度死超生, 未見盡驗. 古今務釋氏而成國家者, 實未之有 (중략) 誠能行此道, 則福德之應, 王子必生於宮中, 此則修行之大者也.'"

73 《고려사》의 공민왕 세가世家와, 특히 권133, 신우辛禑 총서總序에 따르면 훗날 우왕이 되는 모니노牟尼奴는 공민왕 14년(1365) 출생으로, 20년(1371)에 7월에 입궁하면서 우禑라는 이름을 받게 되었고, 공민왕이 시해되기 직전인 23년(1374) 9월에 강녕대군江寧大君으로 책봉되면서 아울러 궁인 한씨韓氏의 소생으로 인정되었다고 한다. 따라서 홍무제의 발언이 있던 시점에 고려 왕실에는 공식적으로 공민왕의 후사가 없었다.

74 고려-명 관계 초기에 불거졌던 제주 문제에 대해서는 정동훈, 〈초기 고려-명 관계에서 제주 문제〉, 《한국중세사연구》 51, 2017 참조.

75 《고려사》 권43, 공민왕 21년(1372) 9월 18일(壬戌).

76 《고려사》 권43, 공민왕 22년(1373) 7월 13일(壬子). 선유宣諭를 들었다는 내용을 《고려사》에서는 다음과 같이 서술하였다. "(홍무 5년 12월)二十日早朝, 奉天門下, 面聽宣諭." 《고려사》의 기록에는 황제의 발언이 홍무 5년 12월 20일에 한꺼번에 이루어진 것처럼 서술해 놓았다. 그러나 《吏文》 권2, 〈講通朝貢道路咨〉(구범진 역주,

《이문 역주》상, 세창출판사, 2012, 105쪽)에 따르면 거기에 인용된 어록은 홍무 5년 12월 20일과 홍무 6년(1373, 공민왕 22년) 4월 14일 두 차례에 걸친 발언을 합쳐놓은 것임이 확인된다. 구범진·정동훈, 〈초기 고려-명 관계에서 사행로 문제—요동 사행로의 개통 과정〉, 《한국문화》 96, 2021, 114~115쪽 참조.

[77] 황제가 이 긴 발언을 일찍이 스에마스 야스카즈末松保和는 '힐난의 선유'라고 칭하며 분석한 바 있으며(末松保和, 〈麗末鮮初における對明關係〉, 《靑丘史草》 1, 東京: 笠井出版印刷社, 1965, 328~345쪽), 《고려사》에 수록된 이 장문의 선유宣諭에 대해 챈혹람陳學霖이 자세한 해석을 시도한 바 있다(陳學霖, 앞의 논문, 2010). 황제가 이런 힐책성 발언을 쏟아냈던 직접적인 계기를 포함하여 홍무 5년 전후의 양국 관계에 대한 분석은 구범진·정동훈, 〈홍무 5년(1372) 명 태조의 고려에 대한 의심과 '힐난 성지'〉, 《明淸史硏究》 55, 2021 참조.

[78] 《고려사》 권136, 우왕 13년(1387) 5월. "又宣諭聖旨曰, '我前日, 和你說的話, 你記得麼.' 長壽奏, '大剛的聖意, 臣不敢忘了. 只怕仔細的話, 記不全. 這箇都是敎道, 將去的聖旨, 臣一發領一道錄旨去.' 聖旨, '我的言語, 這里冊兒上都寫着有. (중략) 你是故家, 我所以對你仔細說. 休忘了, 與他每說道這意思者.'"

[79] 《고려사》 권136, 우왕 13년(1387) 5월. "先番幾箇通事小廝每來, 那裏說的明白. 你却是故家子孫, 不比別箇來的宰相每. 你的言語, 我知道, 我的言語, 你知道, 以此說與你, 你把我這意思, 對管事宰相每說."; "你是故家, 我所以仔細和你說. 你記著者."

[80] 설장수의 선조는 위구르인으로, 고창 설씨는 원 대에 대대로 주요 관직을 역임하였으며(蕭啓慶, 〈蒙元時代高昌偰氏的仕宦與漢化〉, 《元朝史新論》, 臺北: 允晨文化, 1999), 그 자신은 홍건적의 난 때에 고려에 귀부한 인물이었다(《고려사》 권112, 偰遜 및 偰長壽). 또한 명에서 최초로 고려에 파견한 사신 설사偰斯는 설장수의 숙부이기도 했는데, 그는 홍무 13년(1380) 치사할 때까지 이부상서와 예부상서를 역임하기도 하였다(《國初列卿紀》 권39, 〈國初禮部尙書年表〉; 〈國初禮部尙書行實〉). 이후 설씨 가문은 양국에 펼쳐진 인적 네트워크를 활용하여 고려·조선과 명의 외교에서 중요한 역할을 담당하였다. 고려-명 관계에서 활동했던 고창 설씨 가문 인물들의 행적과 그들의 역할에 대해서는 백옥경, 〈麗末 鮮初 偰長壽의 政治活動과 現實認識〉, 《朝鮮時代史學報》 46, 2008; 鄭紅英, 〈朝鮮初期與明朝的使臣往來問題探析〉, 《延邊大學學報》(社會科學版) 第45卷 第2期, 2012; 김난옥, 〈공민왕대 후반 여명관계와 장자온·설사〉, 《史學硏

究》131, 2018; 안선규, 〈원-명교체기 고창 설씨(高昌偰氏)·서촉 명씨(西蜀明氏)의 한반도 이주와 후손들의 동향〉,《역사와 현실》117, 2020 등을 참조.

81 《고려사》권135, 우왕 11년(1385) 12월. "恁這使臣每呵, 我這里說的言語, 到那里件件說不到作麼算."

82 《고려사》권136, 우왕 12년(1386) 7월. "這話恁每記者, 到恁那國王衆宰相根前, 說知一."

83 《태조실록》권1, 원년(1392) 11월 27일(甲辰). "我如今教禮部與文書去, 爾回備細與他說."

84 《태조실록》권8, 4년(1395) 7월 8일(己亥). "爾國火者, 有一箇柳條, 捲過來放在鬢髻上, 打開看裏頭, 有箇紙撚緊緊的捲著, 不知甚麼字. 又有幾封書縫在衣領上. 又那廝我根底奏道, '本國王賞給四箇銀子.' 旣係王賞呵, 就與他父母親眷的是. 他將來的意思, 是爾那里教他將來. 這箇都是小道兒. 我罵也不曾罵, 他一箇自家跳井死了." 위 선유성지는 조선에서 이에 대해 해명하며 올린 표문 가운데 인용된 것이다.

85 《태조실록》권4, 2년(1393) 12월 8일(己卯) ; 권5, 3년(1394) 2월 19일(己丑).

86 《태조실록》권7, 4년(1395) 5월 11일(癸卯).

87 원문에는 '小道兒'라고 했으나 이 글자대로는 뜻이 통하지 않는다. 홍무제가 원래 말한 대로라면 '小盜兒'일 것인데, 이를 받아 적는 과정에서 당시 회피해야 하는 글자로 인식되었던 '盜'자를 음이 같은 '道'로 대체한 것으로 추측된다. 아니면《태조실록》을 편찬하는 과정에서 지나친 욕설이라 판단하여 글자를 바꾸었을 수도 있다.

88 《고려사》권136, 우왕 12년(1386) 7월.

89 《고려사》권136, 우왕 13년(1387) 5월.

90 《고려사》권133, 우왕 2년(1376) 6월. "判事金龍, 自定遼衛, 齎高家奴書還. 其書曰, '(중략) 玆因本國不知怎生廢了普顏帖木兒王上頭, 主人疑惑.'"

91 이 때문에 후대에 조선의 승문원에서 이문체吏文體의 외교문서 작성 교육을 위해 《이문吏文》을 편찬할 때에도 권2와 권3에는 자咨·신申·조회照會 등 이문으로 작성된 명의 관문서를 실으면서, 권1에는 이와 달리 선유성지를 수록하고 있었다고 한다. 그리고 당시의 어문학자 최세진崔世珍이 《이문》에 등장하는 어휘의 뜻을 해설하기 위해《이문집람吏文輯覽》을 편찬하면서 붙인 〈범례〉에서는 "《이문》 초권初

卷은 선유성지로 모두 한어라서 이문을 익히는 데에 무관하므로 집람을 저술하지 않는다"고 밝히기도 하였다. 《이문》 및 《이문집람》의 편찬 동기와 사료적 가치 등에 대해서는 鄭東勳, 〈高麗-明 外交文書 書式의 성립과 배경〉, 《韓國史論》 56, 2010, 142~146쪽 및 구범진 역주, 《이문 역주》 상, 세창출판사, 2012의 〈吏文 해제〉 참조.

92 《고려사》 권65, 禮志7, 賓禮, 〈迎大明無詔勅使儀〉. "有口宣聖旨, 則使臣立宣, 王北向跪聽, 仍受賞來公牒. (중략) 有口宣使臣, 則王親送至館, 或令世子送之. 無口宣使臣, 則命宰樞送至館. 若有手詔勅符, 則不用此禮, 依朝廷頒降儀."

93 최종석, 〈고려말기·조선초기 迎詔儀禮에 관한 새로운 이해 모색—『蕃國儀注』의 소개와 복원〉, 《민족문화연구》 69, 2015; 최종석, 〈고려말기 『蕃國儀注』의 활용 양상과 그 성격〉, 《한국문화》 92, 2020; 윤승희, 〈여말선초 對明 外交儀禮 연구〉, 숙명여자대학교 박사학위 논문, 2021, 26~49쪽.

94 《고려사》 권137, 창왕 즉위년(1388) 12월. "帝遣前元院使喜山, 大卿金麗普化等來, 求馬及閹人. 喜山等, 皆我國人也, 禮畢下庭, 稽首四拜, 昌立受之. 喜山等又傳聖旨云, '征北歸順來的達達親王等八十餘戶, 都要敎他耽羅住去. 恁去高麗, 說知, 敎差人那里, 淨便去處, 打落了房兒, 一同來回報.'"

95 《태조실록》 권5, 3년(1394) 4월 癸酉. "欽差內史崔淵·陳漢龍·金希裕·金禾等, 持左軍都督府咨來. 上率百官迎于宣義門外, 至闕. 淵等傳宣諭, "馬一萬匹, 閹人及金完貴家小與將來." 上跪聽訖, 叩頭, 問聖躬萬福. (중략) 淵等, 皆本國閹人.

96 全淳東, 〈明朝 前期 宦官 勢力의 推移와 機能〉, 《中國史研究》 61, 2009, 45~53쪽.

97 《고려사》 권41, 공민왕 18년(1369) 6월 4일(丙寅); 권43, 공민왕 21년(1372) 5월 17일(癸亥).

98 孫衛國, 〈論明初的宦官外交〉, 《南開學報》 1994年 第2期; 全淳東, 〈明初 宦官의 外交活動 實態와 그 性格〉, 《中國史研究》 77, 2012.

99 예컨대 《太祖實錄》 권9, 5년 6월 11일(丁酉). "너희가 보내온 화자火者는 내가 여기 내원內園에서 어디든지 다니면서 모두 보게 하고 있다. 내가 여기서 너희 왕의 내원으로 보내는 자들도 어디든지 다니면서 모두 보게 하라[恁那裏來的火者, 俺這內園裏, 到處裏行走都看來. 俺這裏去的到那王的內園裏, 到處行走看一看]."

100 홍무 연간에 고려·조선에 파견된 고려인 출신 환관 사절들의 목록과 그들의 활

동 및 특징에 대해서는 陳學霖, 앞의 논문, 2001 및 정동훈, 앞의 논문, 2013, 116~124쪽 참조.

101 《태조실록》 권1, 원년(1392) 11월 甲辰(27일).

102 《고려사》 권137, 우왕 14년(1388) 2월.

103 《고려사》 권137, 우왕 13년(1387) 5월.

104 《태조실록》 권4, 2년(1393) 9월 2일(甲辰). "奏聞使南在回自京師曰, '帝厚待之, 且命曰,〈爾國使臣行李往來, 道遠費煩, 自今三年一朝.〉'"

105 《태조실록》 권4, 2년(1393) 9월 21일(癸亥). "遣中樞院學士李稷, 赴京謝恩, 仍請依舊朝聘. 表曰, '(중략) 今者, 陪臣南在傳奉宣諭聖旨, 節該,〈爾回去對他說三年一貢. 看爾至誠, 我使人叫爾來.〉欽此.'"

106 《고려사》 권44, 공민왕 22년(1373) 7월 13일(壬子). "二十日早朝, 奉天門下, 面聽宣諭. '(중략) 恁每如今連三年, 依舊累來, 之後可三年一遭來進貢.'"

107 《고려사》 권44, 공민왕 23년(1374) 2월 甲子(28일). "當年七月十三日, 陪臣贊成事姜仁裕等, 回自京師, 欽奉宣諭聖旨. '從今連三年, 依舊累來, 之後可三年一進貢.'"

108 이 문제에 대해서는 丘凡眞·鄭東勳,〈초기 고려-명 관계에서 사행 빈도 문제—'3년 1행'과《명태조실록》의 기록 조작〉,《東洋史學研究》 157, 2021, 204~207쪽 참조.

109 《태종실록》 권10, 5년(1405) 9월 18일(庚戌).

110 《태종실록》 권11, 6년(1406) 정월 6일(丁酉). 위의 직접 인용에 해당하는 부분의 원문은 다음과 같다. "今後一應事務, 須憑文書爲準, 又有口傳事理, 宜字細參詳施行."

제2장 영락제의 말과 글은 어떻게 달랐을까

1 《明太祖實錄》 권257, 홍무 31년(1398) 윤5월 10일(乙酉).

2 대표적으로 檀上寬, 《永樂帝―中華〈世界システム〉への夢》, 東京: 講談社, 1997(단죠 히로시, 김종수 옮김, 《영락제―화이질서의 완성》, 아이필드, 2017); Shih-shan Henry Tsai, *Perpetual Happiness*, Seattle: University of Washington Press, 2001 등을 참조.

3 영락제의 몽골 친정에 관해서는 David M. Robinson, *Ming China and its Allies:*

Imperial Rule in Eurasia, Cambridge: Cambridge University Press, 2020 참조.

[4] 영락 연간 명의 안남 침공의 경과와 그 결과에 대해서는 山本達郎, 《安南史研究》, 東京: 山川出版社, 1950 및 陳文源, 《明代中越邦交關係研究》, 北京: 社會科學文獻出版社, 2019, 89~111쪽 참조.

[5] Henry Serruys, *Sino-Jürčed Relations During the Yung-lo Period(1403~1424)*, Wiesbaden: Otto Harrassowitz, 1955, pp. 25~28.

[6] Morris Rossabi, "The Ming and Inner Asia," Denis Twitchett and Frederick W. Mote eds., *The Cambridge History of China Volume 8: The Ming Dynasty, 1368~1644*, Part 2, Cambridge: Cambridge University Press, 1999.

[7] Morris Rossabi, "Two Ming Envoys to Inner Asia," *T'oung Pao* 62-2, 1976; 張文德, 《明與帖木兒王朝關係史研究》, 北京: 中華書局, 2006.

[8] Weirong Shen, "Accommodating Barbarians From Afar: Political and Cultural Interactions Between Ming China and Tibet," *Ming Studies* 56, 2007.

[9] 15세기 초 명과 일본의 관계에 대한 연구는 무수히 많은데, 대표적으로는 鄭樑生, 《明·日關係史の研究》, 東京: 雄山閣, 1985 참조. 이 주제에 관한 최신 연구 동향에 대해서는 村井章介 外 編, 《日明關係史研究入門-アジアのなかの遣明船-》, 東京: 勉誠出版, 2015을 참조.

[10] 宮崎市定, 〈洪武から永樂へ―初期明朝政權の性格-〉, 《東洋史研究》 27-4, 1969; David M. Robinson, "The Ming Court and the Legacy of the Yuan Mongols," David M. Robinson ed., *Culture, Courtiers, and Competition: The Ming Court(1368~1644)*, Cambridge: Harvard University Press, 2008.

[11] 朴元熇, 〈明 '靖難의 役' 時期의 朝鮮에 對한 政策〉, 《釜山史學》 4, 1980; 朴元熇, 〈明 '靖難의 役'에 대한 朝鮮의 對應〉, 《亞細亞研究》 70, 1983(모두 朴元熇, 《明初朝鮮關係史研究》, 一潮閣, 2002에 재수록); 서은혜, 〈정난靖難의 변과 조선·명 관계의 반전反轉〉, 《중앙사론》 56, 2022.

[12] 朴元熇, 〈永樂年間 明과 朝鮮間의 女眞問題〉, 《亞細亞研究》 85, 1990; 河內良弘, 《明代女眞史の研究》, 京都: 同朋舍出版, 1992; 이규철, 〈태종 대 대외정벌 정책의 추진과 시행〉, 《정벌과 사대》, 역사비평사, 2022.

[13] 강성문, 〈朝鮮初期 漫散軍의 流入과 送還〉, 《韓民族의 軍事的 傳統》, 봉명, 2000; 朴

元熇,〈明 '靖難의 役'에 대한 조선의 대응〉,《明初朝鮮關係史研究》, 一潮閣, 2002; 박성주,〈15세기 朝·明간 流民의 發生과 送還〉,《경주사학》21, 2002; 김순자,〈遼東人口 확보를 위한 明과의 대립〉,《韓國 中世 韓中關係史》, 혜안, 2007; 김경록,〈朝鮮初期 軍人送還問題와 朝明間 軍事外交〉,《軍史》83, 2012 등을 참조.

14 林常薰,〈明初 朝鮮 貢女의 性格〉,《東洋史學研究》122, 2013; 서인범,《자금성의 노을: 중국 황제의 후궁이 된 조선 자매》, 역사인, 2019.

15 萬明,〈明代詔令文書研究-以洪武朝爲中心的初步考察-〉,《明史研究論叢》8, 2010; 李福君,《明代皇帝文書研究》, 天津: 南開大學出版社, 2014.

16 《명태조실록》권217, 홍무 25년(1392) 4월 25일(丙子).

17 《정종실록》권1, 원년(1399) 6월 27일(丙寅). "建文元年四月二十五日, 準朝鮮國咨, 該. '本國王年老疾病, 已令男某, 權署句當, 咨請奏聞, 明降施行.' 本月二十六日早朝, 本部尙書陳迪等官於奉天門欽奉聖旨. '已先太祖皇帝詔諭本國, 儀從本俗, 法守舊章, 聽其自爲聲敎. 今後彼國事務, 亦聽自爲.' 欽此. 擬合移咨, 照驗施行."

18 홍무제의 부음을 알리는 예부의 자문이 정종 즉위년 12월에 전해진 바 있으나, 이 때에는 아직 정종의 즉위 사실을 명이 인지하지 못하였으므로, 해당 문서의 수신자는 태조를 상정하고 있었을 것이다.

19 《태종실록》권1, 원년(1401) 3월 6일(乙丑).

20 《태종실록》권1, 원년 윤3월 15일(甲辰).

21 《태종실록》권1, 원년 6월 12일(己巳).

22 《태종실록》권2, 원년 9월 1일(丁亥).

23 영락제가 조선 국왕을 수신자로 하여 칙서를 보낸 사례는 매우 많은데,《태종실록》에서 확인되는 첫 번째 사례는 태종 3년(1403) 4월에 전달된, 태종에게 고명과 인장을 사여한다는 내용의 문서이다.《태종실록》권5, 3년 4월 8일(甲寅). 그 문서는 "皇帝勅諭朝鮮國王諱"로 시작해서 "故兹勅諭, 宜體至懷"로 끝맺는, 명 대 칙서의 전형적인 형식을 갖추고 있었다. 조선-명 관계에서 칙서가 등장하게 된 배경이나 그 성격 등에 대해서는 별도로 다루어야 할 주제이다.

24 아래의 표는《태종실록》과《세종실록》을 기준으로 작성하였다. 우선 연월일은 해당 사신이 서울에 도착한 날짜를 기준으로 하였다. 편의상 날짜는 모두 실록에 기재된 음력 그대로이다. 사신의 명단은 실록에 기재된 순서를 따랐는데, 정사正

使·부사副使 등 사신단 내부의 위계와 반드시 일치하는 것은 아니다. 예컨대 태종 3년 4월에 태종 책봉을 위해 파견된 명 사신 일행은 고명을 전하는 정사와 부사, 칙유를 전하는 정사와 부사 등으로 구성되어 있었는데, 이들을 각각 따지지 않고 하나의 사신단으로 묶어서 표시하였다. 명에서 파견되어 서울에 왔던 사신 가운데에는 조선 국왕을 대상으로 한 문서를 가지고 온 것이 아니라, 요동 일대의 만산군이나(태종 3년 1월 13일), 여진에게 보내는 문서를 지닌 채 서울을 들렀다가 가는 경우(태종 4년 4월 4일, 12월 3일) 등도 있었고, 명 중앙 조정이 아니라 요동도사遼東都司에서 파견한 경우(태종 3년 10월 18일, 9년 12월 21일)도 있었다. 이러한 사례는 위의 표에서 제외하였다. 메시지 형태는 실록에서 확인되는 것만을 기재하였는데, 대부분의 사신은 그 파견의 목적이나 경위를 담은 예부의 자문을 가지고 있었을 것임이 분명하다.

25 이때의 사신 동녕위東寧衛 천호千戶 김성金聲과 진경陳敬 등은 예부 명의의 자문을 가지고 왔는데, 이들은 태종 6~8년 무렵 만산군 송환을 위해 요동 일대에서 지속적으로 활동하던 관인들이었다.

26 두 차례의 예외 가운데 (9) 왕교화적은 뭉케테무르에게 보내는 칙서를 가지고 그에게 가는 길에 서울에 들러 거기에 협조하라는 칙서를 태종에게 전달한 것이니, 엄밀한 의미에서 조선 조정을 대상으로 파견된 사신으로 볼 수 없다고 할 수도 있다. 그렇다면 조관朝官만으로 구성된 사신단으로는 세종 2년에 정종의 제사를 지내기 위해 파견된 사례(36)가 유일하다.

27 정동훈, 〈명 초 국제질서의 재편과 고려의 위상〉, 《역사와 현실》 89, 2013, 119쪽.

28 명 초 환관들의 활발한 외교 활동과 그들의 효용에 대해서는 孫衛國, 〈論明初的宦官外交〉, 《南開學報》 1994年 第2期 및 全淳東, 〈明初 宦官의 外交 活動 實態와 그 性格〉, 《中國史研究》 77, 2012 참조.

29 《태종실록》 권5, 3년(1403) 4월 8일(甲寅). "使臣黃儼等齎來宣諭聖旨內, '永樂元年二月初八日, 奉天門早朝宣諭聖旨. 《建文手裏, 多有逃散的人, 也多有逃去別處的, 有些走在爾那裏. 爾對他每說知道回去, 對國王說, 一介介都送將來.》 同日禮部尙書李至剛, 於本部說道, 《上位有聖旨, 〈但是朝鮮的事, 印信·誥命·曆日, 恁禮部都擺布與他去.〉》(중략) 這件最是打緊的事, 爾把這旨意的話, 對國王說, 休要撤了上位的厚恩.〉.'"

30 《태종실록》 권20, 10년(1410) 9월 3일(丁卯). "韓尙敬回自北京, 啓曰. '帝御奉天門, 早

朝宣問,《高麗北門上, 不知甚麼人來搶人口?》尚敬等具奏其故, 且奏,《本國差李玄·朴
惇之, 二次來奏, 適以大駕北巡, 玄已還國, 惇之欲啓于東宮如南京.》帝曰:《朕不曾見爾
國文書. 這兀良哈, 眞箇這般無禮. 我調遼東軍馬去, 爾也調軍馬來, 把這廝殺得乾淨了.》
帝又謂通事元閔生曰:《這野人受朝廷重賞大職. 賜以金帶·銀帶. 招安如此, 忘了我恩, 打
海靑去底指揮, 拿做奴婢使喚, 又嘗一來擾我邊. 有恩的, 尙或如是, 爾莫說了料着. 爾那
裏十箇人敵他一箇人, 要殺乾淨.》閔生奏曰:《未蒙明降, 不敢下手.》帝曰:《這已後, 還
這般無禮, 不要饒了. 再後不來打擾, 兩箇和親.》'(중략)."

31 《태종실록》권10, 5년(1405) 9월 18일(庚戌). "千秋使尹穆, 計稟使李行等, 回自京師.
(중략) 李行來傳宣諭聖旨. '(중략) 又問,《昨日傳與爾每聖旨爾的話, 都記得麼?》將前話
一一誦對, 聽之欣然還入. (중략) 二十五日早朝辭後, 禮部尙書左右侍郎等引奏,《朝鮮國
王差來奏猛哥帖木兒使臣今日辭回. 臣禮部家合回與他文字去.》上曰,《奏將來的話不
同, 又無甚麼緊要句當, 只這般教他回去.》'"

32 《태종실록》권10, 5년 9월 20일(壬子). "遣戶曹參議李玄如京師, 奏曰. '永樂三年九月
十六日, 陪臣李行等回自京師, 傳奉禮部尙書李至剛對官欽傳宣諭聖旨, 節該,《猛哥帖木
兒怎麼不送將來, 却來計稟. 爾來計稟時, 便同他一處來, 就分說地面事情, 怎麼不準爾.
誰和爾爭地面. 爾回去對國王說知, 便送他來.》欽此. 臣兢惶無措. (중략) 臣尙未委端的,
慮恐遲延, 當日卽差上護軍曹恰, 星夜馳赴萬戶猛哥帖木兒在處, 催督欽赴朝廷.'"

33 《태종실록》권11, 6년(1406) 정월 6일(丁酉). "奏聞使戶曹參議李玄回自京師. 玄齎禮
部咨文而來, 咨曰. '永樂三年十二月初四日, 准朝鮮國咨該,《陪臣李行等自京師回, 傳欽
奉該,〈猛哥帖木, 怎麼不送將來? 爾回去, 國王說的, 便送他來.〉等項緣由, 差陪臣李玄,
齎文移咨施行.》查得, 本年七月二十五日早, 本部官將引差來人李行等於奉天門, 題奏合
無回與他國王文書, 奉聖旨,《着使臣每回去, 無文書與他. 他的奏詞, 與猛哥帖木說的多
不同, 等猛哥帖木來時, 自有說話.》欽此. 當卽李行等面聽聖旨, 本部又將前因, 再行傳
與各人, 回還去訖. 今咨前因, 查與元奉旨意不同, 現是陪臣李行等所傳差訛. 理合移咨本
國知會. 今後一應事務, 須憑文書爲準, 又有口傳事理. 宜字細參詳施行.'"

34 몽케테무르를 비롯하여 15세기 초 건주 여진의 동향 및 조선·명과의 관계에 대해
서는 많은 연구가 이루어졌는데, 대표적으로는 徐炳國,〈童猛哥帖木兒의 建州左衛
研究〉,《白山學報》11, 1971; 金九鎭,〈五音會의 斡朶里女眞에 대한 研究〉,《史叢》
17·18, 1973; 河內良弘,〈建州左衛의 對外關係〉,《明代 女眞史의 研究》, 東京: 同朋舍,

1992; 朴元熇, 〈宣德年間 明과 朝鮮間의 建州女眞〉, 《亞細亞硏究》 88, 1992 등 참조.

35 《태종실록》 권14, 7년(1407) 8월 29일(庚戌). "又帝御西角門, 命眉壽日, '爾國産馬之地. 歸報爾王, 良馬三千匹, 汝可將來. 朕以戶部布絹送于遼東, 當酬其直.'"

36 《태종실록》 권14, 7년 9월 10일(庚申). "一件馬匹事. 準兵部咨開. '永樂五年七月十五日早, 該朝鮮國使臣偰眉壽, 於西角門, 欽奉聖旨. 《恁國裏是出馬的去處. 如今朝廷要些馬用, 恁回去說與國王知道, 換馬三千匹, 爾就送將來. 價錢, 着戶部家運將布絹去遼東還恁.》欽此. 除欽遵外, 移文.'到部. 合咨本國, 欽遵施行."

37 《태종실록》 권11, 6년(1406) 3월 19일(己酉).

38 《태종실록》 권15, 8년(1408) 4월 16일(甲午). "上拜勑訖, 升自西階, 就使臣前跪, 儼宣諭聖旨云. '恁去朝鮮國, 和國王說, 有生得好的女子, 選揀幾名將來.'"

39 《태종실록》 권15, 8년 6월 3일(庚辰); 7월 2일(戊申); 7월 5일(辛亥) 등.

40 《태종실록》 권16, 8년 10월 6일(庚辰); 11일(乙酉).

41 《태종실록》 권16, 8년 11월 12일(丙辰).

42 《明太宗實錄》 권88, 영락 7년(1409) 6일(己卯).

43 《明太宗實錄》 권88, 영락 7년 2월 8일(辛巳); 9일(壬午); 권89, 영락 7년 3월 19일(壬戌)

44 《明史》 권113, 后妃 1, 恭獻賢妃權氏. 더 자세한 내용은 林常薰, 〈大明皇帝의 朝鮮人 寵妃, 權賢妃〉, 《역사문화연구》 67, 2018 참조.

45 《태종실록》 권17, 9년(1409) 5월 3일(甲戌). "太監黃儼, 監丞海壽, 奉御尹鳳至. (중략) 上拜賜訖, 升殿, 儼口宣聖旨. '去年爾這裏進將去的女子每, 胖的胖, 麻的麻, 矮的矮, 都不甚好. 只看爾國王敬心重的上頭, 封妃的封妃, 封美人的封美人, 封昭容的封昭容, 都封了也. 王如今有尋下的女子, 多便兩箇, 小只一箇, 更將來.'"

46 《태종실록》 권17, 9년 5월 6일(丁丑).

47 《태종실록》 권16, 8년(1408) 10월 11일(乙酉).

48 《태종실록》 권17, 9년(1409) 5월 25일(丙申).

49 《태종실록》 권18, 9년 8월 15일(甲寅).

50 《태종실록》 권17, 9년 5월 9일(庚辰).

51 《태종실록》 권18, 9년(1409) 8월 15일(甲寅). "遣戶曹參議吳眞如京師, 奏日. '永樂七年五月初三日, 欽差太監黃儼到國, 欽傳宣諭. 《去年爾這裏進將去的女子, 都不甚好, 只看爾國

王敬心重的上頭, 封妃的封妃, 封美人的封美人, 封昭容的封昭容, 都封了也. 王如今有尋的好女子, 多便兩箇, 少只一箇, 更進將來.》欽此. 臣某欽依, 於國在城及各道州府郡縣宗戚文武兩班并軍民之家, 儘情尋覓, 選揀到女子二名, 待候進獻. 今先將女子生年月日及父職事姓名籍貫, 逐一開坐, 謹具奏聞. (중략)'移咨禮部曰. '竊照, 親兄某舊患風病, 卽目益加深重, 用供藥餌. 爲因缺乏藥材, 今差吳眞, 將齎黑細麻布三十匹·白細苧布二十匹, 并藥單一張, 赴京, 伏請聞奏, 許令收買施行.'儼之來也, 帝更求處女, 故托毛王之疾, 求買藥物, 因奏鄭允厚女子等事. 儼嘗言, 若得絶色, 卽必托他事以奏故也."

52 《태종실록》권22, 11년(1411) 8월 15일(甲辰). "朝廷使臣宦官太監黃儼來 (중략) 儼出禮部咨, 咨曰. '近準朝鮮國王咨.《差人將齎藥單, 赴京收買.》本部官節該奉欽依《藥材不要他買, 等有時着人送將去.》除欽遵打點完備, 欽差太監黃儼齎送前去. 開藥材二十九味.'蓋去年鄭氏赴京時, 咨請故也. 儼又諭之曰. '帝更求有姿容處女. 其得鄭允厚女, 不令朝官知, 若托以答王求藥物也. 今賜藥物, 實報鄭氏之赴京也.'"

53 실제로 영락제와 선덕제는 조선에 공녀를 요구하고 이를 받는 일을 관료들과 황족들이 모르게 추진하였다고 한다. 林常薰, 앞의 논문, 2013, 176~177쪽 참조. 이 밖에 영락~선덕 연간에 명 황제들이 조선에 공녀를 요구한 일, 그렇게 선발되어 파견된 공녀들의 운명에 대해서는 최근 서인범의 매우 흥미로운 연구에 상세히 묘사되어 있다. 서인범,《자금성의 노을》, 역사인, 2019.

54 영락 연간과 선덕 연간, 명의 7차례 요구에 응하여 조선에서는 총 114명의 공녀를 보냈다고 한다. 이에 대해서는 林常薰, 앞의 논문, 2013 참조.

55 《태종실록》권6, 3년(1403) 11월 1일(乙亥); 권7, 4년(1404) 4월 18일(戊子);《세종실록》권3, 원년(1419) 1월 19일(甲子); 권21, 5년(1423) 8월 19일(丁卯). 명은 15세기 내내 조선에 화자를 요구하였는데, 국초부터 성종 14년(1483)까지 90여 년 동안 모두 15차례에 걸쳐 총 207명의 화자가 명에 보내졌다고 한다. 鄭九先, 〈鮮初 朝鮮出身 明 使臣의 行蹟〉,《경주사학》23, 2004, 114쪽.

56 《태종실록》권22, 11년(1411) 8월 15일(甲辰);《세종실록》권3, 원년(1419) 1월 19일(甲子).

57 《세종실록》권5, 원년 9월 18일(庚申).

58 《태종실록》권33, 17년(1417) 4월 4일(庚申). "賀正使通事元閔生回自京師, 密啓帝求美女也." 이에 대한 좀 더 자세한 정황은《태종실록》권33, 17년 5월 17일(壬寅) 자

에서 확인된다.

59 불상 요구는 《태종실록》 권11, 6년(1406) 4월 19일(己卯). 부처 사리 요구는 《태종 실록》 권13, 7년(1407) 5월 18일(辛未).

60 全淳東, 〈明朝 前期 宦官 勢力의 推移와 機能〉, 《中國史研究》 61, 2009, 68쪽.

61 Shih-shan Henry Tsai, *The Eunuchs in the Ming Dynasty*, New York: State University of New York Press, 1996, pp. 122~135; 정동훈, 앞의 논문, 2013, 129~133쪽.

62 정동훈, 앞의 논문, 2013, 140~141쪽.

63 앞서 살폈듯이 황엄은 태종 8년 7월 2일부터 그해 10월 11일까지 98일 동안 총 14 차례에 걸쳐 경복궁에서 처녀를 선발하였다. 한 번에 적게는 수십 명에서 많게는 300명에 이르는 처녀들의 외모를 품평해 가면서 고르고 골라, 마지막으로 5명을 선발해서 데리고 돌아갔다. 이런 일은 이듬해인 태종 9년에도 반복되었는데, 황엄 은 그를 전송하러 온 국왕에게, 선발한 처녀가 미인이 아니니 다시 구해놓고 기다 리라는 말을 남기고 떠나기도 하였다.

64 《태종실록》 권12, 6년(1406) 7월 18일(乙巳).

65 《태종실록》 권22, 11년(1411) 8월 15일(甲辰).

66 《태종실록》 권34, 17년(1417) 7월 14일(丁卯).

67 《태종실록》 권34, 17년 8월 3일(丙戌).

68 이 밖에도 황엄과 해수 등 환관 사신들은 조선에 와서 여러 가지 토색질과 패악질 을 서슴지 않았는데, 그들의 행적에 대해서는 陳學霖, 〈明永樂朝宦禍擧隅: 黃儼奉使 朝鮮事蹟綴輯〉, 《明代人物與傳說》, 香港: 中文大學出版社, 1997 및 陳學霖, 〈海壽: 永 樂朝一位朝鮮籍宦官〉, 《明代人物與史料》, 香港: 中文大學出版社, 2001에 매우 상세 하게 묘사되어 있다.

69 《태종실록》 권13, 7년(1407) 6월 6일(戊子).

70 《태종실록》 권15, 8년(1408) 4월 17일(乙未).

71 陳學霖, 앞의 논문, 2001, 155~156쪽.

72 《태종실록》 권14, 7년(1407) 8월 6일(丁亥). "欽差內史韓帖木兒·尹鳳·李達·金得南 等, 齎禮部咨來 (중략) 咨曰: '本部尙書趙羾欽奉聖旨,《恁禮部便行文書, 與朝鮮國王知 道, 取火者來, 這裏使用.》' 韓帖木兒口宣聖旨 (중략) '但咨文內不限其數者. 若朕有定數,

而國王不能充額, 則恐傷國王至誠事朕之意.' 上私謂韓帖木兒曰, '帝意如何?' 帖木兒曰, '不下三四百.'"

73 《태종실록》권18, 9년(1409) 10월 21일(己未).

74 《태종실록》권14, 7년(1407) 8월 29일(庚戌).

75 《태종실록》권19, 10년(1410) 2월 6일(癸卯).

76 《태종실록》권19, 10년 2월 13일(庚戌).

77 예컨대 홍무제 즉위 마지막 해인 홍무 31년(1398), 그가 붕어하기 불과 두 달 전에도 명의 최고위 군사기구인 오군도독부五軍都督府가 조선이 변방에서 소란을 피우고 있으니 조선을 정벌하자는 상주를 올린 바 있었다. 《명태조실록》권257, 홍무 31년(1398) 4월 4일(庚辰).

78 《태종실록》권18, 9년(1409) 11월 15일(癸未).

79 《태종실록》권18, 9년 11월 18일(丙戌).

80 《세종실록》권13, 3년(1421) 9월 21일(辛巳).

81 《세종실록》권13, 3년 9월 24일(甲申).

82 남지대, 〈조선 태종의 왕위와 왕통의 정당화〉, 《한국문화》63, 2013, 254~261쪽 및 270~272쪽 참조.

83 《세종실록》권3, 원년(1419) 1월 19일(甲子). 이때 고명을 가지고 온 사신도 황엄이었다.

84 《세종실록》권7, 2년(1420) 3월 19일(丁亥).

85 《세종실록》권7, 2년 3월 20일(戊子).

86 《세종실록》권21, 5년(1423) 8월 18일(丙寅).

87 《세종실록》권21, 5년 8월 19일(丁卯).

88 《세종실록》권21, 5년 9월 9일(丁亥).

89 《세종실록》권21, 5년 9월 27일(乙巳).

90 《세종실록》권25, 6년(1424) 7월 8일(辛巳). "今小王不以至誠事我, 前日求老王所使火者, 乃別求他宦以送."

91 이에 대해서는 정동훈, 〈고려 원종·충렬왕 대의 친조 외교〉, 《한국사연구》177, 2017 참조.

92 원민생이 주문사로 파견된 것은 세종 6년 4월 4일의 일이었다. 《세종실록》6년 6

월 24일 자 기사에 수록된 원민생의 보고서에 따르면, 그가 행재소行在所에서 황제를 알현한 것은 5월 16일이었다고 한다. 영락제는 그해 7월 18일에 사망했다.

93 《세종실록》 권25, 세종 6년(1424) 7월 8일(辛巳).

제3장 선덕제의 말을 명나라 기록은 어떻게 조작했을까

1 孟森, 《明淸史講義》 上冊, 北京: 商務印書館, 2010, 121쪽.

2 《明史》 권9, 宣宗. "贊曰, 仁宗爲太子, 失愛於成祖. 其危而復安, 太孫蓋有力焉. 卽位以後, 吏稱其職, 政得其平, 綱紀修明, 倉庾充羨, 閭閻樂業, 歲不能災. 蓋明興至是曆年六十, 民氣漸舒, 蒸然有治平之象矣. 若乃强藩猝起, 旋卽削平, 掃蕩邊塵, 狡寇震懾, 帝之英姿睿略, 庶幾克繩祖武者歟."

3 《明史紀事本末》 권28, 〈仁宣致治〉. "三楊作相, 夏蹇同朝. (중략) 仁宣之間, 化理郅隆, 又能進賢退不肖."

4 朱子彦, 〈明代《仁宣至治》述論〉, 《史學集刊》 1985年 第3期; 趙毅·劉國輝, 〈略論明初"三楊"權勢與"仁宣之治"〉, 《東北師大學報》(哲學社會科學版), 1997年 第1期; Hok-lam Chan, "The Chien-wen, Yung-lo, Hung-hsi, and Hsüan-te reigns, 1399~1435," Denis Twitchett and Frederick W. Mote eds., *The Cambridge History of China Volume 7: The Ming Dynasty, 1368~1644, Part 1,* Cambridge: Cambridge University Press, 1998, pp. 286~288.

5 Jung-pang Lo, "Policy Formulation and Decision-Making on Issues Respecting Peace and War," Charles O. Hucker ed., *Chinese Government in Ming Times*, New York: Columbia University Press, 1969, pp. 69~70; 張治安, 《明代政治制度研究》, 臺北: 聯經出版事業公司, 1991 중 〈廷議〉 및 〈廷推〉 참조.

6 趙中南, 〈論朱瞻基的歷史地位〉, 《北方論叢》 2004年 第4期, 228쪽.

7 全淳東, 〈明朝 前期 宦官 勢力의 推移와 機能〉, 《中國史研究》 61, 2009, 76~78쪽. 환관기구의 설립과 폐지, 그 기능의 변동 등에 대한 종합적 서술은 Shih-shan Henry Tsai, *The Eunuchs in the Ming Dynasty*, New York: State University of New York Press, 1996, pp. 39~56 참조.

8 張治安,〈內閣的〈票擬〉〉, 앞의 책, 77~98쪽; 李福君,《明代皇帝文書研究》, 天津: 南開大學出版社, 2015, 155~165쪽 참조.

9 Charles O. Hucker, *The Ming Dynasty: Its Origins and Evolving Institutions*, Ann Arbor: University of Michigan Press, 1978, pp. 95~96.

10 曹永祿,〈明代 前期에 있어서의 科道官體系의 형성과정〉,《東方學志》51, 1986, 144쪽.

11 이 밖에도 선덕 연간의 정치 운영에 대한 종합적인 평가는 Charles O. Hucker, *The Censorial System of Ming China*, Stanford: Stanford University Press, 1966, pp. 109~117; 吳緝華,〈明仁宣時內閣制度之變與宦官僭越相權之禍〉,《明代制度史論叢》上, 臺北: 臺灣學生書局, 1970; 楊國楨·陳支平,《明史新編》, 北京: 人民出版社, 1993, 122~131쪽; 孟森,《明史講義》, 南京: 江蘇人民出版社, 2019, 118~127쪽 등을 참조.

12 Charles O. Hucker, *op. cit.*, 1978, p. 96.

13 《皇明詔令》권6,〈卽位詔〉. 다음과 같은 표현에서 홍희제의 강력한 의지가 엿보인다. "不急之務, 一切停罷." "期與天下安於太平." 이 문서는 발령된 지 50일 만에 서울에도 공식 전달되었다.《세종실록》권26, 6년(1424) 10월 15일(丙辰).

14 아리미야 마나부, 전순동·임대희 옮김,《북경 천도 연구》, 서경문화사, 2016 중 제5장 및 제6장 참조.

15 선덕 연간 명조의 안남 철수에 대해서는 陳文源,《明代中越邦交關係研究》, 北京: 社會科學文獻出版社, 2019, 111~129쪽 참조.

16 陳尚勝,〈論宣德至弘治時期(1426~1505)明朝對外政策的收縮〉,《山東大學學報》(哲學社會科學版) 1994年 第2期, 80~83쪽.

17 앞의 논문들 외에도 趙中男·于虹,〈明代宣德時期的中外關係〉,《西南師範大學學報》(人文社會科學版) 30-6, 2004 참조. 송미령 역시 홍희–선덕 연간에는 홍무제가 지향했던 질서로 복원하는 방식으로, 영락 연간의 팽창적 대외 정책이 조정을 거쳤다고 분석하였다. 송미령,〈明 洪熙·宣德 연간(1424~1435) '西洋'에 대한 정책 변화와 實相〉,《역사와 경계》100, 2016.

18 대표적으로 박원호,〈명과의 관계〉,《신편 한국사》22, 국사편찬위원회, 1995; 한명기,〈세종 시대 대명 관계와 사절의 왕래〉, 세종대왕기념사업회 편,《세종문화사대계》3, 세종대왕기념사업회, 2001; 조영헌,〈15세기 한중 관계사: 禮制的─

元的 책봉·조공의 확립〉, 《東洋史學研究》 140, 2017 등.

19 《世宗實錄》 권58, 14년(1432) 11월 18일(癸酉). "前朝大臣累行詐謠, 太祖高皇帝譴責不貸. 開國之後, 率先歸附, 事之彌勤, 帝待之以厚. 至太宗皇帝, 我太宗敬事甚篤, 傳至寡躬, 至誠臣事, 累蒙襃獎之恩. 近來勅書丁寧切至, 前後所無."

20 《세종실록》 권53, 13년(1431) 8월 19일(辛亥). "今之勅書有辭, 如弄孤兒, 曾謂皇帝至如是乎."

21 《세종실록》 권54, 13년 10월 14일(乙巳). "不明之君在上, 宦官用事."

22 《세종실록》 권42, 10년(1428) 11월 11일(己未). "又嘗聞大金播遷, 實由鷹子之故."

23 이 점에 대해서는 外山軍治, 〈金朝治下的契丹人〉, 《金朝史研究》, 東京: 同朋社, 1964 참조.

24 《明太宗實錄》 권273, 영락 22년(1424) 7월 辛卯(18일).

25 《皇明詔令》 권6, 成祖文皇帝, 〈皇太子宣大行皇帝遺命令諭〉 영락 22년(1424) 8월 10일.

26 《세종실록》 권25, 6년(1424) 9월 1일(癸酉).

27 《세종실록》 권25, 6년(1424) 9월 15일(丁亥).

28 《세종실록》 권26, 6년(1424) 10월 5일(丙午).

29 《세종실록》 권26, 6년(1424) 10월 11일(壬子).

30 《세종실록》 권26, 6년(1424) 10월 15일(丙辰); 《皇明詔令》 권7, 仁宗昭皇帝, 〈卽位詔〉 영락 22년(1424) 8월 15일.

31 《세종실록》 권27, 7년(1425) 2월 11일(辛亥).

32 《세종실록》 권28, 7년(1425) 6월 1일(己亥). "遣知申事郭存中, 授進獻煤燈盞石二塊於使臣, 使臣又請三塊, 存中言具難. 使臣曰, '予初來時, 承宣諭燈盞石五塊將來, 下馬日已傳于殿下. 雖差小不準體制, 必加備三塊以來.'"

33 《세종실록》 권27, 7년(1425) 2월 25일(乙丑).

34 《세종실록》 권28, 7년(1425) 4월 15일(甲寅).

35 《세종실록》 권29, 7년(1425) 7월 21일(戊子).

36 〈표 1〉에서 체류 기간은 명 사신이 서울에 도착하여 세종이 모화루慕華樓에 나가 이들을 맞이한 날로부터 서울을 떠난 날까지를 헤아렸다. 사신단이 의주와 서울을 왕복한 기간을 고려하면 조선 국내에 머문 기간은 훨씬 길어진다. 단 전체 기간 내

내 사신이 서울에 머물렀던 것은 아니다. 조선 출신 환관들은 자신의 고향 집에 다녀오기도 하였고, 〈비고〉에 기록했듯이 해청 등을 잡으러 함경도 일대로 다녀오기도 했다.

³⁷ 《세종실록》 권31, 8년(1426) 3월 12일(丙午). "皇帝勅諭朝鮮國王李祹. 朕恭膺天命, 嗣承寶位. 王屢遣使, 奉表及方物來觀, 具見至誠. 往賜王及王妃綵幣, 王其體朕至懷. 故諭."

³⁸ 《세종실록》 권49, 12년(1430) 7월 17일(乙卯).

³⁹ 《세종실록》 권32, 8년(1426) 5월 28일(辛酉); 권34, 8년(1426) 11월 24일(癸丑).

⁴⁰ 《세종실록》 권39, 10년(1428) 3월 26일(戊申).

⁴¹ 《세종실록》 권45, 11년 8월 18일(壬辰).

⁴² 《세종실록》 권46, 11년(1429) 12월 13일(乙酉). "覽表具悉. 金銀旣非本國所産, 自今貢獻, 但以土物效誠." 조선 초기의 금은 조공 면제 과정에 대해서는 末松保和, 〈麗末鮮初における對明關係〉, 《靑丘史草》 1, 東京: 笠井出版印刷社, 1965, 454~462쪽 및 정동훈, 〈15세기 조명 관계와 조선의 대응〉, 동북아역사재단 한국외교사편찬위원회 편, 《한국의 대외관계와 외교사: 조선 편》, 동북아역사재단, 2018, 133~136쪽 참조.

⁴³ 《세종실록》 권58, 14년(1432) 11월 18일(癸酉).

⁴⁴ 《세종실록》 권33, 9년(1427) 4월 21일(己卯); 권56, 14년(1432) 5월 29일(丙戌).

⁴⁵ 《세종실록》 권61, 15년(1433) 윤8월 10일(庚申); 권66, 16년(1434) 10월 12일(乙卯).

⁴⁶ 《세종실록》 권59, 15년(1433) 3월 22일(乙亥). 선덕 연간 조선과 명, 그리고 여진의 관계에 대해서는 朴元熇, 〈宣德年間 明과 朝鮮間의 建州女眞〉, 《亞細亞硏究》 88, 1992(朴元熇, 《明初朝鮮關係史硏究》, 一潮閣, 2002에 재수록) 참조.

⁴⁷ 《세종실록》 권49, 12년(1430) 7월 17일(乙卯). "王國中所産諸品海味嘉魚及豹, 大犬, 海靑, 好鷹, 白·黃鷹, 可採取進來."

⁴⁸ 《태종실록》 권11, 6년(1406) 4월 19일(己卯); 권13, 7년(1407) 5월 18일(辛未).

⁴⁹ 《태종실록》 권14, 7년(1407) 8월 6일(丁亥).

⁵⁰ 《세종실록》 권50, 12년(1430) 11월 11일(戊申); 권62, 15년(1433) 10월 13일(壬戌).

⁵¹ 《세종실록》 권62, 15년(1433) 10월 13일(壬戌).

⁵² 《세종실록》 권66, 16년(1434) 12월 24일(丁卯).

⁵³ 《세종실록》 권53, 13년(1431) 8월 19일(辛亥).

[54] 《세종실록》 권56, 14년(1432) 5월 29일(丙戌).

[55] 《명사》 권148, 열전 36 및 권149, 열전 37.

[56] 《세종실록》 권50, 12년(1430) 11월 6일(癸卯). 창성은 스스로를 일컬어 "나는 어렸을 때부터 장성하기까지 황제를 친숙하게 모셨다"고 과시한 바 있다. 실제로 창성의 묘지명에 따르면 그는 1380년생으로, 1402년부터 황궁에서 근무하였으며, 1412년부터 당시 황태손이었던 선덕제를 곁에서 모셨다고 한다. 胡丹 輯考, 《明代宦官史料長篇》上, 南京: 鳳凰出版社, 2014, 235~236쪽.

[57] 《세종실록》 권31, 8년(1426) 3월 12일(丙午). "尹鳳欽傳宣諭曰. '爾去朝鮮國, 對王說, 年少的女兒選下者, 等明春, 着人去取.' 又欽傳宣諭曰. '選揀會做茶飯的女僕進獻.'"

[58] 《세종실록》 권32, 8년(1426) 4월 10일(癸酉). "上曰, '昔年進處女, 元閔生欽奉聖旨來, 故別差陪臣, 齎進奏本, 今者尊使, 親傳密旨, 其奏本, 尊使齎進歟. 別差陪臣, 齎進歟. 且如此事, 欽差回還時, 齎奏本以進, 亦有前例, 如之何而可也.' 鳳曰, '子當回進奏本.'"

[59] 《세종실록》 권37, 9년(1427) 7월 20일(丙午).

[60] 이 여인은 한확韓確의 누이로, 영락제의 후궁으로 뽑혀갔다가 순장된 언니의 뒤를 이어 공녀로 선발되었다. 그녀는 선덕제의 후궁이 되었다가, 훗날 성화제成化帝가 되는 황자를 어린 시절 돌보아준 덕에 성화제에게 매우 좋은 대우를 받았다. 이를 바탕으로 그녀는 세조~성종 연간에 명 조정에서 조선과의 관계에 큰 영향력을 행사하였다. 한희숙, 〈조선 초 명 선덕제 후궁 공신부인 한씨가 조선에 끼친 영향〉, 《여성과 역사》 26, 2017 참조. 조선 초 명에 진헌된 공녀와 그들의 일생, 그리고 그들이 조선-명 관계에 끼친 영향에 대해서는 서인범, 《자금성의 노을: 중국 황제의 후궁이 된 조선 자매》, 역사인, 2019가 상세하다. 이 밖에도 林常薰, 〈明初 朝鮮 貢女의 性格〉, 《東洋史學研究》 122, 2013; 林常薰, 〈明初 朝鮮 貢女 親族의 政治的 成長과 對明外交活動―權永均과 韓確을 中心으로〉, 《明淸史研究》 39, 2013 등을 참조.

[61] 《세종실록》 권41, 10년(1428) 7월 19일(己巳).

[62] 《세종실록》 권41, 10년(1428) 7월 8일(戊午); 13일(癸亥); 19일(己巳).

[63] 《세종실록》 권44, 11년(1429) 5월 2일(丁未); 권45, 11년 7월 21일(乙丑).

[64] 《세종실록》 권44, 11년(1429) 5월 3일(戊申).

[65] 사신이 황제를 알현하여 직접 대화를 나누었을 경우에는 사신의 귀국 보고에서 특별히 언급하였다. 예컨대 《세종실록》 권39, 10년(1428) 2월 12일(甲子); 2월 16일(戊

辰) 등. 이때 조선 사신은 해청과 노란 매를 바치러 갔던 이사검李思儉이었는데, 선덕제는 그에게 다음과 같이 말했다고 한다. "너희 전하는 지성껏 좋은 해청을 바쳤는데, 해청은 비록 죽었으나 지성은 알 만하다. 바친 노란 매 또한 좋은 것이니 비록 해청은 아니지만 좋은 매가 있다면 또한 모두 바쳐라. 연어알 젓갈과 계응係鷹, 좋은 사슴 가죽 1천 장, 아청鴉靑 비단, 투구[兜牟] 2부도 모두 준비해서 바쳐라."

66 《세종실록》 권35, 9년(1427) 2월 丁丑(19일); 권36, 9년 4월 己卯(21일).

67 《세종실록》 권48, 12년(1430) 4월 21일(庚寅); 권50, 12년 윤12월 27일(癸亥); 권60, 15년(1433) 6월 17일(戊戌); 권61, 15년 윤8월 24일(甲戌) 등.

68 《세종실록》 권45, 11년(1429) 7월 19일(癸亥).

69 선덕제는 이를 통해 몽골 칸의 이미지를 자신에게 구현하고자 했다고 한다. David M. Robinson, "The Ming Court and the Legacy of the Yuan Mongols," David M. Robinson ed., *Culture, Courtiers, and Competition: The Ming Court*(1368~1644), Cambridge: Harvard University Press, 2008, pp. 386~389.

70 《세종실록》 권54, 13년(1431) 12월 5일(丙申).

71 선덕 연간에 조선에 파견되었던 명의 환관 가운데 창성은 중국인이었으나, 윤봉을 비롯한 나머지 대부분은 조선인이었다. 명에서 고려·조선 출신 환관들을 사신으로 활용한 일은 이미 홍무 연간 초년부터 있었는데, 이에 대해서는 정동훈, 〈명초 국제질서의 재편과 고려의 위상〉, 《역사와 현실》 89, 2013 참조. 조선 출신 환관들이 사신으로 와서 행한 행태에 대해서는 曹永祿, 〈鮮初의 朝鮮出身 明使考〉, 《國史館論叢》 14, 1990 및 鄭求先, 〈鮮初 朝鮮出身 明 使臣의 行蹟〉, 《慶熙史學》 23, 2004 참조.

72 《세종실록》 권62, 15년(1433) 10월 11일(庚申). "宣諭之事, 不在勅書, 然事干宮禁, 將以欽依乎. 盛嘗曰, '若處女則不可筆之於書, 故玆有宣諭.' 盛言未必不是. 今宣諭之事, 倘或處女, 則事干宮禁, 不可以宣諭爲辭. 若以事干宮禁, 從其宣諭, 則遂爲後例, 何以處之."

73 《성종실록》 권99, 9년(1478) 12월 23일(庚戌).

74 《세종실록》 권68, 17년(1435) 4월 26일(丁卯).

75 《세종실록》 권39, 10년(1428) 2월 17일(己巳).

76 《세종실록》 권43, 11년(1429) 1월 4일(辛亥).

77 《세종실록》권43, 11년(1429) 1월 16일(癸亥). "今來使臣稱聖旨, 求玉燈·狗兒, 狗兒
之求似實, 而玉燈則以不實. 以使臣齎獻玉燈奏本, 付于謝恩入朝崔得罪之墻, 若何? 宜將
此意, 諷于使臣."

78 《태종실록》권22, 11년(1411) 8월 15일(甲辰). 이 책의 제2장 참조.

79 《세종실록》권61, 15년(1433) 윤8월 24일(甲戌). "上日, '(중략) 在昔判府事卞季良言
於予日, 〈自今以後, 雖內官口傳之言, 皆稱聖旨, 則朝廷於鷹犬處女等事, 必不公然爲之〉
其言, 理或然也.'"

80 《세종실록》권46, 11년(1429) 12월 13일(乙酉). "自今朝廷所遣內官·內史人等至王國
中, 王但以禮待之, 毋贈遺以物. 朝廷凡取索物件, 惟憑御寶勑書應付. 若口傳朕之言語取
索及非理需求者, 悉勿聽."

81 《세종실록》권49, 12년(1430) 7월 17일(乙卯). "王國中所産諸品海味·嘉魚及豹·大犬·
海靑·好鷹·白黃鷹, 可採取進來."

82 《세종실록》권49, 12년(1430) 8월 4일(壬申); 권50, 12년 12월 15일(辛巳) 등.

83 《세종실록》권49, 12년(1430) 8월 6일(甲戌).

84 《세종실록》권52, 13년(1431) 8월 19일(辛亥).

85 《세종실록》권58, 14년(1432) 12월 2일(丁亥).

86 《세종실록》권41, 10년(1428) 8월 7일(丙戌).

87 《세종실록》권46, 11년(1429) 11월 2일(甲辰). "惟王聰明特達, 恭事朝廷. 前遣人所進
海靑·鷹犬, 足見王之至誠, 朕深嘉悅. 玆遣內官金滿, 齎勑諭王, 特賜白磁器十五卓. 王國
中有好海靑及籠黃鷹·大犬, 尋訪進來, 尤見王之美意. 故玆勑諭, 宜體至懷."

88 《明宣宗實錄》권58, 선덕 4년(1429) 9월 28일(丁卯). "勑朝鮮國王李祹日, '王比遣使,
進海靑鷹犬, 足見王之誠意. 使回, 賜王磁器十五卓, 至可領之. 王國中固多珍禽異獸, 然
朕所欲, 不在於此, 自今勿獻.'"

89 《세종실록》권46, 11년(1429) 11월 12일(甲寅).

90 《세종실록》권46, 11년(1429) 11월 16일(戊午).

91 《세종실록》권45, 11년(1429) 7월 19일(癸亥); 권46, 11년(1429) 11월 12일(甲寅).

92 《세종실록》권46, 11년 12월 13일(乙酉); 권48, 12년(1430) 4월 21일(辛卯).

93 《殊域周咨錄》권1, 朝鮮. "宣德 五年, 祹遣使獻海靑鷹. 使還, 上賜王磁器, 諭祹, '王
國中多珍禽異獸, 然朕所欲不在此, 後勿獻.'"

94 《國榷》권21, 宣宗 宣德 4년 9월 28일(癸亥). "勅朝鮮國王李祹曰, '王間者薦其遠誠, 海青鷹犬, 不以實苑囿, 遣使來獻. 使還, 答王陶器十五幾. 王國誠多怪獸珍禽, 然非朕所畜. 幸自今已之.'"

95 《明史》권320, 外國, 朝鮮, 宣德 4년. "祹賜書, '珍禽異獸, 非朕所貴, 其勿獻'"

96 《禮部志稿》권90, 朝貢備考, 夷貢令, 〈戒珍禽奇獸勿貢〉"宣德七年十一月, 朝鮮國王李祹遣陪臣趙琠·金玉振等, 貢醃松菌及鷹. 上諭行在禮部臣曰, "朝鮮貢獻煩數已, 非朕所欲. 今乃獻松菌及鷹, 菌食物也, 鷹何所用. 珍禽奇獸, 古人所戒. 可諭其使, 自今所貢, 但服食器用之物, 若鷹犬之類, 更勿進獻."《禮部志稿》권2, 聖訓, 宣宗章皇帝, 〈朝貢之訓〉에도 동일한 내용이 실려 있다. 그리고 《예부지고》의 이 기록은 《명선종실록》 권96, 선덕 7년 11월 16일(辛未)조의 동일한 기사를 바탕으로 한 것으로 보인다.

97 이 책의 편찬 경위와 조선에의 반포 전말에 대해서는 조계영, 〈조선 시대『歷代君鑑』·『歷代臣鑑』의 수용 양상과 특징〉, 《奎章閣》 38, 2011 참조.

98 《성종실록》권113, 11년(1480) 1월 18일(己亥). "侍講官成俔啓曰, '(중략) 宣德之於我國, 徵求甚煩, 以至求女·求金, 殆無虛歲, 特鷹鷹犬, 必無是理. 而其時史官, 不據事直書, 何以鑑後. 請刪去不錄.'"

99 다만 현재 서울대학교 규장각한국학연구원에 소장되어 있는 《歷代君鑑》(奎中 4111 등)에는 해당 부분이 삭제되지 않고 그대로 수록되어 있는데(조계영, 앞의 논문, 32~33쪽), 이는 현전하는 이 책이 명에서 출판한 것이기 때문이다. 성종 대에 이루어진 교정의 결과가 출판으로까지 이어졌는지는 알 수 없다.

100 《세종실록》권127, 32년(1450) 2월 22일(丁酉).

101 《세종실록》권127, 32년(1450) 2월 22일(丁酉). "歲事克虔, 天眷彌隆. 綸褒諄切, 錫賚稱重."

102 趙中男, 《宣德皇帝大傳》, 瀋陽: 遼寧教育出版社, 1994, 200쪽.

103 《大明宣宗皇帝御製集》권35, 〈朝鮮遣使入貢〉. 趙中男, 앞의 책, 201쪽에서 재인용. 번역은 필자.

104 후단胡丹, 이성희 옮김, 《명나라 후궁 비사》, 홀리데이북스, 2019, 257~297쪽.

105 예컨대 鄭彩雲, 〈明宣宗弊政及其對明後期政局的影响〉, 《南昌航空大學學報》(社會科學版) 15-4, 2013; 鄭彩雲, 〈論朱瞻基與明代的宦官之禍〉, 《湖南廣播電視大學學報》 58, 2014 등.

106 선덕제가 붕어한 후 반년 만에 정통제는 《명선종실록》 편수를 명하면서 그 책임자로 장보張輔를 비롯하여 삼양을 임명하였다. 《明英宗實錄》 권7, 宣德 10년(1435) 7월 7일(丙子). 장보는 감수의 역할을, 그리고 삼양이 실제 총재總裁의 역할을 맡았다고 한다. 謝貴安, 《明實錄研究》, 武漢: 湖北人民出版社, 2003, 219~222쪽 참조.

제4장 정통제의 등극과 반전

1 이 복잡한 과정에 대해서는 권용철, 《원대 중후기 정치사 연구》, 온샘, 2019, 222~258쪽 참조.

2 전자는 전해종全海宗, 후자는 페어뱅크Fairbank의 평가에 기댄 바가 크다. 全海宗, 〈韓中 朝貢關係 槪觀〉, 《韓中關係史》, 一潮閣, 1970, 50~51쪽; John K. Fairbank, "A Preliminary Framework," *Chinese World Order: Traditional China's Foreign Relations*, Cambridge: Harvard University Press, 1968, p. 11.

3 박원호, 〈고려말 조선초 대명외교의 우여곡절〉, 《한국사시민강좌》 36, 2005.

4 14세기 후반의 고려·조선-명 관계의 우여곡절을 몽골제국의 붕괴에 따른 동아시아 국제 정세의 변화 속에서 파악하고자 한 연구로는 정동훈, 〈몽골제국의 붕괴와 고려-명의 유산 상속분쟁〉, 《역사비평》 121, 2017 참조.

5 예컨대 박원호, 〈명과의 관계〉, 국사편찬위원회 편, 《신편 한국사》 22, 국사편찬위원회, 1995; 전순동, 〈명 태조의 대고려·조선 정책에 대한 몇 가지 문제〉, 최소자 교수 정년기념논총 간행위원회 편, 《동아시아 역사 속의 중국과 한국》, 서해문집, 2005; 조영헌, 〈15세기 한중 관계사: 禮制的一一元的 책봉·조공의 확립〉, 《東洋史學研究》 140, 2017, 20쪽 등.

6 安貞姬, 〈朝鮮初期의 事大論〉, 《歷史敎育》 64, 1997.

7 대표적으로 한명기, 〈세종 시대 대명 관계와 사절의 왕래〉, 세종대왕기념사업회 편, 《세종문화사대계》 3, 세종대왕기념사업회, 2001 등.

8 예컨대 박성주, 〈조선초기 遣明 使節에 대한 일고찰〉, 《경주사학》 19, 2000, 156~158쪽; 구도영, 〈조선 전기 對明 陸路使行의 형태와 실상〉, 《震檀學報》 117, 2013, 69쪽.

9 〈표 1〉·〈표 2〉·〈표 3〉은 각 국왕과 황제의 재위 기간에 파견된 사신의 수를 헤아 린 것으로, 정확히는 해당 사신이 누구 명의의 문서를 가지고 갔는지를 기준으로 파 악하였다. 예컨대 경태 6년(1455)은 단종 3년이자 동시에 세조 원년인데, 그해 윤6 월에 왕위 교체 승인을 요청하러 파견된 김하金何는 단종 명의의 주본을 가지고 갔 으므로 단종의 사신으로 파악하였다. 《世祖實錄》 권1, 원년 윤6월 29일(癸酉).

10 《세종실록》 권94, 23년(1441) 12월 26일(戊午).

11 末松保和, 〈麗末鮮初における對明關係〉, 《靑丘史草》 1, 東京: 笠井出版印刷社, 1965, 424~425쪽; 정동훈, 〈15세기 조명 관계와 조선의 대응〉, 동북아역사재단 한국외 교사편찬위원회 편, 《한국의 대외관계와 외교사》 조선편, 동북아역사재단, 2018, 117쪽.

12 정동훈, 앞의 논문, 2018, 117~118쪽.

13 《태종실록》 권17, 9년(1409) 5월 3일(甲戌).

14 林常薰, 〈明初 朝鮮 貢女의 性格〉, 《東洋史學硏究》 122, 2013. 단 이 연구에서는 선 덕 연간에 공녀 차출이 네 차례였다고 보았는데, 이 가운데 뒤의 두 번은 가무를 잘하거나 요리를 잘하는 여인을 데려간 것으로, 황제의 후궁으로 삼기 위한 처녀 를 데려간 앞의 다섯 차례와는 성격이 다르다.

15 서인범, 《자금성의 노을: 중국 황제의 후궁이 된 조선 자매》, 역사인, 2019 참조.

16 鄭求先, 〈鮮初 朝鮮出身 明 使臣의 行蹟〉, 《慶熙史學》 23, 2004, 113~114쪽.

17 예컨대 《세종실록》 권44, 11년(1429) 5월 3일(戊申).

18 《세종실록》 권25, 세종 6년(1424) 7월 8일(辛巳) ; 권66, 16년(1434) 12월 24일(丁卯).

19 이규철, 《정벌과 사대》, 역사비평사, 2022.

20 이들 환관 사신들의 활동에 대해서는 몇몇 연구에서 묘사한 바 있다. 曺永祿, 〈鮮 初의 朝鮮出身 明使考〉, 《國史館論叢》 14, 1990; 陳學霖, 〈明永樂朝宦禍擧隅: 黃儼奉 使朝鮮事蹟綴輯〉, 《明代人物與傳說》, 香港: 中文大學出版社, 1997; 陳學霖, 〈海壽: 永 樂朝一位朝鮮籍宦官〉, 《明代人物與史料》, 香港: 中文大學出版社, 2001; 鄭求先, 앞의 논문, 2004 등 참조.

21 《세종실록》 권58, 14년(1432) 12월 2일(丁亥).

22 《세종실록》 권34, 8년(1426) 11월 18일(丁未).

23 《세종실록》 권35, 9년(1427) 2월 19일(丁丑); 권36, 4월 21일(己卯).

24 《태종실록》 권13, 7년(1407) 6월 6일(戊子); 권15, 8년(1408) 4월 17일(乙未).

25 《세종실록》 권36, 9년(1427) 5월 6일(癸巳).

26 《세종실록》 권37, 9년(1427) 7월 25일(辛亥); 권38, 9년 11월 18일(壬辰) 등.

27 《세조실록》 권3, 2년(1456) 4월 20일(己未); 권5, 2년 8월 14일(辛亥); 8월 30일(丁卯). 이때가 윤봉의 마지막 조선 사행이었다.

28 《吏文》 3-33, 〈免世子來朝禮部咨〉. 구범진 역주, 《역주 이문》 中, 세창출판사, 2012, 1~10쪽 참조.

29 《세종실록》 권56, 14년(1432) 6월 3일(庚寅).

30 《태조실록》 권3, 2년(1393) 4월 17일(辛卯).

31 《태종실록》 권7, 4년(1404) 4월 18일(戊子); 4월 28일(戊戌); 6월 22일(辛卯) 등.

32 《세종실록》 권51, 13년(1431) 정월 28일(癸巳); 3월 23일(丁亥).

33 《세종실록》 권54, 13년 10월 14일(乙巳).

34 《세종실록》 권54, 13년 12월 6일(丁酉); 11일(壬寅); 13일(甲辰).

35 《세종실록》 권56, 14년(1432) 4월 3일(辛卯).

36 《세종실록》 권56, 14년 5월 29일(丙戌). "今得王奏, 國中所産不多, 朕已具悉, 可隨見有者, 送來交易, 餘卽止之."

37 《세종실록》 권56, 14년 6월 3일(庚寅).

38 《세종실록》 권57, 14년 7월 11일(丁卯).

39 이에 대해서는 정동훈, 〈말 100필인가, 1,000필인가—고려-명 관계에서 세공 문제〉, 《한국중세사연구》 68, 2022 및 정동훈, 〈3년 1공인가, 4년 1공인가—고려-명 관계에서 歲貢 빈도와 《명태조실록》의 조작〉, 《韓國史學報》 86, 2022 참조.

40 柳承宙, 〈朝鮮前期 對明貿易이 國內産業에 미친 影響〉, 《亞細亞研究》 82, 1989, 6~7쪽.

41 《태종실록》 권17, 9년(1409) 윤4월 28일(庚午). "眉壽至京, 詣禮部呈請免金銀咨. 後數日, 尙書趙羾見眉壽發怒, 折辱之, 且曰, '爾國蒙帝恩特厚, 不宜有此請.' 遂批示眉壽曰, '我見蒙欽差往山西等處公幹. 爾勤文書來, 說稱本國不産金銀, 欲將別物代貢. 係干有違洪武年間舊制, 我自不敢與恁奏. 恁要奏時, 明日早自奏. 我禮部家不是恁借備的.'"

42 《세종실록》 권8, 2년(1420) 5월 2일(己巳). 이 사안에 대해서는 末松保和, 앞의 논문, 454~462쪽; 정동훈, 앞의 논문, 2018, 133~135쪽 등을 참조.

43 《세종실록》 권45, 11년(1429) 7월 18일(壬戌); 8월 18일(壬辰).

44 《세종실록》 권46, 11년 11월 29일(辛未).

45 《세종실록》 권46, 11년 12월 6일(戊寅). "本國奏免歲貢金銀, 鳳頗有力"; 권53, 13년 (1431) 8월 28일(庚申). "至己酉歲, 請免金銀, 鳳之功, 不爲不多"; 권54, 13년 12월 13 일(甲辰). "昌盛對曰, '(중략) 前此金銀之貴, 因吾奏達, 帝卽蠲之.'"

46 《태종실록》 권11, 6년(1406) 5월 23일(壬子).

47 《세종실록》 권41, 10년(1428) 9월 8일(丁巳).

48 《세종실록》 권54, 13년(1431) 12월 12일(癸卯).

49 《고려사》 권44, 공민왕 22년(1373) 7월 13일(壬子). "我差人呵, 不肯差漢兒人, 都是你 那里本國人. 恁每問我這里事體動靜, 它不敢不說與恁."

50 《태종실록》 권13, 7년(1407) 6월 6일(戊子).

51 《세종실록》 권50, 12년(1430) 11월 6일(癸卯). 창성昌盛의 묘지명에 따르면 1380년 생인 그는 33세가 되던 영락 10년(1412)부터 당시 14세의 황태손, 즉 훗날의 선덕 제를 곁에서 모셨다고 하니, 그의 말이 과장은 아니라고 할 수 있다. 〈神宮監太監昌 公墓誌銘〉, 胡丹 輯考, 《明代宦官史料長篇》上册, 南京: 鳳凰出版社, 2014, 236쪽.

52 《세종실록》 권53, 13년(1431) 8월 10일(壬寅). "贊成許稠對曰, '朝廷政令, 不由朝官, 皆出自司禮監.'"

53 《세종실록》 권53, 13년(1431) 8월 19일(辛亥). "中國任用宦寺, 閹人用事, 我國專因此 輩, 導達誠意."

54 《세종실록》 권54, 13년 11월 12일(辛卯). "我國事大之誠, 必因此輩, 而達于帝."

55 《세종실록》 권54, 13년 10월 14일(乙巳). "且本國之事, 朝廷專委之於盛."

56 정통 연간의 정치사에 대해서는 湯綱·南炳文, 《明史》上, 上海: 上海人民出版社, 1985, 207~210쪽; 冷東, 〈明初三楊與宦官關系論略〉, 《汕頭大學學報》(人文科學版) 8-2, 1992; 楊國槓·陳支平, 《明史新編》, 北京: 人民出版社, 1993, 142~146쪽; Denis Twitchett and Tilemann Grimm, "The Cheng-t'ung, Ching-t'ai, and T'ien-shun Reigns, 1436~1464," Denis Twitchett and Jonh K. Fairbank eds., *The Cambridge History of China* 7, Cambridge: Cambridge University Press, 1998, pp. 305~309; 孟森, 《明史講義》, 南京: 江蘇人民出版社, 2019, 132~136쪽 등 참조.

57 張治安, 《明代政治制度研究》, 臺北: 聯經出版事業公司, 1991 중 〈廷議〉 및 〈廷推〉

참조.

58 조선 세종 대 중반, 양국 사이에서 가장 민감한 사안은 여진 문제였는데, 특히 세종 15년(1433)과 19년(1437)에 조선 측이 단행한 건주위 이만주李滿住에 대한 정벌과 그 사후 처리가 쟁점이 되었다. 문제는 조선이 공격의 대상으로 삼았던 것이 당시 명의 통치체제에 편입되어 위소衛所로 편제된 여진 부족들이었으며, 이만주를 비롯한 여진 추장들 역시 명의 관직을 부여받은 상황이었다는 점이었다. 이 문제 처리를 두고 선덕 연간 말년부터 정통 연간 초반에 걸쳐 양국은 매우 심도 있는 논의를 주고받았다. 이 사안에 대해서는 朴元熇, 〈宣德年間 명과 조선조의 建州女眞〉, 앞의 책, 2002 및 이규철, 〈세종대 대외정벌 정책의 본격화와 파저강 정벌〉;〈세조대 대외정벌 정책의 계승과 대명의식〉,《정벌과 사대》, 역사비평사, 2022 등을 참조.

59 예컨대 당시 예부상서 호영은 선덕 원년(1426)부터 경태 7년(1456)까지 30년 동안 예부상서의 직임을 맡고 있었다(《明史》권169, 胡濙). 세종 29년(1447)에는 주문사로 파견되었던 김하金河가 그를 만나, "우리 전하께서 왕위에 계신 지가 30년인데, 대인께서 예부에 있은 지도 또한 30년으로 우리나라의 일은 밝게 알고 있습니다"라고 언급한 바 있다. 《세종실록》권115, 29년(1447) 1월 9일(壬申). "我殿下在位三十年, 大人在禮部亦將三十年, 明知我國之事."

60 陳學霖, 앞의 논문, 1997 참조.

61 陳學霖, 앞의 논문, 1997, 171~176쪽.

62 《세종실록》권38, 9년(1427) 10월 30일(甲申). "黃儼死後, 被斬棺之罪, 妻與奴婢沒入爲公賤"

63 그는 고려 말인 홍무 24년(1391)에 고려에서 명에 보내진 화자 가운데 한 명이었다. 陳學霖, 앞의 논문, 2001 참조.

64 《明太宗實錄》권273, 영락 22년(1424) 7월 19일(壬辰); 권274, 영락 22년 8월 2일(甲辰).

65 陳學霖, 앞의 논문, 2001, 154쪽.

66 〈神宮監太監昌公墓誌銘〉, 胡丹 輯考, 앞의 책, 2014, 236쪽. "訃聞于上, 惻然駭歎, 賜鈔萬緡以贍喪事, 有司營葬, 遣官諭祭, 始終寵遇之隆, 蔑以加矣."

67 《세종실록》권80, 20년(1438) 정월 10일(乙未)

[68] 《세종실록》권80, 20년 정월 21일(丙午).

[69] 《세종실록》권84, 21년(1439) 3월 18일(丙寅).

[70] 《세종실록》권67, 17년 3월 18일(庚寅).

[71] 《세종실록》권68, 17년 4월 26일(丁卯).

[72] 《세종실록》권68, 17년 4월 26일(丁卯).

[73] 《세종실록》권46, 11년(1429) 12월 13일(乙酉).

[74] 《세종실록》권68, 17년 4월 26일(丁卯). "勅曰, (중략) 李忠等就令展省畢, 卽回京."

[75] 체류 기간은 명 사신이 서울에 도착하여 세종이 모화루에 나가 이들을 맞이한 날로부터
서울을 떠난 날까지를 헤아렸다.

[76] 《세종실록》권92, 23년(1441) 정월 己亥(1일). "恁遞年來進獻朝貢, 我見恁誠心. 如今
天下太平, 人受其祿, 敬順天道, 百姓快活. 說與恁王知道, 說與衆頭目知道."

[77] 《세종실록》권101, 25년(1443) 7월 19일(壬申); 7월 27일(庚辰); 8월 8일(庚寅).

[78] 《세종실록》권115, 29년(1447) 정월 9일(壬申). "若復差人, 不免煩擾."

[79] 李鉉淙, 〈明使接待考〉, 《鄕土서울》12, 1961.

[80] 《세종실록》권78, 19년(1437) 8월 28일(乙酉).

[81] 《세종실록》권94, 23년(1441) 윤11월 20일(癸未).

[82] 《세종실록》권98, 24년(1442) 11월 27일(癸未); 12월 19일(乙巳).

[83] 《세종실록》권113, 28년(1446) 7월 29일(乙未). "何日, '今中國昇平, 胡尙書性本溫雅,
待本國甚厚, 凡所奏請, 盡心爲之. 儻或天下有變, 胡尙書有故, 一失其機, 不可得也. 須及
此時奏請爲便.' 上曰, '金何之議是也. 昔趙尙書性甚猶險, 以我國爲外夷, 凡諸奏請, 皆
斥而不納. 其後呂尙書亦然. 今胡尙書, 凡我國之請, 莫不曲從. 若逢趙尙書之輩, 則何事
得請.'"

[84] 張德信, 《明代職官年表》1, 合肥: 黃山書社, 2009, 442~461쪽 참조.

[85] 예부상서 조공에 대해서는 앞서 살펴본 금은 세공 면제 요청에 대해 비협조적이었
다는 일화와 함께, 태종 11년에 영락제가 몽골 친정에 나섰을 때 조선의 사신이 온
사실을 보고하지 않아 예부상서에서 파면되고 하옥되었다는 일화 등이 확인된다.
《太宗實錄》권17, 9년(1409) 윤4월 28일(庚午); 《明太宗實錄》권119, 영락 9년(1411)
9월(庚午) 등.

[86] 《세종실록》권86, 21년(1439) 9월 1일(丙午). "錦衣衛指揮王息, 本女眞人也. 凡干野人

之事, 無不摠攝."

[87] 《세종실록》 권86, 21년 9월 10일(乙卯).

[88] 《세종실록》 권86, 21년 9월 1일(丙午); 권90, 22년(1440) 7월 1일(辛丑); 권122, 30년 (1448) 12월 24일(丙子) ;《明英宗實錄》 권70, 正統 5년(1440) 8월 17일(丙戌).

[89] 《세종실록》 권6, 원년(1419) 12월 7일(丁丑).

[90] 《세종실록》 권34, 8년(1426) 11월 24일(癸丑). 김문식, 〈조선시대 중국 서적의 수입 과 간행〉,《규장각》29, 2006, 122~124쪽 참조.

[91] 그 결과 편찬된 책이 《資治通鑑思政殿訓義》이다. 이에 대해서는 吳恒寧, 〈朝鮮 世 宗代 《資治通鑑思政殿訓義》와 《資治通鑑綱目思政殿訓義》의 編纂〉,《泰東古典研 究》15, 1998 참조.

[92] 《세종실록》 권67, 17년(1435) 3월 5일(丁丑) ; 권68, 17년 4월 5일(丙午).

[93] 《세종실록》 권69, 17년 8월 24일(癸亥).

[94] 《문종실록》 권3, 즉위년(1450) 8월 3일(甲戌).

[95] 윤봉은 그 뒤 세조의 고명을 가지고 한 차례 더 서울을 방문하였다.《세조실록》 권3, 2년(1456) 2월 20일(己未). 세조가 명측으로부터 즉위를 인정받는 과정에서 윤 봉의 입김이 어느 정도 작용했던 것으로 보인다. 이에 대해서는 장대근, 〈15세기 중엽 조선과 명의 정국과 수양대군의 대명외교〉, 서울대학교 석사학위 논문, 2020 참조

[96] 《세조실록》 권11, 4년(1458) 윤2월 10일(戊辰).

[97] 〈神宮監太監昌公墓誌銘〉, 胡丹 輯考, 앞의 책, 2014, 236쪽. "累使朝鮮, 皆能宣布聖 化, 使夷人悅服, 朝貢者接踵于道. (중략) 朝鮮交址, 使命屢承, 人懷其德, 事克有成. 始終 無間, 內外馳名."

[98] 胡丹 輯考, 앞의 책, 171쪽.

[99] 《세종실록》 권56, 14년(1432) 6월 3일(庚寅).

참고문헌

1. 사료

《高麗史》,《高麗史節要》,《太祖實錄》,《定宗實錄》,《太宗實錄》,《世宗實錄》,《文宗實錄》,《端宗實錄》,《世祖實錄》,《成宗實錄》,《明史》,《明太祖實錄》,《明太宗實錄》,《明宣宗實錄》,《明英宗實錄》,《明太祖御製文集》,《大明宣宗皇帝御製集》,《吏文》,《王忠文集》,《洪武禮制》,《皇明祖訓》,《禮部志稿》,《國榷》,《殊域周咨錄》,《國初列卿紀》,《翰林記》,《國史唯疑》,《皇明詔令》,《歷代君鑑》,《明史紀事本末》

2. 연구서

구범진 역주,《이문 역주》 상, 세창출판사, 2012.

권용철,《원대 중후기 정치사 연구》, 온샘, 2019.

김순자,《韓國 中世 韓中關係史》, 혜안, 2007.

단죠 히로시, 김종수 옮김,《영락제—화이질서의 완성》, 아이필드, 2017.

서인범,《자금성의 노을: 중국 황제의 후궁이 된 조선 자매》, 역사인, 2019.

아리미야 마나부, 전순동·임대희 옮김,《북경 천도 연구》, 서경문화사, 2016.

오함, 박원호 옮김,《주원장전》, 지식산업사, 2003.

이규철,《정벌과 사대》, 역사비평사, 2022.

全海宗,《韓中關係史研究》, 一潮閣, 1970.

정동훈,《고려시대 외교문서 연구》, 혜안, 2022.

후단胡丹, 이성희 옮김,《명나라 후궁 비사》, 홀리데이북스, 2019.

孟森,《明清史講義》上册, 北京: 商務印書館, 2010.

孟森,《明史講義》, 南京: 江蘇人民出版社, 2019.

謝貴安,《明實錄研究》, 武漢: 湖北人民出版社, 2003.

楊國楨·陳支平,《明史新編》, 北京: 人民出版社, 1993.

李福君,《明代皇帝文書研究》, 天津: 南開大學出版社, 2014.

張德信,《明代職官年表》1, 合肥: 黃山書社, 2009.

張文德,《明與帖木兒王朝關係史研究》, 北京: 中華書局, 2006.

張治安,《明代政治制度研究》, 臺北: 聯經出版事業公司, 1991.

趙中男,《宣德皇帝大傳》, 瀋陽: 遼寧教育出版社, 1994.

陳文源,《明代中越邦交關係研究》, 北京: 社會科學文獻出版社, 2019.

湯綱·南炳文,《明史》上, 上海: 上海人民出版社, 1985.

胡丹 輯考,《明代宦官史料長篇》上冊, 南京: 鳳凰出版社, 2014.

檀上寬,《明の太祖朱元璋》, 東京: 白帝社, 1994.

_____,《永樂帝—中華〈世界システム〉への夢 −》, 東京: 講談社, 1997.

山本達郎,《安南史研究》, 東京: 山川出版社, 1950.

鄭樑生,《明·日關係史の研究》, 東京: 雄山閣, 1985.

村井章介 外 編,《日明關係史研究入門—アジアのなかの遣明船》, 東京: 勉誠出版, 2015.

河内良弘,《明代女眞史の研究》, 京都: 同朋舍, 1992.

John W. Dardess, *Confucianism and Autocracy − Professional Elites in the Founding of the Ming Dynasty*, Berkely: University of California Press, 1983.

John K. Fairbank, *Chinese World Order: Traditional China's Foreign Relations*, Cambridge: Harvard University Press, 1968.

Charles O. Hucker, *The Censorial System of Ming China*, Stanford: Stanford University Press, 1966.

_____, *The Ming Dynasty − Its Origins and Evolving Institutions*, Ann Arbor: University of Michigan Center for Chinese Studies, 1978.

David M. Robinson, *Ming China and its Allies: Imperial Rule in Eurasia*, Cambridge: Cambridge University Press, 2020.

Henry Serruys, *Sino-Jürced Relations During the Yung-lo Period*(1403~1424), Wiesbaden: Otto Harrassowitz, 1955.

Shih-shan Henry Tsai, *The Eunuchs in the Ming Dynasty*, New York: State University of New York Press, 1996.

_____, *Perpetual Happiness*, Seattle: University of Washington Press, 2001.

Denis Twitchett and Frederick W. Mote eds., *The Cambridge History of China Volume 7: The Ming Dynasty, 1368~1644*, Part 1, Cambridge: Cambridge University Press, 1998.

3. 연구논문

강성문, 〈朝鮮初期 漫散軍의 流入과 送還〉, 《韓民族의 軍事的 傳統》, 봉명, 2000.

구도영, 〈조선 전기 對明 陸路使行의 형태와 실상〉, 《震檀學報》 117, 2013.

구범진·정동훈, 〈홍무 5년(1372) 명 태조의 고려에 대한 의심과 '힐난 성지'〉, 《明淸史硏究》 55, 2021.

_____, 〈초기 고려-명 관계에서 사행로 문제—요동 사행로의 개통 과정〉, 《한국문화》 96, 2021.

_____, 〈초기 고려-명 관계에서 사행 빈도 문제—'3년 1행'과 《명태조실록》의 기록 조작〉, 《東洋史學硏究》 157, 2021.

金暻綠, 〈明代 公文制度와 行移體系〉, 《明淸史硏究》 26, 2006.

_____, 〈朝鮮初期 軍人送還問題와 朝明間 軍事外交〉, 《軍史》 83, 2012.

金九鎭, 〈五音會의 斡朵里 女眞에 대한 硏究〉, 《史叢》 17·18, 1973.

김난옥, 〈공민왕대 후반 여명 관계와 장자온·설사〉, 《史學硏究》 131, 2018.

김문식, 〈조선 시대 중국 서적의 수입과 간행〉, 《규장각》 29, 2006.

남지대, 〈조선 태종의 왕위와 왕통의 정당화〉, 《한국문화》 63, 2013.

박성주, 〈조선초기 遣明 使節에 대한 일고찰〉, 《경주사학》 19, 2000.

_____, 〈15세기 朝·明간 流民의 發生과 送還〉, 《경주사학》 21, 2002.

박원호, 〈고려말 조선초 대명외교의 우여곡절〉, 《한국사시민강좌》 36, 2005.

백옥경, 〈麗末 鮮初 偰長壽의 政治活動과 現實認識〉, 《朝鮮時代史學報》 46, 2008.

徐炳國, 〈童猛哥帖木兒의 建州左衛研究〉, 《白山學報》 11, 1971.

薛戈, 〈홍무 초기(1368~1374) 명-고려 외교 관계의 연구〉, 서울대학교 박사학위 논문, 2021.

송미령, 〈明 洪熙·宣德연간(1424~1435) '西洋'에 대한 정책 변화와 實相〉, 《역사와 경계》 100, 2016.

안선규, 〈원-명 교체기 고창 설씨(高昌偰氏) 서촉 명씨(西蜀明氏)의 한반도 이주와 후손들의 동향〉, 《역사와 현실》 117, 2020.

安貞姬, 〈朝鮮初期의 事大論〉, 《歷史教育》 64, 1997.

양진성, 〈南朝時期의 文書行政에 관한 研究〉, 연세대학교 박사학위 논문, 2016.

吳恒寧, 〈朝鮮 世宗代 《資治通鑑思政殿訓義》와 《資治通鑑綱目思政殿訓義》의 編纂〉, 《泰東古典研究》 15, 1998.

柳承宙, 〈朝鮮前期 對明貿易이 國內産業에 미친 影響〉, 《亞細亞研究》 82, 1989.

윤승희, 〈여말선초 對明 外交儀禮 연구〉, 숙명여자대학교 박사학위 논문, 2021.

윤은숙, 〈고려의 北元칭호 사용과 동아시아 인식―고려의 양면 외교를 중심으로〉, 《中央아시아연구》 15, 2011.

이재경, 〈명대 고려·조선에 대한 詔書 반포와 그 추이―洪武 연간에서 임진왜란 이전까지〉, 《한국문화》 98, 2022.

李鉉淙, 〈明使接待考〉, 《鄉土서울》 12, 1961.

林常薰, 〈明初 朝鮮 貢女의 性格〉, 《東洋史學研究》 122, 2013.

_____, 〈明初 朝鮮 貢女 親族의 政治的 成長과 對明外交活動―權永均과 韓確을 中心으로〉, 《明清史研究》 39, 2013.

_____, 〈大明皇帝의 朝鮮人 寵妃, 權賢妃〉, 《역사문화연구》 67, 2018.

장대근, 〈15세기 중엽 조선과 명의 정국과 수양대군의 대명외교〉, 서울대학교 석사학위 논문, 2020.

全淳東, 〈明太祖의 御製大誥에 대한 일고〉, 《忠北史學》 2, 1989.

_____, 〈명 태조의 대고려·조선 정책에 대한 몇 가지 문제〉, 최소자 교수 정년기념 논총 간행위원회 편, 《동아시아 역사 속의 중국과 한국》, 서해문집, 2005.

_____, 〈明朝 前期 宦官 勢力의 推移와 機能〉, 《中國史研究》 61, 2009.

_____, 〈明初 宦官의 外交 活動 實態와 그 性格〉,《中國史研究》77, 2012.

鄭九先, 〈鮮初 朝鮮出身 明 使臣의 行蹟〉,《경주사학》23, 2004.

鄭東勳, 〈高麗－明 外交文書 書式의 성립과 배경〉,《韓國史論》56, 2010.

_____, 〈명대의 예제질서에서 조선 국왕의 위상〉,《역사와 현실》84, 2012.

정동훈, 〈명초 국제질서의 재편과 고려의 위상〉,《역사와 현실》89, 2013.

_____, 〈고려시대 사신 영접 의례의 변동과 국가 위상〉,《역사와 현실》98, 2015.

_____, 〈초기 고려－명 관계에서 제주 문제〉,《한국중세사연구》51, 2017.

_____, 〈고려 원종·충렬왕대의 친조 외교〉,《한국사연구》177, 2017

_____, 〈몽골제국의 붕괴와 고려－명의 유산 상속분쟁〉,《역사비평》121, 2017.

_____, 〈15세기 조명 관계와 조선의 대응〉, 동북아역사재단 한국외교사편찬위원회 편,《한국의 대외관계와 외교사》조선편, 동북아역사재단, 2018.

_____, 〈明과 주변국의 外交關係 수립 절차의 재구성―이른바 '明秩序' 논의에 대한 비판을 겸하여〉,《明淸史研究》51, 2019.

_____, 〈명초 외교제도의 성립과 그 기원―고려－몽골 관계의 유산과 그 전유專有〉,《역사와 현실》113, 2019.

_____, 〈말 100필인가, 1,000필인가―고려－명 관계에서 歲貢 문제〉,《한국중세사연구》68, 2022.

_____, 〈3년 1공인가, 4년 1공인가―고려－명 관계에서 歲貢 빈도 문제와《명태조실록》의 조작〉,《韓國史學報》86, 2022

조계영, 〈조선 시대『歷代君鑑』·『歷代臣鑑』의 수용 양상과 특징〉,《奎章閣》38, 2011.

曹永祿, 〈明代前期에 있어서의 科道官體系의 형성과정〉,《東方學志》51, 1986.

_____, 〈鮮初의 朝鮮出身 明使考〉,《國史館論叢》14, 1990.

조영헌, 〈15세기 한중 관계사: 禮制的――元的 책봉·조공의 확립〉,《東洋史學研究》140, 2017.

최종석, 〈고려말기·조선초기 迎詔儀禮에 관한 새로운 이해 모색―『蕃國儀注』의 소개와 복원〉,《민족문화연구》69, 2015.

최종석, 〈고려 말기『蕃國儀注』의 활용 양상과 그 성격〉,《한국문화》92, 2020.

한명기, 〈세종 시대 대명 관계와 사절의 왕래〉, 세종대왕기념사업회 편,《세종문화사대계》3, 세종대왕기념사업회, 2001.

한희숙, 〈조선 초 명 선덕제 후궁 공신부인 한씨가 조선에 끼친 영향〉,《여성과 역사》
   26, 2017.

江藍生, 〈《皇明詔令》裏的白話勅令〉,《語文研究》1988年 第8期.

郭嘉輝, 〈略論《大明太祖皇帝御製集》及其史料價值〉,《中國文化研究所學報》61, 2015.

羅炳綿, 〈明太祖的文字統治術〉, 吳智和 主編,《明史研究論叢》2, 臺中: 大立出版社,
   1984.

冷東, 〈明初三楊與宦官關系論略〉,《汕頭大學學報》(人文科學版) 8-2, 1992.

馬維仁, 〈明代皇帝遺詔與即位詔研究〉, 西北師範大學 碩士學位論文, 2013.

萬明, 〈明代詔令文書研究─以洪武朝爲中心的初步考察〉,《明史研究論叢》8, 2010.

蕭啓慶, 〈蒙元時代高昌偰氏的仕宦與漢化〉,《元朝史新論》, 臺北: 允晨文化, 1999.

孫衛國, 〈論明初的宦官外交〉,《南開學報》1994年 第2期.

嚴璽, 〈《皇明詔令》白話敕令詞彙語法研究〉, 四川師範大學 碩士學位論文, 2006.

吳緝華, 〈明仁宣時內閣制度之變與宦官僭越相權之禍〉,《明代制度史論叢》上, 臺北: 臺灣
   學生書局, 1970.

汪維輝, 〈《高麗史》和《李朝實錄》中的漢語研究資料〉,《漢語史學報》9, 2010.

劉亞君, 〈北宋手詔研究〉, 遼寧大學 碩士學位論文, 2013.

李新峰, 〈恭愍王後期明高麗關係與明蒙戰局〉,《韓國學論文集》7, 1998.

張帆, 〈元朝詔勅制度研究〉,《國學研究》10, 2002.

張全眞, 〈朝鮮文獻中明初白話聖旨語言研究〉,《言語文化研究》第26卷 第2號, 2006.

鄭彩雲, 〈明宣宗弊政及其對明後期政局的影响〉,《南昌航空大學學報》(社會科學版) 15-4,
   2013.

鄭彩雲, 〈論朱瞻基與明代的宦官之禍〉,《湖南廣播電視大學學報》58, 2014.

鄭紅英, 〈朝鮮初期與明朝的使臣往來問題探析〉,《延邊大學學報》(社會科學版) 第45卷 第2
   期, 2012.

趙毅·劉國輝, 〈略論明初"三楊"權勢與"仁宣之治"〉,《東北師大學報》(哲學社會科學版),
   1997年 第1期.

趙中南, 〈論朱瞻基的歷史地位〉,《北方論叢》2004年 第4期.

趙中男·于虹, 〈明代宣德時期的中外關係〉,《西南師範大學學報》(人文社會科學版) 30-6,

2004.

趙軼峰, 〈明前期皇帝的即位詔〉, 《求是學刊》, 2011年 第1期.

趙現海, 〈洪武初年明·北元·高麗的地緣政治格局〉, 《古代文名》4-1, 2010.

朱子彦, 〈明代《仁宣至治》述論〉, 《史學集刊》1985年 第3期.

陳高華, 〈說朱元璋的詔令〉, 《商鴻逵教授逝世十周年紀念論文集》, 北京: 北京大學出版社, 1995.

陳尚勝, 〈論宣德至弘治時期(1426~1505)明朝對外政策的收縮〉, 《山東大學學報》(哲學社會科學版) 1994年 第2期.

陳學霖, 〈明永樂朝宦禍舉隅: 黃儼奉使朝鮮事蹟綴輯〉, 《明代人物與傳說》, 香港: 中文大學出版社, 1997.

陳學霖, 〈海壽: 永樂朝一位朝鮮籍宦官〉, 《明代人物與史料》, 香港: 中文大學出版社, 2001.

陳學霖, 〈洪武朝朝鮮撫籍宦官史料考釋—《高麗史》·李朝《太祖實錄》摘抄〉, 《明代人物與史料》, 香港: 中文大學出版社, 2001.

陳學霖, 〈明太祖致高麗國王的白話聖旨〉, 《明史研究論叢》8, 2010.

特木勒, 〈北元與高麗的外交: 1368~1369〉, 《中國邊疆史地研究》36-2, 2000.

宮崎市定, 〈洪武から永樂へ—初期明朝政權の性格〉, 《東洋史研究》27-4, 1969.

檀上寬, 〈明王朝成立期の軌跡—洪武期の疑獄事件と京師問題をめぐって〉, 《明朝專制支配の史的構造》, 東京: 汲古書院, 1995.

檀上寬, 〈明初の對日外交と林賢事件〉, 《史窓》57, 2000.

末松保和, 〈麗末鮮初における對明關係〉, 《青丘史草》1, 東京: 笠井出版印刷社, 1965.

山根幸夫, 〈明太祖政權の確立期について−制度史的側面よりみた〉, 《史論》13, 1968.

小林一美, 〈朱元璋の恐怖政治−中華帝國の政治構成に寄せて〉, 《山根行夫教授退休記念 明代史論叢》上, 東京: 汲古書院, 1990.

岩井茂樹, 〈明代中國の禮制覇權主義と東アジア秩序〉, 《東洋文化》85, 2005.

外山軍治, 〈金朝治下の契丹人〉, 《金朝史研究》, 東京: 同朋社, 1964.

池內宏, 〈高麗末に於ける明及び北元との關係〉, 《滿鮮史研究》中世 第三冊, 東京: 吉川弘文館, 1963.

阪倉篤秀,〈中書省の設置とその變遷〉,《明王朝中央政治機構の研究》, 東京: 汲古書院, 2000.

Hok-Lam Chan, "Xie Jin (1369~1415) as Imperial Propagandist: His Role in the Revisions of the 'Ming Taizu Shilu'," *T'oung Pao* 91, 2005.

Jung Donghun, "From a Lord to a Bureaucrat—The Change of Koryŏ King's Status in the Korea-China Relations," *The Review of Korean Studies* 19-2, 2016.

Jung-pang Lo, "Policy Formulation and Decision-Making on Issues Respecting Peace and War," Charles O. Hucker ed., *Chinese Government in Ming Times*, New York: Columbia University Press, 1969.

David M. Robinson, "The Ming Court and the Legacy of the Yuan Mongols," David M. Robinson ed., *Culture, Courtiers, and Competition: The Ming Court(1368~1644)*, Cambridge: Harvard University Press, 2008.

Morris Rossabi, "Two Ming Envoys to Inner Asia," *T'oung Pao* 62-2, 1976.

Morris Rossabi, "The Ming and Inner Asia," *The Cambridge History of China 8, The Ming Dynasty, 1368~1622, Part 2*, Cambridge: Cambridge University Press, 1999.

Weirong Shen, "Accommodating Barbarians From Afar: Political and Cultural Interactions Between Ming China and Tibet," *Ming Studies* 56, 2007.

찾아보기

황제의 말과 글

조선을 대하는 명나라 황제의 두 얼굴

2023년 8월 16일 초판 1쇄 인쇄
2023년 8월 19일 초판 1쇄 발행

글쓴이	정동훈
펴낸이	박혜숙
디자인	이보용, 김진
펴낸곳	도서출판 푸른역사

　우) 03044 서울시 종로구 자하문로8길 13

　전화: 02)720-8921(편집부) 02)720-8920(영업부)

　팩스: 02)720-9887

　전자우편: 2013history@naver.com

　등록: 1997년 2월 14일 제13-483호

ⓒ 정동훈, 2023

ISBN 979-11-5612-258-6 93900

· 이 책은 아모레퍼시픽재단의 학술연구비 지원을 받아 출판되었음.